2001年10月20日授予心韶金千兴先生金冠文化勋章

"春莺啭"服饰

1992年9月29日金千兴舞乐70周年
庆祝纪念会上演出舞蹈"春莺啭"

2001年10月20日授予心韶金千兴先生金冠文化勋章

"春莺啭"服饰

1992年9月29日金千兴舞乐70周年
庆祝纪念会上演出舞蹈"春莺啭"

《春莺啭》

讲授舞谱

重要无形文化财第39号保有者金千兴与"处容舞"假面

新中国舞蹈发展史·舞蹈人物研究丛书 总编委会

主　　任：王传亮　李　续
副主任：迟行刚　明文军　郭　磊　邓佑玲　王　伟　彭　红
委　　员：王传亮　李　续　吕艺生　许定中　熊家泰　潘志涛
　　　　　王国宾　迟行刚　明文军　郭　磊　邓佑玲　王　伟
　　　　　彭　红　肖苏华　王佩英　孟广城　贾美娜　袁　禾
　　　　　赵铁春　温　柔　张　平　满运喜　高　度　欧　鹿
　　　　　张建民　杨　鸥　韩美玲　张　旭　韩春启　张朝霞
　　　　　张守和　陈建男　钟　宁　李天欣　仝　妍
总主编：李　续
主　　编：邓佑玲
副主编：仝　妍

《心韶金千兴舞乐70年》编委会

主　　编：邓佑玲
副 主 编：仝　妍
执行编辑：苏　娅

心韶
金千兴 舞乐 70 年

金千兴 [韩] 著
奚治茹 译

中央民族大学出版社
China Minzu University Press

图书在版编目（CIP）数据

心韶金千兴舞乐七十年/（韩）金千兴著；奚治茹译.
—北京：中央民族大学出版社，2013.6
ISBN 978-7-5660-0328-7

Ⅰ.①心… Ⅱ.①金…②奚… Ⅲ.①金千兴
(1909～2007)—自传 Ⅳ.①K833.126.576

中国版本图书馆CIP数据核字（2012）第274533号

心韶金千兴舞乐七十年

作　　者	［韩］金千兴
译　　者	奚治茹
责任编辑	白立元
封面设计	严　兮
出 版 者	中央民族大学出版社
	北京市海淀区中关村南大街27号　邮编：100081
	电话：68472815（发行部）　传真：68932751（发行部）
	68932218（总编室）　　　68932447（办公室）
发 行 者	全国各地新华书店
印 刷 厂	北京宏伟双华印刷有限公司
开　　本	787×1092（毫米）　1/16　印张：11.25
字　　数	290千字
版　　次	2013年6月第1版　2013年6月第1次印刷
书　　号	ISBN 978-7-5660-0328-7
定　　价	35.00元

版权所有　翻印必究

序　言

　　我和先生认识时，先生还是一个十几岁的少年，回忆当时的情景，眼前出现一个清纯的小童僧的形象。从认识先生到现在，70年过去了，在这漫长岁月中，我们结下深厚情谊。

　　先生1922年秋，入"李王职雅乐部养成所"，为第二期学员。从那时起，他把自己的一生奉献给了艺术事业，并取得了辉煌业绩。如今他已成为国乐界尽人皆知的艺术大师。

　　今天雅乐部出身的人中，先生是最年长的一位，论人品，先生德高望重；论学识，先生技艺精湛，在国乐界无人可与之媲美。

　　先生在雅乐部，开始是专攻奚琴，后来却在传统舞蹈方面做出突出成绩，被称为"韩国舞蹈史的见证人"，"宫中舞（呈才）的代名词"，"再现宫中舞的功臣"。这些赞誉之词，对于先生，都是当之无愧的。

　　1923年纯宗皇帝五十大寿时，先生作为舞童，被选拔到昌德宫御前表演了宫中舞，由此开始了他辉煌的舞蹈生涯。

　　8·15祖国光复后，在传统舞蹈走进各院校的教程，以及宫中舞的再现工作方面，先生都做出了极大贡献。特别是先生的两部大作《处容郎》和《万波息笛》，更是体现了先生丰厚的文化底蕴和非凡的艺术技巧，得到评论界极高评价，称这两部作品是"继承了韩国民俗舞蹈的技巧，汲取了文献资料中之精华，真实地、更加完美地再现了我国古代舞蹈，是先生为我国传统舞蹈作出的又一奉献"。

　　先生在乐器演奏方面的成就，也是不容忽视的。国立国乐院的正乐演奏团仍保留有奚琴演奏，作为成立即将20周年的正农乐会的会员和会长，他仍然积极参加定期或不定期的排练活动，并在每年定期举办的演奏会上演奏奚琴或洋琴，风采不减当年。奚琴超凡脱俗的艺术特色，在先生的演奏下，得到淋漓尽致的发挥，其技艺之精湛，更是无人能超越。

　　在歌唱方面，先生曾得到歌唱大家琴下河圭一先生的亲传。

　　先生年轻时，离开雅乐部后，有过在教坊工作的经历，也做过巫俗乐的乐师，在民俗音乐和巫俗音乐方面，同样成就不俗，我们不能不为先生取得的这么多方面的成就而惊叹！

《舞乐七十年》是先生亲笔写的回忆录，曾在《舞蹈》杂志上，以"舞蹈人生金千兴"为题，连载长达3年之久，受到读者关注与好评。现在这本装帧精美的《舞乐七十年》，就是在"舞蹈人生"的基础上，进一步加工润色，并增加了后面的部分而成的。

金千兴先生出身寒微，从进入雅乐部，为第二期学员开始，他就把自己的一生奉献给了传统的艺术事业，在漫长的70年的艺术生涯中，他辛勤地耕耘着，不愧为我们崇敬的长者。

这本书是先生的回忆录，但它记录的也是这段历史时期我们共同经历过的事情。我确信，对于韩国音乐、舞蹈的现代史，这本书的意义也是非凡的。

我的这篇拙文，能放在这本书的卷首，是我的荣耀，谨此对心韶的辛勤努力，表示深深的敬意。

艺术院会员
成庆麟
1995.12

目　　录

第 一 部

一、童年——难忘的均明学堂 ……………………………………… (1)

二、踏上乐舞之路—— 雅乐生的生活 …………………………… (4)

    1. 成为雅乐部第二期生 ………………………………………… (4)

    2. 雅乐部——奉常所 …………………………………………… (5)

    3. 雅乐部教程——"文庙乐"与"宗庙乐" …………………… (6)

    4. 我的舞蹈生涯从这里起步 …………………………………… (8)

    5. 为纯宗皇帝五十大寿演出 …………………………………… (9)

    6. 主攻奚琴兼修洋琴 …………………………………………… (12)

    7. 雅乐部演奏团赴日公演 ……………………………………… (13)

三、结束雅乐生学习，雅乐部任职 ………………………………… (14)

    1. 雅乐生毕业考试 ……………………………………………… (14)

    2. 雅乐手补期间的声乐学习——学习歌曲与时调 ………… (15)

    3. 歌曲巨匠河圭一 ……………………………………………… (17)

    4. 继河圭一老师之后是林基俊老师 …………………………… (19)

    5. 除声乐外所学的其他课程 …………………………………… (19)

    6. 昌庆宫晚间露天剧场 ………………………………………… (21)

    7. 京城放送局播放雅乐 — 实习演出 — 俏韶堂 …………… (22)

    8. 为伪满洲国建国制造编钟、编磬 …………………………… (23)

    9. 为崔承喜伴奏音乐录音 ……………………………………… (24)

10. 为新舞蹈伴奏做出贡献的朴成玉 ……………………………… (26)
　　11. 梨花女子专科学校讲授国乐 …………………………………… (26)
　　12. 府民馆西洋乐和国乐第一次同台演出 ………………………… (28)

第 二 部

一、离开雅乐部之后 ……………………………………………………… (29)
　　1. 我从雅乐部退职 ………………………………………………… (29)
　　2. 朝鲜正乐传习所和水曜日会 …………………………………… (30)
　　3. 韩国正乐院成立 ………………………………………………… (31)

二、教坊 …………………………………………………………………… (32)
　　1. 去朝鲜教坊工作 ………………………………………………… (32)
　　2. "汉城教坊"和"朝鲜教坊" …………………………………… (33)
　　3. 艺伎"出花" …………………………………………………… (34)
　　4. 艺伎的舞蹈 ……………………………………………………… (35)
　　5. 三个教坊联合 …………………………………………………… (36)

三、矿山巡回演出 ………………………………………………………… (36)
　　1. 产业战士慰问团 ………………………………………………… (36)
　　2. 全国各地巡演 …………………………………………………… (38)

四、巫堂乐手 ……………………………………………………………… (38)

五、日帝末期的国乐 ……………………………………………………… (39)
　　1. 灌制唱片 ………………………………………………………… (39)
　　2. 朝鲜音乐协会 …………………………………………………… (41)
　　3. 和朝鲜演剧协会的分歧 ………………………………………… (42)
　　4. 移交情报科管辖的朝鲜乐部 …………………………………… (42)
　　5. 大和塾主持下的慰问演出 ……………………………………… (43)

六、朝鲜音乐协会活动 …………………………………………………… (44)
　　1. 征用通知和不在证明书 ………………………………………… (44)
　　2. 关于玄哲先生的几件事 ………………………………………… (45)

目录

    3. 粮食和生活日用品匮乏 …………………………………… (46)
    4. 伽倻琴大师朴相根 ………………………………………… (46)

七、光复后国乐院成立 ………………………………………… (47)
    1. 雅乐部——李王职旧王宫 ………………………………… (47)
    2. 国乐院创院纪念演出《大春香传》 ……………………… (48)
    3. 唱剧团体的成立和女性国剧团 …………………………… (48)
    4. 学生国乐同好会 …………………………………………… (49)
    5. 全国农乐竞演大会 ………………………………………… (50)

八、草台班子演出的悲与欢 …………………………………… (51)
    1. "回婚日"庆典 ……………………………………………… (51)
    2. 光复后的街头戏班子 ……………………………………… (52)
    3. 娱乐业主金奉业 …………………………………………… (53)
    4. 大韩国乐院的演出阵容 …………………………………… (53)
    5. 当娱乐业主的经历 ………………………………………… (54)
    6. 从月薪制开始 ……………………………………………… (54)
    7. 关于朴春载翁 ……………………………………………… (55)
    8. 地方巡演失败 ……………………………………………… (56)

九、大韩国乐院的创立 ………………………………………… (57)
    1. 东洋剧场和金斗七 ………………………………………… (57)
    2. 乱世中的国乐艺人心态 …………………………………… (57)
    3. 国立国乐院和大韩国乐院 ………………………………… (58)
    4. 讲习会的女士名流 ………………………………………… (59)

第 三 部

一、避难地时期的国立国乐院 ………………………………… (62)
    1. "6·25"事件爆发和避难生活 …………………………… (62)
    2. 没有粮食的日子 …………………………………………… (63)
    3. 踏上归乡路 ………………………………………………… (64)

4. 只身去釜山 ·· (65)
二、战争中的舞蹈讲习班 ·· (65)
　　1. 釜山生活的开始 ·· (65)
　　2. 舞蹈讲习会 ·· (66)
　　3. 学生郑丁戍 ·· (67)
　　4. 组织民谣团 ·· (68)
　　5. 与家人相逢 ·· (69)
三、休战前后的国立国乐院 ·· (70)
　　1. 正式批准成立国立国乐院 ···································· (70)
　　2. 晋州开天艺术节 ·· (70)
　　3. 国立剧场开馆三周年纪念演出 ································ (71)
　　4. 美国新闻局赞助的国乐演奏会 ································ (73)
　　5. 韩国舞蹈基本图谱出版 ······································ (74)
四、设立国乐士养成所 ·· (75)
　　1. 国乐院回到汉城 ·· (75)
　　2. 国立国乐院附属国乐士养成所的设立 ·························· (75)
　　3. 釜山国乐院的创立和与吴相淳先生的相逢 ······················ (76)
　　4. 讲习班学员应邀演出 ·· (78)
　　5. 再次回到汉城 ·· (79)
五、开设舞蹈研究所 ·· (80)
　　1. 开设金千兴古典舞蹈研究所 ·································· (80)
　　2. 两面镜子和僧舞鼓 ·· (81)
　　3. 23年研究所搬了15次家 ······································ (83)
六、第一次舞蹈发布会和大学讲学 ·································· (84)
　　1. 第一次金千兴韩国舞蹈发布会 ································ (84)
　　2. 几件小事 ·· (87)
　　3. 举办舞蹈发布会遇到的困难 ·································· (87)
　　4. 出讲梨花女大 ·· (89)
七、成立舞蹈人协会 ·· (90)

目 录

  1. 韩国舞蹈艺术人协会和韩国舞蹈家协会 ……………………(90)
  2. 舞蹈艺术人协会的金润鹤 …………………………………(91)
  3. 舞蹈家和评论家的矛盾 ……………………………………(92)
  4. 退出韩国舞蹈协会 …………………………………………(93)
  5. 全国民俗艺术竞演大会 ……………………………………(94)

八、设置国乐科和韩国假面剧研究会 ……………………………(96)
  1. 德成女大最初设立的国乐科 ………………………………(96)
  2. 汉城中央放送局培养女国乐研究生 ………………………(96)
  3. 创建韩国假面剧保存会 ……………………………………(97)
  4. 舞蹈教育研修讲习会 ………………………………………(99)

九、成立大韩民俗艺术院 …………………………………………(100)
  1. 辞退大韩国乐院理事职务 …………………………………(100)
  2. 成立大韩民俗艺术院 ………………………………………(101)
  3. 半岛剧场开馆纪念演出时民俗艺术院遭遇的困境 ………(101)
  4. 大韩国乐院和民俗艺术院合并问题上的纠纷 ……………(102)
  5. 经历1960年的动荡时期 ……………………………………(103)

第 四 部

一、第一次获汉城文化奖 …………………………………………(105)
  1. 第二次舞蹈发布会 …………………………………………(105)
  2. 获汉城市文化奖 ……………………………………………(106)
  3. 对演出的评价 ………………………………………………(106)
  4. 举办古典舞剧发布会 ………………………………………(107)
  5. 东亚日报社主办的新人舞蹈发布会和全国舞蹈汇演 ……(107)
  6. 第一届儿童舞蹈发布会 ……………………………………(108)
  7. 第二届儿童舞蹈发布会 ……………………………………(108)

二、第一次美国之行 ………………………………………… (109)
  1. 韩国民谣研究会——为在日侨胞慰问演出 ……………… (109)
  2. 慰问演出中的几件小事 …………………………………… (111)
  3. 接受夏威夷裴汉拏舞蹈研究所的邀请 …………………… (111)
  4. 为肯尼迪大总统街头演出 ………………………………… (112)

三、夏威夷演出 ……………………………………………… (113)
  1. 夏威夷舞蹈发布会和夏威夷大学演出 …………………… (113)
  2. 在夏威夷与"5·16奖学会"派遣的艺术团相逢 ………… (115)
  3. 汉城大学音乐学院设立国乐科 …………………………… (116)
  4. 汉城市立国乐管弦乐团成立的背景 ……………………… (117)

四、三千里歌舞团赴美演出 ………………………………… (118)
  1. 组建三千里歌舞团 ………………………………………… (118)
  2. 排练中的小插曲 …………………………………………… (120)
  3. 参加纽约博览会韩国馆开幕仪式 ………………………… (121)
  4. 美国观众的反应 …………………………………………… (121)
  5. 访玛莎·格蕾依艾姆舞蹈研究所 ………………………… (122)
  6. 在美国遇到的日本学生 …………………………………… (123)
  7. 纽约林肯中心的演出 ……………………………………… (124)
  8. 乐器,服装和道具处理上遇到的难题 …………………… (124)

五、再现木偶剧 ……………………………………………… (125)
  1. 第三次儿童班学员舞蹈发布会 …………………………… (125)
  2. 江陵端午的官奴假面戏 …………………………………… (127)
  3. 邀请日本人来学习舞蹈 …………………………………… (128)

六、国乐院海外演出 ………………………………………… (129)
  1. 国乐院第二次赴日演出 …………………………………… (129)
  2. 去台湾演出 ………………………………………………… (130)
  3. 成立韩国舞蹈教师协会 …………………………………… (132)

第 五 部

一、花甲纪念演出《万波息笛》 (133)
1. 花甲纪念演出 (133)
2. 舞蹈发布会内容 (134)
3. 庆花甲演出之后 (136)
4. 被指定为文化财的"处容舞"和"鹤舞" (136)

二、赴欧洲演出和大乐会成立 (138)
1. 赴欧洲演出 (138)
2. 国民勋章牡丹章 (139)
3. 创立大乐会 (141)

三、海外文化使者（一） (144)
1. 接受夏威夷大学邀请暑期讲学 (144)
2. 参加日本亚细亚民俗艺术节 (145)
3. 釜山光复30周年纪念演出 (146)
4. 韩国民俗艺术团赴美演出 (147)
5. 迪斯尼乐园 (148)

四、海外文化使者（二） (148)
1. 正农乐会和"灵山会相" (148)
2. 香港亚细亚艺术节 (151)
3. 应琴丽会邀请赴日本演出 (152)
4. 第三届香港亚洲艺术节 (153)
5. 为海外宣传拍电影 (154)

五、再现宫中舞 (155)
1. 再现宫中舞（呈才） (155)
2. 韩美建交100周年纪念 (156)
3. 无形文化财艺术团 (157)

六、舞乐生活七十年 ························· (160)
　　1. 舞乐生活七十年纪念演出 ················· (160)
　　2. 演出后的招待会 ······················· (162)
　　3. 赴洛杉矶和达拉斯演出 ·················· (162)
　　4. 传统舞蹈赴日演出 ····················· (164)
七、我的家 ································· (165)
　　1. 说说我的家族 ························ (165)
　　2. 住宅和舞蹈研究所不停地搬家 ············· (166)
结束语 ··································· (168)

第 一 部

一、童年——难忘的均明学堂

  我是1909年3月30日（阴历2月9日）出生在汉城。当时我们家是在南大门附近的城边上，再往东就是南山了。我的父亲金在熙（本籍为庆州）是个木匠，母亲叫郑圣女（本籍为草溪）。母亲共生了我们五兄妹，大哥万龙，二哥千龙，我是老三，我下边有两个妹妹，她们幼年夭折，我已没有什么印象了。我和两个哥哥各相差四岁，这在当时是不多见的。回想起70年前的事，虽然已是模模糊糊了，但祖母去世时的情景我还依稀记得，家族亲友为葬礼忙碌着，我从门缝间看到祖母平躺在那里。祖母很疼爱我，常抱我在膝上玩耍，这只是儿时的一些朦胧记忆了。随着年龄增长，我对我们家族的情况才了解得更多了一些。我们家是土生土长的汉城人，是人丁兴旺的一族。我祖父那一辈是4兄弟，我父亲这一辈是8兄弟，我们这一辈共有兄弟18人。但是光复后，经历"6·25战乱"，已经断了消息，不知生死，想起来是件很悲哀的事情。

  幼时，我家住南大门，南大门两边是城墙，顺城墙向西再向北是西大门，北边是北岳山，南边有南山，山顶有烽火台，苍松翠柏郁郁葱葱、威严而壮丽。但是"6·25战乱"之后，作为汉城主山的南山也遭受凌辱。"庚戌国耻"（1910年）后，日本人在我们国土上设立了总监部，并驻扎军队。为震慑朝鲜百姓，扬自己之威武，他们架大炮于城墙之上，每天12点由他们的骑兵去发炮示威，而我们小孩子们都会到城下去观看。这样一直到1920年，因为架炮的地方要建朝鲜新宫，才把大炮移至青坡洞的孝昌公园内。第二次世界大战以后才将放炮改为鸣警笛。就这样我们的国家丧失了主权，成为日本的附庸。而我们的韩国人中有人竟卖身求荣，充当了日本人的走狗。我的父亲却是一位正直、刚强、充满爱国心的人。他既智慧又慈祥，我正是在这样一位父亲教养下成长的。

1915年我们家搬到万里洞的一个山脚下，是个临街的房子，于是就因地制宜，按照母亲的意愿，开办了一个弹棉花的作坊。这时我的两个哥哥在"均明学堂"读书，家中杂活就落在我的身上了。到山上或田野采野菜，去后山收集松枝和落叶，这些活我都干过。

　　那时的时局虽混乱，但一些文艺活动却未停止。新老式戏剧，各种群众文艺活动随处可见，常常是搭上个台子就演。幼年时期的我，就是在这时接触了艺术，并被其深深吸引。当时常常玩的一种游戏就是，在小胡同的一隅，围上一块白布，穿上妈妈的衣裙，头上蒙块手巾，模仿演戏的样子。记得一次就在我们居住区的一块空地上，来了男寺党（"男寺党"为朝鲜末期兴起的流浪艺人群体，主要表演歌、舞、杂耍。演员均为男性，1900年以后才有女子加入）。他们表演了翻跟头，耍小鼓，看得人眼花缭乱。演过之后舞童们低首请赏，观众们纷纷投钱给他们，对于当时年幼的我，感到非常有趣。

　　在今天的万里洞通向南大门路和太平路之间有一条小路。沿着这条小路向东北方向在即将进入南大门路大道之前，就有一个日本人开办的"渔星座剧场"。开始的时候常常可以听到从那里传来的乐器声，后来又看到路边插上了一些长条旗子，上边写着"任成久一行"和"金道山一行"等字样。万里洞上坡阳面的空地上，也常有一些剧团来搭台演出。搭好台子后，就是敲锣打鼓，广场上一下子热闹起来，这是孩子们最为快乐的时刻，他们跑上跑下奔走相告。

　　演出都是在晚上，当剧场入口处的望楼上乐器响起的时候，宣告演出就要开始了。人们像过节一样从四面八方涌来，当然主要是我们万里洞和附近功德洞的居民们。场地上铺上一些装大米的空草袋子，就是所谓的观众席了。坐席虽简陋，人们却兴高采烈争抢着座位。乐声一停，幕布就拉开了，演出顺序写在一张长长的纸上，悬挂在舞台的一侧。第一个节目，一般都是"僧舞"，不过他们击鼓与现在的"僧舞"在演出方式上略有不同，现在是把鼓挂在鼓架上敲，而那时则是当演到击鼓时，才由两名女艺人双手捧鼓登场在台前站立，舞者击鼓后继续起舞，然后两名女艺人将鼓放下退场。这之后的其他节目，如《打令》、《巫舞》、《法鼓》均如此。以《剑舞》为例，舞到用剑时，女艺人举剑自舞台两侧登场，走到舞者面前，将剑放下退出，舞者则拾剑而舞。幕旁悬挂的节目单是随演随换，幕布也是有人直接向两边拉来拉去的。这种临时舞台的演出方式一直持续到1950年，后来有了一些改变，不过是观众席由草袋子换成长条木板凳，幕布也改成上下自动升降了。

　　这都是在我七八岁时的事了，那时的我，还是一个不谙世事的孩子。但这些我童年时期所经历的事情，却深深地珍藏在我的记忆之中，现在想起来，

第 一 部

可能正是它们诱发了我对艺术的向往。

我们家搬到万里洞之后不久，爆发了"己未独立运动"。一天夜里睡得正香，突然响声四起，远处隐隐传来"万岁"的呼声和日本骑兵的马蹄声、刀枪的碰撞声。两个哥哥禁不住好奇之心，手举灯笼，悄悄打开了大门，警笛声冲破夜空，他们没敢走出去，退回来关上了大门。一家人忐忑不安地过了一夜，天放亮时才再次打开大门。这时才吃惊地发现，南山烽火台的一颗大槐树上，正有一面太极旗迎着初升的太阳在飘舞。这就是我童年时期所经历过的1919年爆发的著名的"己未独立运动"。

第一面太极旗升起之后，像一阵风，村村寨寨，山头树上都挂上了太极旗。人们翘首仰望，泪水顺着腮边流下。看到这情景，我幼小的心灵也受到震撼。而日本宪兵们则急红了眼，到处奔跑着，吼叫着，想摘去这些旗子，但是旗帜依然在飘舞。

不久我们又搬了家，又搬回万里洞落水桥，在石桥旁一个小胡同里。前边有院子，房后面是很大一块空地，落水桥下一条小溪流过，房子两边是杂草树木。屋后有一个放大酱缸的台子，台旁有柿子树和枣树。夏天这些树可遮阳，秋天可吃到新鲜的果实。和过去一样，每搬到一处新地方，爸爸都要做一些修缮。大活要雇人帮忙，一般维修都是他自己动手，而诸如搓草绳、和泥、抹墙等等杂活，则是我们家人一起上阵。在前院还新盖了一间大房子，给两个哥哥住。

在这之后，爸爸也经常利用他本身是木工的优势，先将一些老房子买下，然后改建或扩建，之后再卖出去。这样买卖之间获得的利益，就可以用来养家了。在我长大之后，才明白了为什么我们要经常搬家，为什么爸爸总是那么不辞辛苦地劳碌，都是为了养活这个家。

1920年，也就是我12岁的那一年，我在汉城"正东普通学校"毕业之后，入"均明学堂"学汉文。而我的两个哥哥，却因为家境困难而去了日本人办的一个造纸所。"均明学堂"还设有夜校，课程有日语、算术、朝鲜语、常识、珠算、现金出纳等一些实用课程。

我们兄弟三人都在"均明学堂"读过书，而对它的历史却一无所知，不知它创立于何年。但确切知道，它是现在万里洞山上耸立的均明中高等学校的前身，是官方正式批准的教育机构。学校占地500多坪（1坪＝3.3058平方米），有两座教学楼，还有校长住宅以及200多坪的大操场，周边有各种树木。

我在"均明学堂"上学的时候，旁边有一个万里洞教堂。记得每当圣诞节时，我都会去玩，每收到圣诞礼物时，心里就特别高兴。主管教会工作的是一位叫金永淳的牧师，他白天要上班工作，晚上从事教会的一些工作，是一位受人尊敬的牧师。

"均明学堂"给我留下了美好的记忆，印象最深的是，夏日的傍晚，我们点燃起一堆篝火，师生围坐火边，用"唐音"吟咏汉诗。有时老师让我们将前一天背会的诗讲解出来，当讲不出来，或者太顽皮时，也会受到惩罚。

我14岁，也就是1922年秋天，进入"李王职雅乐部"，去学堂的时间少了，三年后我们家又搬到阿岘洞，去学堂的机会就更少了。

但是在我的心中却割舍不去对学堂的思念，只要有机会去万里洞时，总要去学堂转一转，当看到它日渐衰败的模样时，抑制不住发自内心的忧伤。

二、踏上乐舞之路——雅乐生的生活

1. 成为雅乐部第二期生

1910年8月签订《韩日合邦条约》，朝鲜王朝没落，原来掌管宫中乐舞的"掌乐院"改称"李王职雅乐部"，原掌乐院的女伶走入民间充当了艺伎，宫廷舞也走出宫廷流入民间。

为了后继有人，1918年李王职雅乐部开始招收学员，第一期选了9名学员。

当时我的大哥已经到京城车站小件行李房工作，我二哥于1922年考入雅乐部，是第二期学员。当时的情景记忆不深，也没有留下什么文字可查，只记得在我二哥入雅乐部的那年秋天我也入了雅乐部，也是第二期生，同样是9名。

当时任"雅乐部"的雅乐手长的高益三先生是父亲的好朋友，是由他介绍加入的。

后来才知道，介绍我入"雅乐部"的高先生是第一期生高福万的父亲，和我同期入部的高亿万的伯父。

我成为雅乐生，学习我自己喜欢的东西，尽管在当时我对音乐还一无所知。"雅乐部"每月还发给15元钱（按当时市价一袋米是7.5元），另外还发必要的学习用品。学自己喜欢的东西，钱又可补贴家用，心中真是美滋滋的，一种心中想要的全都得到了的感觉。

第二期生与第一期不同，春、秋两季，分两次招生，每次各招9名，一共为18名。当时的学生年龄差异比较大，着装也不同。年幼的学生戴学生帽，穿黑色西装或朝鲜民族服装长袍，而且记得是削发的。大一些的学生不仅穿着随便，头发样式也随心所欲，有传统发式，也有抹了好多油的油光铮亮的背头和分头。老师们对此大不以为然，劝说不听，就勒令全部剃光，但他们仍是千方百计不愿意把头发剃去。最后不得不采取强制手段，把他们按坐在教室里，由金宁济（1883—1945，是第四代雅乐师长）亲自操刀，才算结束了这场剃头风波，但确切地说只是告了一个段落，关于头发，在此后的五年学习期间，它一直是老师和学员间不可调和的一个矛盾。

2. 雅乐部——奉常所

"雅乐部"设在"奉常所"内。"奉常所"的地址就在现在的新文安教会的后边。我们只占据了奉常所的部分房子，是日式瓦房，除此外的其他房屋都是很古老的那种传统式建筑了。在我们校舍后面，有一颗大槐树，槐树下是神室，另一边是一个有坡度的花园，有茂盛的树木和各式花草。所谓"奉常所"是朝鲜王朝时，每逢喜庆事或祭祀时，准备食物和供品的地方。宴会或祭祀所需食物，提前在这里准备，需要的那天，由这里搬送过去。"奉常所"是决定我一生命运的地方，我的未来正是从这里起步，可能正因为这样，"奉常所"以及"奉常所"周边的一切都给我留下深深的记忆。"奉常所"在堂州洞，它旁边是内水洞，过了内水洞是四直洞、楼上洞、孝子洞，是一条很宽的路，仅次于今天的中央厅路，路的两侧店铺很多，主要是饭店、糕饼店和汤屋。我们最喜欢去的一个店，它的枣糕和杂碎汤很有名，枣糕1分1块，杂碎汤15分钱1碗，如是带饭盒去，只需5分钱，就可以喝到热乎乎的汤，有时还带一两块肉，没时间出去时可以电话预订。手头没钱时也可赊账，特别是值夜班时，没少得到这个店的照顾，时间长了和店老板交上朋友，亲如自家人一样。

1926年以后"雅乐部"搬到敦化门一带，虽然离饼屋、汤屋远了，但我仍常常光顾。那美味的枣蒸糕和杂碎汤使我久久不能忘记。说到汤屋可以赊账，使我想起当时很时兴的一种做生意的办法，就是按月结账，也就是先赊账后结账，比方说当我热衷于体育时，常常需要的球鞋、运动服、网球拍之类，以及学习用品，如日制钢笔等，都可以赊账。1922年苏联革命后，涌进一批白俄，从他们经营的商店里，甚至年终时作为回报，连外衣都可以赊账购买。记忆中外来商人的这种做生意的方式，直到1930年前后才逐渐消失。

"奉常所"的确切位置是在堂州洞和内水洞之间，一个非常有气魄的大门，进门后是一个很宽阔的庭院，左边有一优雅的小院落，后边是住宅，靠墙是仓库，穿过院子、正面横卧的就是"奉常所"主体建筑。在主体建筑的周边有典士室、办公室、值班室等。

"奉常所"的主体建筑坐西朝东，它右边是杀祭祀用牲口的宰牲室；旁边是保管祭器、祭物的祭器库；它的后边单独的一处是酿酒和准备祭品的操作间，有专门的师傅们常住在那里，酿酒并为祭祀时所需的食品备料，比如肉脯、栗子、松子、大枣的加工保管等。有时候我们也会去师傅们那里帮帮忙，当然也避免不了，趁师傅不注意，偷偷将吃的东西塞到嘴里的小动作，这都是孩提时的事。当时留在记忆里的，还有那每临祭奠时，那些将要被宰杀的牲口，被拉向宰牲室时，发出凄惨的叫声。

　　"奉常所"作为朝鲜历代祭祖时准备祭品的地方，它行使这种职能，一直到了朝鲜王朝的末期，甚至延续到1910年庚戌国耻以至日政36年。在朝鲜王朝的历史中，它发挥了应有的作用，理应将其作为文物，加以保护，但是，如今不要说其建筑本身，就连其原来位置也模糊不清了，真是不能不令人感到遗憾。我认为，对古建筑的价值及其历史意义不该忽视，在做城市规划时必须对此给予足够的重视。

　　"雅乐部"的前身是"掌乐院"，从古里街（音译）什么时候搬到堂州洞已不可查。仅据推测，在庚戌事变后国家机构进行改革，掌乐院在缩减之列，原来所在的地方被作他用，而搬到"奉常所"来的。

　　"雅乐部"占的只是"奉常所"的一部分，在奉常所主体建筑后边一个院落内，右侧朝南是一片苍然肃穆的大瓦房，其宽敞的大厅用为"合奏室"，右首是"雅乐师长室"，"雅乐师长室"的旁边是"器乐练习室"，再过去一点儿是"雅乐手室"。我们雅乐生是在院子右边后建的房子，是洋铁瓦屋顶，四壁刷白灰，有玻璃窗的新式建筑。"奉常所"的建筑都是古色古香的，只有我们雅乐生的房子是个例外。

　　关于"奉常所"已讲了很多，下边想讲有关"雅乐部"的一些经历。

3. 雅乐部教程——"文庙乐"与"宗庙乐"

　　入"雅乐部"后，最初只有两门功课，音乐课和文化课，音乐课为主科，文化课为辅助学科，其课程有：汉文、日语、习字、历史等。文化课的授课老师由李王职雅乐部礼仪课的典祀郑寅焕先生和助理典祀李定九先生担任，前者负责汉语和习字课，后者负责日语、朝鲜语和算术课，而音乐课，一、二年级主要学习"祭祀乐"，即"宗庙祭祀乐"和"文庙祭祀乐"；三、四年级，分科教学，有人专攻奚琴，有人专攻雅筝或洋琴，各科的指导老师分别由咸和镇（玄鹤琴）、金宁济（伽倻琴）、李寿卿（玄鹤琴）等先生担任。"文庙乐"则由高益三（文庙祭享乐）、朴德铉、安德秀（笙簧）等老师轮流授课。

"文庙乐",是从打击乐编钟开始学起的,编钟共16支,分上下两排,排列在编钟架上,演奏时是以角槌击之。学习方法是先将其乐曲的音律,以"口音"的方式练熟("口音"——模仿乐器的发声,以鼻或口哼唱,如弦乐器常用的有"噔咚嘚,当咚叮"、管乐器常用的有"嘟噜日,唎唠哩",并有"口音法"、"口音谱"),然后再按其韵律,用木槌敲响,学起来并不难。

打击乐器,除编钟外,还有编磬、方响、鼓(节鼓、晋鼓)等,其敲击的方法和需掌握的要领与编钟大同小异,也不难学。

学会了打击乐,接下来要学的是吹奏乐了,吹奏乐要学的乐器有埙、篪、龠、篴、箫等。从篪开始学起,先掌握"按孔"和"运指"的方法,再练习吹,吹出声音之后,接下来和学习打击乐一样,按乐曲音程,用"口音"方法练熟了,就可以边吹边运作手指,一首曲子就吹出来了。埙、龠、篴也是用同样方法。箫是边练口音,边用手指熟悉其音管上的位置,然后再吹。

吹奏乐之后学的是弦乐器,不外是学习琴与瑟的弹奏方法,最后学习打击乐,逐一将缶、祝、敔、路鼓、灵鼓等击奏方法学会之后,"文庙乐"也就基本掌握了。

接下来是学习乐曲的演奏阶段,学会用打击乐和吹奏乐来演奏文庙音乐的12律,"送神黄钟宫"、"送神夹钟宫"、"送神林钟宫"等全曲。但一般在文庙祭奠仪式上演出的却只有"黄钟宫"和由其演绎的"姑洗宫"、"仲吕宫"、"南吕宫"、"无射宫"和"送神黄钟宫"。

"宗庙乐"也是从练"口音"开始,然后练习击奏方法,学起来很容易,钟的"口音"不外是"当(黄)"、"咚(太)"、"噔(仲)"几种。

除编钟外,其他如编磬、方响、节鼓、晋鼓、大金、长鼓、拍等,只需经过简单练习,就可以进入正式排练了。

"宗庙乐"的指导老师由崔淳永(笛)、刘仪锡(大笒)、李寿卿和姜熙镇四位担当,先以打击乐将宗庙乐的整个乐曲练熟之后,再进入管乐器的学习阶段。开始学的是唐筚篥(觱篥)。筚篥学起来难一些,它和以前学的那些吹奏乐器有些不同,要将其吹出声来要下一番工夫。完全熟练之后,才可以进入学习吹奏乐曲阶段。先双手握住筚篥,边哼口音边按乐曲音程,训练手指的开闭动作,所以要这样做,在当时并不十分理解,后来才逐渐发现这是一种非常好的训练方法。在你用口音哼唱,手指运作的同时,不仅加深了你对乐曲的理解,对掌握乐曲的节奏,熟练演奏乐曲都很有益处。筚篥课由崔淳永老师讲授,合奏练习,由刘仪锡、姜熙镇和李寿卿老师分担。

我们第二期生将"文庙乐"、"宗庙乐"全部学完是在1923年的春天,也就是在第一学年完了的时候,第二期生因为是分两次招的生,我们后入学的学生比先入学的同学晚了整整一个学期，我们一边要正常上课，同时又要将前半年功课补上，所以一直十分紧张，但我们还是紧赶慢赶地把"文庙乐"和"宗庙乐"的全部乐曲完了，学习告了一段落，面临考试了。

考试采取抓阄的方式，但阄上写的曲目不是要你去演奏，而是让你指出它是属于哪一种体裁的，你必须熟悉"文庙乐"的全部曲子，"宗庙乐"的羽调12曲，界面调11曲，你不仅能将它们区分出来，而且能将你抽到的那一曲目全部背诵出来。当时年幼不懂事，认为老师出题太难了，可是正是由于当时的严格，才使得有些曲子，至今不忘。

"文庙乐"授课老师是高益三、朴德铉、安德秀；"宗庙乐"授课老师是李寿卿、姜熙镇、刘仪锡、崔淳承。考试时则换成金宁济和咸和镇两位老师。考试时间一到，我们都聚集在教室里，然后按次序，到老师面前去抓题，都盼着能抓到好题，当用颤抖的手，将题目展开时，遇到自己会的，则满心喜悦，遇到自己不会的，就发慌了。总之，考试前的焦虑与紧张，考试后的轻松与快活，那是只有经历过的人才能体会到的。

我是第二期生入学晚的一批，比春季入学的晚了6个月，要跟得上，又要学好，必须付出双倍的努力，学好"文庙乐"和"宗庙乐"，在其众多的乐器中，编钟应是其核心了，因此，我暗下决心，一定先把编钟学到手。

为了尽快学会，我想了一个办法，就是将12律和4清声音律的名称，写在自家墙上，再以木棍代替音槌去敲，每天反复练习，敲来击去，一面墙被我敲得千疮百孔，一片狼藉。那时的墙不像现在，用砖砌后抹水泥，那时的墙是土坯堆砌后糊上泥，再糊墙纸，这样的墙当然不堪我的这番折腾了，尽管这样，父母和兄长并没有责备我，相反，对我这种刻苦精神很为赞赏。

4. 我的舞蹈生涯从这里起步

入"雅乐部"要学的主要科目是音乐，但我却有机会学习了舞蹈，这纯属意料之外。那是1922年冬，我刚入学不久，我们一共11名学员被选拔去学舞。为什么要学舞，舞蹈是什么？我们全然不知，只知道是老师让学的，就去学了。当时学舞的11人中，第一期生2名，他们是李炳祐和朴兴均，第二期生9名，他们是朴圣在、李炳星、徐相云、姜命福、金先得、李顺奉、金点奉、朴永福、金千兴。

学舞都是在白天功课结束之后，晚上进行的，这样离家远的一些孩子被安排住在值班室里，我家当时住在万里洞，也属住家较远的一个，晚上学完舞就住在值班室。第二天一大早再赶回家里，然后又匆忙赶回学校，真是很累，但是怀着一种学习新东西的冲动，虽累但很兴奋。

还记得第一次上舞蹈课的情景，教室里桌椅已移到一边，金宁济、咸和镇、李寿卿和一位击鼓的老师已坐在那等我们了，教室的门不知踏进多少遍了，可是那天心却扑通扑通跳个不停，一群毛头小孩，突然间要学舞蹈，一个个傻愣着，手脚都不知怎么放了。

学习从几个基本动作开始，先练身姿、踏步和手臂的起落。老师讲解基本要领，然后在前边示范，我们跟在后边学。基本动作掌握之后，再练习向前进的步伐和向后退的步伐，最后做连续前进和连续后退动作。接下去是左右旋转的动作，左右旋转时的步伐以及旋转时膝盖弯曲的动作。这些都掌握了之后，是练习手臂的动作了，老师仍然是边讲解边示范，一个动作，一个动作地教。待我们手、脚分解动作熟练掌握之后，进入手、脚同时动作阶段，与前边一样，先练习前进，再练习后退，然后是旋转，老师不过多地做理论上阐述，而是以动作示范为主，我们只要跟着动作就可以了。

现在上舞蹈课，教室四周围都有镜子，可那时没有这种条件。老师在前边做，我们在后边跟，有时不可能看得那么准确，举错手、抬错腿的事就时有发生，闹出很多笑话。开始只是相互使个眼色，扮个鬼脸，有时则忍俊不禁，笑作一团。每每要在老师大声训斥之后，才可止住。但事情并不算完，课程结束后，老师会审问谁是"主谋"，当然是不会告发的，结果全体受罚，闹得太厉害时，全体被扒下裤子挨枝条抽打。

想起这些有趣往事的同时，也有些许遗憾，当时学习真该更加认真一点，不管怎样那一段时光是我永远不会忘记的。它是我学舞的开始，是我毕生事业的起点。

5. 为纯宗皇帝五十大寿演出

经过五个多月学习，我们学会了《佳人剪牡丹》、《长生宝宴之舞》、《演百福之舞》、《舞鼓》、《抛球乐》、《宝相舞》、《延寿舞》7个群舞和《春莺啭》一个独舞。由于身材关系，我没有学《处容舞》。学习《处容舞》的是雅乐手金桂善、高永在和第一期学员明镐震，金得吉、朴昌均等5个人。这样我们一共学了7个群舞和1个独舞，这8种"呈才舞"的指导老师，几乎都是李寿卿老师承担的。

学舞的参考文献是《宫中呈才舞蹈笏记》，是一本像屏风一样可以折叠的那种书，在我们每次进入舞蹈状态之前，李寿卿老师都有一段唱词，提示我们舞蹈就要开始了。微微嘶哑的嗓音，有韵有味响起时，是那样的动听并魅力无穷，使我们这群尚未脱尽稚气的孩子，情不自禁地投入进去。后来我学老师的样子，悄悄练唱过，所以那段随着乐曲节奏有韵有味的唱词至今未忘记。

就在我们热衷于舞蹈学习的第二年，即1923年1月份，传来一个令人振奋的消息，指导老师告诉我们，我们要进宫在纯宗皇帝（纯宗，朝鲜李朝最后一代皇帝）面前跳舞了。我们还从来没有经历过这么严肃的事情，真是又紧张又兴奋。我们本来就连寒假都没有休息，一直在学习舞蹈，这回就更紧张，练得也更起劲了。

纯宗皇帝的50大寿是1923年3月25日（阴历2月8日），寿宴在昌德宫仁政殿举行。

我们经过两个月的紧张练习，终于到了上阵的时候了。演出那天，我们全体舞童起了个大早，在雅乐部集合后，由老师率领，向昌德宫行进。我们推着一辆手推车，装着演出时必需的一些东西。将车推至昌德宫西行阁，卸下行李之后，立刻进入演出前的准备工作。先到昌德宫正殿，老师详细地讲解了每个演员所站位置，上下场路线，并做了演习，同时也安排了乐师们演奏时的位置，讲了演出时注意事项。

一切就绪之后，演员该化妆了。这是件很麻烦的事情，因为，我们只学了舞蹈，化妆可是有生以来头一回。金宁济老师把事前备好的化妆品分给大家，有日本进口的雪花膏和国产的朴家粉，朴家粉在当时可是名牌产品。一个小方盒子里，薄薄的干粉一片，用时用水调开。现在演员演出时，有化妆师帮助化妆，那时候不要说化妆师了，哪怕有位女士指导一下，也不至于那么狼狈了。我们这只有金宁济、李寿卿、高永在三位男老师。第一次往脸上抹化妆品，真不知该如何下手，只好手蘸化妆品往脸上东涂西抹一番。照照镜子，自己都觉得好笑。好在那时化妆不描眉也不涂胭脂。化完妆互相看看，个个一副滑稽相，想笑又不敢笑。后来每当我想起当时的情景，就会同时想起我的母亲，我小的时候爱出汗，妈妈怕我长痱子，每次给我洗脸之后，就给我往脸上擦滑石粉。

那次进宫真是大开眼界，第一次用了可以用水冲的洗脸池和便池，这在当时可是稀罕事，那时候水道设施还刚刚有，不过是一个居民点安装一个自来水管，居民用水要交费。记得当时有专门送水人，他们把水接到桶里，用背架背给用户，大都是咸兴地方的人，人们称他们为"水力士"。

演出时间终于到了，透过低垂的帷幕，可隐隐看到仁政殿四周的屋檐下以及大红柱上闪烁的灯光。大殿内寿宴已摆开。国乐声响起，等候上场的我们焦躁不安，前边演的什么，根本无心去看。终于轮到我们上场了，我们恭顺地将双手叠放在胸前，双目下垂，在老师的引导下，走到殿中站定。偷眼向对面望去，龙床玉座之上坐的正是纯宗皇帝和尹皇后，左右两旁各有一排桌子，摆满各色食品，在灯光照耀下，格外夺目。后来知道，桌子后边坐的都是一些皇亲国戚，还有日本的高官和一些有爵位的贵族。

还没等我们完全镇定下来，音乐就响起来了。开始时，十分紧张，头脑中一片空白，我甚至觉得自己快晕过去了，只是机械地运动着手脚。但慢慢地竟平静下来，手脚没那么别扭了。这样一直坚持到演出结束。万幸，总算没有出什么大错。退下场来，嘘出一口气，衣服都被汗水湿透了。

后边的演出就顺利多了，我们准备的7个群舞和一个独舞全部演出了。我参加了其中3个节目的演出，即《抛球乐》、《舞鼓》和《佳人剪牡丹》。演出结束后，老师称赞了我们，我们都很高兴。没想到后边还有更让我们高兴的事，当我们松下气来，稍作休息时，餐桌摆在我们面前，四四方方的大餐桌上，摆满了各式各样的美味佳肴，有很多食品我们见都没见过的。紧张过后，肚子还真的饿了，于是就美美地吃了一顿。

后来老师告诉我们，这种由皇帝亲自御赐的筵席称"赐馔"，是宫中常有的一种奖励方式。现在把演出服装也介绍一下，我们当时穿的是团领官服，腰系玉带，脚穿绿绣鞋，用幞头束发加戴芙蓉冠，幞头上饰有金贯子（中间带一小孔的金，玉或骨制成的圆饰物）。据说幞头上饰的贯子是有规定的，只有达到丞相位置的人才可用。

这些都是听老师说的，当时年纪小，也不懂那么多，可是今天想起来，竟有些疑惑，只有丞相才可用的饰物，怎么竟用到小舞童的服饰上去了呢？这问题至今未获答案。

纯宗皇帝诞辰50周年时，在仁政殿摆寿宴，举行圣典，这是10余年来的第一次，也是朝鲜王朝举办如此规模盛事的最后一次。当然那以后李垠殿下归国时，也曾有设宴和演出活动，但其规模就与之不可相比了。我之所以强调那次演出的重要，并不仅仅因为它是宫廷圣典的最后一次，而是因为正是有了那样一次演出，宫中舞蹈才得以延续下来。1910年"韩日合邦"之后，宫中舞蹈就已不再演出，在它销声匿迹10余年后的1923年才重新再演，正是有了这样一次演出，使濒临灭绝的宫中舞得到挽救。在那之后，每逢宫中举行宴会或喜庆事时，"雅乐部"的雅乐生都会去演出，一直持续到祖国光复。而当时在宫中女伶演出的舞蹈却沦落民间，作为艺伎界的舞蹈流传，但到了1940年左右就消失了。

仁政殿演出后的20多年期间，"雅乐部"继续教授"呈才舞"，所授"呈才舞"之数量相当可观。但舞蹈终究不是学生们主修科目，他们以演习"雅乐"为主，舞蹈只是辅助课程，因此，作为舞蹈的专门人才几乎没有，只有一位金宝易，他是第一期雅乐生，曾一直从事舞蹈事业，后来去世了。

仁政殿演出对于我来说，它是我此后一生投身于舞蹈的契机；是我第一次登台表演舞蹈；也是我为韩国传统舞蹈之一的宫廷舞蹈得以再生和延续，而做出的一件非常有意义的事情。正是因为这样，在我过去70多年的舞蹈生涯中，我一直以自己能有那样的一次经历而感到幸福和自豪。

6. 主攻奚琴兼修洋琴

仁政殿演出之后，我们轻松愉快地进入新的学期。由于学舞落下了一些功课，要把第一学年功课赶上，首先是学习吹乡筚篥。唐筚篥在第一学年已学过了，因为"唐筚篥"和"乡筚篥"很相似，学起来很容易。我们从"与民乐"开始学起，到第二学期末，学会了"与民乐"7章的全部。"乡筚篥"的指导教师由雅乐手长崔淳永先生一人承担，同学习"唐筚篥"的方法相同，先哼"口音"（口打令），同时，配合手指动作，配合熟练之后，再用嘴去吹。崔淳永老师还教会了我们制造筚篥的方法，这引起我们极大兴趣，都想亲手一试。制作筚篥不外是音管和簧，音管的材料要到专门的商店去买，那里有裁好的半成品。有了管材，接下来要准备的是诸如刀、锥子、铜丝、磨刀石、火钳等工具。通过亲手制作，我们明白了，筚篥所发出的声音，不仅是由音管和簧的长短和粗细来决定，也是与音孔的大小，位置与间距直接有关。三年级时，基础课学习结束，开始以乐器类别分开来学了。和以前一样，学什么乐器，并不征求学生个人意见，是由老师指派。老师们将商定的方案一宣布即成定局。好像是筚篥、大笒之类需要点气力的乐器，叫体力壮一些的学生去学，其他人学习弦乐器。我个子不高，体又弱，当然是学弦乐器了。对于老师的指派，学生们只需回答一声"是"，一切就算定下来了。

分工之后，学习筚篥的人，最占便宜，因为在学管乐器时，吹奏和运指方法已学过了，只需在原来基础上再提高就可以了。相反学习大笒和奚琴却要从头一一学起，不仅要学习演奏的方法，曲子也要重新学，除文庙乐外，宗庙乐从"步虚子"到"与民乐"的众多曲调，都要一一去学。

各乐器的指导老师是这样的：筚篥是崔淳永；大笒是刘仪锡；奚琴是李顺龙、李无根两位雅乐手长；"大风流"主要是李顺龙先生；弦乐器的"灵山会相"和男女声唱则全部是李元成先生；伽倻琴是咸和镇、金宁济两位；玄琴是咸和镇、李寿卿两位老师担任。这其中，学习奚琴和大笒的学生遇到一些困难，玄琴、伽倻琴和洋琴有乐谱，可以照着乐谱学，筚篥、大笒、奚琴没有乐谱，连指导老师教课时也无乐谱可循。没有办法，我们只好自己学记谱，学一点记一点，既花时间又费精力。但坏事变成好事，经过我们努力一点点采录下来的乐谱，正是我们今天用的"管乐器乐谱"，这不是一件大好事吗！在采录乐谱的工作中，金宁济老师出力最多，他先是让我们用筚篥，大笒和奚琴演奏，他仔细地听，然后用"井间谱"将其整理记录下来。今天的管乐器谱就是在它的基础上发展而来的。对先生的这一伟大贡献，我们永怀感激之情，并永远不会忘记。1924年4月，老师又给我们提出新的要求，让我们在各自主修的乐器之外，再兼修一种乐器。老师说从学期开始到现在，各自主修的乐器已掌握熟悉，只需再进一步训练了，但只掌握一种乐器是不够的。与以前一样，仍然是由老师指定的，这样，我又入洋琴班学习。这个班除我们第二期生以外，还有第一期的学员。从学员的情况看，老师在选拔时，是考虑学生能力为主，选拔的是可胜任的学生，我们白天正常上课，兼修课晚上上。咸和镇老师教玄鹤琴、伽倻琴和洋琴；金宁济老师教伽倻琴；李寿卿老师教玄鹤琴、洋琴。

到洋琴班后，我和一期生李炳祐、朴老儿相处得非常好，我们三个人虽不同期，但年龄相仿，性格也差不多，学习上相互帮助，成为好朋友。有时候课下得晚了，就住在值班室。小孩子们住在一起，免不了顽皮，我们用电线头去刺正在熟睡的人，看到被刺者惊慌的样子，就会开心大笑起来，忘记了已是深夜，在没有电的夜晚，比试弹洋琴，看谁在黑暗之中，琴弹奏的最好。

学习洋琴之初，不过是听从老师安排，一块学的同学关系又融洽，觉得很好玩，没想到它竟成为我迈向又一次成功的踏板。1982年我的"正乐洋琴谱"出版了。副业变成了正业，当做辅导学科学的洋琴，竟获得如此成就，我从内心深处感谢我的老师们。

特别忘不了老师们那种无微不至的关怀，教我们调音时，告诉我们弦如何缠绕，音程的转化如何控制，身边随时准备着曲铁、琴弦、槌、钉等用具，以备琴出故障时用。

7. 雅乐部演奏团赴日公演

1924年旧历8月19日，我的父亲因病去世，父亲是死于肺结核。父亲的死给我带来了极大的悲痛，但雅乐部的学习却依然十分紧张。就是在父亲去世的那年，也就是1924年的11月或者是12月，记得不是十分准确了，雅乐部第一次到日本的京都去演出。现在交通已十分发达，去日本京都也就乘一两个小时的飞机就到了，可是那个时候可没有这么简单，我们必须先乘火车到釜山，从汉城到釜山，乘特快也要十几个小时，然后再乘船，从釜山经玄海滩到日本的下关港又要十几个小时。

那次赴日演出的领队是金英济老师和李寿卿老师，团员，乐手有金桂善

（大笒）、李龙振（筚篥）、金寿天（长鼓）、高永在（大笒）、朴德仁（奚琴）、明镐震（伽倻琴）、金得吉（玄鹤琴）、朴昌均（唐笛）等，舞员有李炳祐、朴老儿、朴圣在、李炳星、金先得等。团员的服装是黑色朝鲜式长衫，里边是短衣裤。学员们戴学生帽，老师戴礼帽，年轻一些的老师戴便帽。这一次演出前后两周左右时间，演出很顺利，可以说是凯旋归国。

这些都是65年前发生的事，那个时候我只有17岁，尽管我很想讲得详细一些，但的确记不那么清楚了。比如演出的场所，演出的节目，怎么也想不起来了，真是很遗憾的事情。如果说还记得一点什么，那就是听老师说过，在日本也有记载，《春莺啭》是由中国传入的。《春莺啭》表达的是黄莺以美丽的歌喉迎接春天的到来。这次旅行中在日本京都的一个寺庙中，就看到一块取名"莺轩"的高耸的石头，意思是在那里可听到类似黄莺的鸣叫的声音。那次去日本演出虽规模不大，但那是第一次将我们的宫廷音乐和舞蹈介绍到国外，所以其意义是不可低估的，只可惜未能留下一些资料。

三、结束雅乐生学习，雅乐部任职

1. 雅乐生毕业考试

我们第二期生进行毕业考试的时候，也正是又一批新生入学的时候。经过一段紧张的拼搏，毕业考试终于结束了，好似放下一个大包袱样的轻松。说是轻松，其实也是相对的，因为我们面临就业。那时候和现在一样，能否就业，是人人都要面对的一件大事。大家都希望毕业后能在雅乐部就职。

1926年3月3日是举行毕业典礼的日子，工作的去留也就在这天揭晓，心中难免紧张。结果是，第二期生18名学员中，3名被除籍，其他15名通过了考试。

当时雅乐部的编制是5级制，即，雅乐师长1名；雅乐师2名；雅乐手长6名；下面有雅乐手和雅乐手补各若干名。雅乐生毕业后是当然的雅乐手补（副雅乐手或助理雅乐手），只有在雅乐手有空缺时，才有晋升的机会，其他各级均如此。我们第二期生被任命为雅乐手补，是在毕业后的4月4日。

与此同时，第三期生也通过了入学考试。这一期招的新生，与以前不同。以前的雅乐生大都以推荐的方式，一般都是雅乐部职员的子弟或亲属的孩子，而从第三期开始有了严格的要求，考生必须有普通学校6年以上的学历，经考试合格，才能录取。采取公开招生办法，《招生简章》直接发往各公立普通学校。报名人非常多，应试者竞争激烈，当然是择优录取。

进入4月，雅乐部繁忙起来，新生入学，新人就职，老师们投入新学期的教学。而这年的4月26日，国家也遇到大事，纯宗皇帝去世了。

2. 雅乐手补期间的声乐学习——学习歌曲与时调

由于国殇，新入学的第三期学员没能按时开课，雅乐部也一度停止了演出活动。一切恢复正常后，雅乐手老师们也同以前一样，每周来2次。我们被任命雅乐手补后，每天除按课表练习乐曲外，还要学习原来未来得及学完的课程。

要学的课程有，西乐乐理、西乐乐谱记谱法、音响学、英语、中文等。着重点放在音乐素质的提高和知识面的拓展，以此为国乐未来的发展打下一个坚实的基础。对于我来说，这一段的学习非常重要，它使我更加充实，同时也开阔了视野。

雅乐手补学习的课程中，最重要的科目是声乐课。当学员时也学过声乐课，但那只不过是学习宗庙乐等乐器时作为口音练习的，现在我们要学的是真正的歌曲。教我们的老师是位有名的音乐家琴下河圭一老师。河圭一老师不仅能教男、女生唱，还教歌词、时调，而且还会"宫中舞"和玄鹤琴。

我们能够有河圭一这样的老师，真是万分幸运的事。今天作为重要的无形文化财的男女声歌曲、十二歌词等，正是因为有了河圭一老师当时的教导，才得以保存下来的。雅乐部第三期生能够开声乐课，也正是因为赶上了河圭一老师当时还健在。在20世纪20年代，我们国家的正歌界已经发生恐慌，因为我们雅乐部的雅乐师长，同时也是雅乐部的唯一专攻声乐的老师明完璧老师谢世了。明完璧老师的故去，声乐课也随之中断了。直到后来请来了河圭一老师，声乐课才得以开课。河圭一老师当时一直活跃于民间。请他来时，他已是一位高龄老人，用作教材的井间谱，都是他亲自采谱。当时可作为教材用的歌曲乐谱，连一首也没有的。河圭一老师用的乐谱与现在的不同，乐谱间数比现在多，是32间，很复杂，连音程、节拍、歌词、唱法，甚至换气，都乐谱化了。河圭一老师每次授课之后，都把当天学的乐谱交给我们，让我们抄下来好好复习。由板书写得好的同学，在已画好了32根线的黑板上将乐谱抄下来，我们再将它抄在自己本子上去练习。这是河圭一老师最初编写的声乐乐谱，男声40余种，女声27种，歌词8种，时调多种，这些乐谱一直流传了下来。后来又经修正、整理出版，是现在国立国乐院非常珍贵的资料。

"正歌"的传授，是从1926年始，到了1936年底四期学员毕业止，一共培养了50多名学生。其中成绩卓越者是和我同期的斗峰李炳星。他天生的一副好嗓音，音乐天分好，一开始就得到老师的认可，加上他后来的努力，一直是老师最得意的门生。但是非常可惜的是李炳星过早逝世，如果不是他死的太早，相信他对"正歌"事业的发展，一定会作出巨大贡献。

为国乐事业的发展作出巨大奉献的人中，还有一位是不该忽略的。他就是"雅乐部"第三期毕业、后来任国立国乐院院长的昭南李珠焕。在8·15光复前，他为"正乐"的传承发展倾注大量心血。那个时候，"歌乐"在民间是得不到重视的，而他却锲而不舍地致力于这项工作，可以想见是很不容易的。

谈到学习歌曲，有一件事需要提及，就是在我们学习正统音乐的同时，我们还学习了"京畿杂歌"，雅乐部是只崇尚"正歌"的，但我们当时的确也学习了"杂歌"，这是一个值得注意的事实。

"京畿杂歌"的"十二杂歌"中，首先学了属于"八杂歌"的"游山歌"、"赤壁歌"、"燕子歌"、"执杖歌"、"小春香歌"、"船游歌"、"刑杖歌"、"平壤歌"，和属于"杂杂歌"类的"房物歌"、"出引歌"、"首杂歌"等。学习这些"京畿杂歌"对我未来的舞蹈生涯起了很大的帮助作用。

1937年河圭一老师去世了，"十二歌词"中还有几首没有学完，这就是"首阳山歌"、"襄阳歌"、"处士歌"、"梅花歌"，这四首歌是林基俊先生帮助我们学完的。林老师唱歌很有实力，他音域高，声音清晰，而且饱满丰富。他虽然并非是专业音乐人员，但从年轻时就酷爱音乐。和林先生学的四首歌，除"首阳山歌"外，其他"襄阳歌"、"处士歌"、"梅花歌"三首歌，只是歌词不同，音乐性相似，学起来很容易。

当时，以汉城为中心的各个地方流传着"辞说时调"和"快板时调"，这些"时调"我们也学了。这更拓展了我们的音乐面。林老师教的四首"歌词"和"时调"记谱整理后，还编成乐谱集出版了。

在谈到学习"十二杂歌"时，有一件事必须提及，因为这和"京畿杂歌"的兴起和成长有着密切的关联。这就是关于我们称为"地下堂屋"的地窖的故事。

1926年我们家搬到阿岘洞，这是我第一次接触"地窖"房。所谓"地窖"房，是在冬天的时候，为了抗御冬季的严寒，在村落或居民点之间寻找一块空地，挖一个长方形的坑，四角立上支柱，上面用长竿搭成支架，然后铺上麻袋，垫上一层土，再铺上稻草编的帘子，帘子两边向地面低垂，这就是我们的地窖房。因为是建在地下，冬天的时候村里的老人和年轻人都会到那里去避寒。也有人利用这种地下屋种上葱或发豆芽拿到村里小集市或南大门集市上去卖，在南大门一带还盛传说，龙山区青坡洞窑里培养出的豆芽最好。

在"地下堂屋"里是讲究规矩的，老年人自然坐上座，即中间位置，下边才是年轻人的座位。不管谁进得屋来，先要向上座的老人们问安之后，才可坐到自己座位上去。在这里人们可以拉家常，也可进行一些娱乐活动，跳跳舞、唱唱歌。这样的地方正是"京畿民谣"和"十二杂歌"成长传播的摇篮。那个时期这种"地窖"房，不仅阿岘洞、万里洞有，在京城四大门内外很多洞里都很盛行，同时也造就了一批批民歌手。

我就曾在阿岘洞、万里洞的地窖屋中看见边敲"竹杖鼓"边唱的人。这些民歌手们常常是来往于各个洞的"地窖"房之间。我想他们正是"京畿杂歌"这样一些民间艺术的传播者，"十二杂歌"也正是有了他们的这样一些活动，而得以在京畿一带地区流行发展并传播下来。

与"十二杂歌"相近的"先声打令"的发展传播也是如此。现在那些擅长表演"先声打令"的人，一般也都是"十二杂歌"和"京畿民谣"的演唱能手。

"十二杂歌"是坐着演唱的，"先声打令"是站着演唱的，它们同样受到人们喜爱，并传承至今，成为今天重要的无形文化财，而被人们珍爱着。

3. 歌曲巨匠河圭一

河圭一老师（1867—1937）是我们的第一位歌曲老师，下面想讲一讲有关老师的情况。

河老师是坐人力车上下班的。他和年轻人一样喜欢便鞋，一身玉色长衫，他的穿着总是很得体，一派儒士风度。从先生搭配得当的衣着，可看出师母的能干和贤惠。先生个子虽不高，但端庄的脸上透着智慧。

说起河老师，想起一件有趣的事。那时每到正午，有汽笛报时，河先生背心口袋里有一块金光闪亮的怀表，每当他拿出怀表看时，也正是报时汽笛响起的时候，时间掌握得非常准确。当掏出怀表时，他会风趣地说："怎么连汽笛也会有不准时的时候啊，真遗憾！"我们大家也就会心一笑。

有时我们会围坐一起，请他讲他年轻时学习音乐的故事。原来先生的嗓音并不好，刚开始学习的时候，一位叔叔辈的长者对他说："学声乐讲究'一清二调'，可我听你的声音，谈不上'清'，还是趁早放弃吧。"这话深深刺痛先生的心，他下决心，非把音乐学到手不可。于是他开始拼命的练习，甚至练到吐血。说到这，先生又立刻嘱咐我们，吐血的事还是少做，后来也一再这样叮嘱过我们。

为了检查我们的学习成绩，常常举行测验，也就是轮流独唱。我们唱的时候，先生总是默默地听，遇到我们唱得不够准时，他就立刻指出。他告诉我们，开口唱的第一句非常重要。歌曲的第一小节，犹如人的前额，前额豁亮，一张脸儿才漂亮。所以第一句一定要唱得干净漂亮，才能带活整个歌曲。他还告诉我们，要唱好歌，先要会用嗓子，只有学会调节好嗓音，唱出的音才圆润、深厚。

要想把歌唱的既清晰又放得开，要注意词的发音，如"太"要读成"特—哦—依"、"白"要读成"爸—哦—依"、"爱"要读成"阿—哦—依"。有时让我们合唱，先生总是鼓励我们说，"单个唱时不怎么样，合唱时个个是好样的"。遇到我们跟不上节奏唱不好时，他总是耐心指点。

可是，如果我们学习态度不好，先生可是不能容忍的，他就会手扶着下巴、摇摇头，甚至未到下课时间，就生气地起身离去。轮到下一次授课时间，他一声招呼也不打就不来授课。我们知道老师气未消，就由李炳星等几位同学去老师家请，向老师谢罪并保证以后不再犯，这时老师才肯随同学回学校来。

我当时学音乐的天赋不高，嗓音也不好，不敢向老师提出什么要求，只是埋头自己苦练。我每天一大早就到北亚岘洞（现秋季艺术大学）后山的松林里去练习。另外7月21日到8月31日，李王职雅乐部上半日班，这样每天12点工作一结束，我立刻又去练习，一练就是好几个小时。就这样练了一夏一秋，竟未见多大成效，最后嗓子哑得连说话都困难。不忍半途而废，强撑着继续练，结果真的练到吐血。这时想起老师讲的，要想把歌唱好，就要练到嗓子出血的话，而自己果然练到出了血，看来成功有望，就练得更加卖力。可是我的嗓子就是不开，不仅如此，还得了眩晕症，而且症状不断加重，竟到了无法坚持练习的地步。

看来我天生不是学唱歌的料，很灰心，就这样中断了练习。后来慢慢弄明白，我的眩晕症源于我身体的过度虚弱。现在每想起这些，不免心中一阵惋惜，如果我那时身体好一些，说不定能闯过难关，获得成功。我的嗓音不佳，唱不了那么好，但学了那么长时间，我耳朵的判断识别能力很强，这方面我获益匪浅。

河圭一老师从年轻时起，就开始关心"正乐"，学习了歌曲，我从他那里除学了唱歌之后，选择的另一课程是玄鹤琴。河老师认为，声乐中，歌为先，乐器中，玄鹤琴为王。他教我们演奏玄鹤琴的方法，教我们如何用玄鹤琴来定音。对先生这种尽心尽力的教学精神，不能不让人感到敬佩。

其实，河先生唱歌音域虽宽，却不够丰满，但听起来依然生动感人。看来后天的努力是可以弥补先天之不足的，经过努力声音同样可以运用自如，这就是艺术修养。河老师不仅善唱男声，女声也能唱。

4. 继河圭一老师之后是林基俊老师

1937年河老师去世，接替河老师来教我们的是林基俊老师。河老师还没来得及教会我们的歌曲，如"首阳山歌"、"襄阳歌"、"处士歌"、"梅花打令"、"辞说"、"时调"、"首杂歌"等30余首歌曲是由林基俊老师完成的。

林老师与河老师不同，是身高六尺多的高个子，消瘦。他嗓音清脆有如女生，听他唱"首阳山歌"，声音清澈透明。

林老师也是从年轻时就喜欢唱歌。他原来住的地方，是有名的歌乡，现今的钟路区楼上洞，楼上洞烟荷包做得好，歌也唱得好，以善唱"哼得楞打令"（音译）而闻名。

到了夏天，林老师喜欢穿一身白色的夏布长衫，戴一顶浆熨得无一丝皱褶的纱帽，看上去很是和谐得体。

但是，夏布长衫穿起来好，伺候起来太麻烦。因为这种夏布衣服都是要上浆的，浆过的衣服穿起来挺拔，但就是怕沾湿，如果被露水或雨水打湿，那可就挺拔不起来了，而且，稍有不慎就会起皱。最可怕的是出门前，没有注意天气预报，走在半路突遇大雨。可是我们林先生就是遇到了大雨，也不会到屋檐下去躲避，他说："暴雨能奈我何！让我向它低头，门儿也没有！"说罢依然前行不误。一般人遇到下雨，紧跑几步，找个屋檐避避雨，可林先生却偏要身穿长衫在雨中行。由此可窥林先生之性格。

我在这里只谈了河先生和林先生，是因为在雅乐部所有教过我们的老师中，河、林两位先生最具个性。也正因为如此，他们在自己的艺术领域内都居显著地位，以其非凡的艺术气质，创出辉煌成就。

5. 除声乐外所学的其他课程

1926年我被任命为雅乐手补之后，除声乐课作为必学的课程外，还学习了英语、中文、宗庙佾舞，西洋乐谱解读和诗歌。

英语老师是自山安廓先生。记忆中，他当时正在编雅乐部的乐史。1920年发行的《朝鲜文明史》和《朝鲜文学史》也是他的成绩。要说我当时学习英语，也就是学会了写自己的名字，和看懂别人的名字以及一些乐器的名称。碰到用英文标记的东西，能揣摩那么一点意思，揣摩对了，心里就十分得意。

中文指导老师是李沔镕先生，他是全州李氏的后裔，中文是他自学的。他曾告诉我们，过去的一些皇亲国戚们对中文有着与众不同的感情，他们曾直接向中国人学习中文，可见学习中文的重要性。中文的发音与我们文字中的汉字的发音有很多相似之处，字的意思也相近，因此学起来比较容易，我到台湾旅行时，当用会话说不通时，就用笔谈的方式，效果竟很好。

这就是我们当时学习英、中两国外语的情况。但是在当时，我们还要违心地去学习日文，我们遭受着日本人的压迫，还要去接受压迫者的语言，一种抵触情绪油然而生。想不学，但不行，因为这是对在职人员的规定。因为是规定，只能服从。现在想起来，其实当时的想法也很幼稚，到了今天国际化时代，才发现多掌握一国语言，多一种本领，而自己却未能很好地把握学习的机会。

另外的三门功课是，西洋乐谱解读、佾舞和诗歌。

有关西洋乐谱解读法的学习情况已记不十分清楚了，但是学习它，对我们来说的确很有用的，可以用它来和我们演奏国乐和创作国乐的五线乐谱对照来看。

诗歌学习的时间不长，但对教我们诗歌的加蓝李炳岐先生的印象很深。他讲课时，那种夹杂着母语的讲话语气，听起来非常有趣。最近我还见到了当时对李老师特别崇拜的金容文，我们还一起回忆了李老师当时一些有趣的事。

关于佾舞，佾舞是宗庙祭祀时跳的一种舞蹈。在我正式学习前，曾在"雅乐部"举行祭祀活动时多次见过。一般在举行大型祭祀之前，都要进行排演，届时乐师和64名佾舞舞员都到"雅乐部"聚齐，然后开始演练。所谓"佾舞"，就是舞员们手持舞籥、舞翟、木剑、木枪等不同的舞具，弯腰向东西南北方向祭拜的动作。其实这与原来的佾舞已多少有些不同，因为雅乐部人员已不足。

在举行大祭时，常常需要招聘一些临时的乐手，称其为雇用乐手，让他们跟着会跳的人向四方做祭拜的简单的动作。

曾有一段时期这种已走了形的佾舞，就是这样被人们跳着。直到金宁济老师将其原型记录成"时用舞谱"，才使其恢复了原貌，并将其保留了下来，从而也才有了今天的宗庙祭礼佾舞。1964年与宗庙祭礼乐一起，被指定为宗庙无形文化财第1号。现在我本人被指定为其技能的保有者，肩负着传授和保存的重大责任。对于我来说，这是一生中莫大的荣幸，我视其为民族的大业，将终身为其奋斗。对肩负的这一重任，我时刻提醒着自己，不敢有些许的怠慢和疏忽。

下面想谈一下昭南李珠焕先生，他为雅乐部的存在是立下汗马功劳的。光复后，李王职雅乐部改称为旧王宫雅乐部。当时国家陷入极度混乱之中，尽管如此，李先生也没有撒手，为保存雅乐部，他孤军奋战做出巨大努力，今天雅乐部能成长为国立国乐院，他功不可没。在那样的困难时期，为了使正歌得以保存，发展并传扬下去，他做了许许多多的努力，从教育传承到乐谱的印刷发行，以及理论上的探讨和整理，他都身体力行。今天能将其指定为重要的无形文化财，和他的努力是分不开的。

6. 昌庆宫晚间露天剧场

当雅乐生时期，我曾参加过两次演出，一次是1923年春昌德宫仁政殿的演出，一次是1924年去日本演出。那时候重点是学习，不可能进行更多的演出活动。但毕业后，成为雅乐部正式职员，情况就不同了。1926年4月到同年的12月，我是雅乐手补，1927年1月被任命为雅乐手，直到1932年5月，在做雅乐手补和雅乐手时期，除继续学习在学生时期没能学完的功课外，就是要连续不断地从事演出活动。

昌庆院每到阴历春三月，也就是阳历4月中旬的时候，樱花盛开，十分壮观，全京城的男女老少，以及全国各地赶来的赏春游客，都来这里观赏樱花，人山人海，热闹非凡。每到这时，原来只有白天开放的昌庆宫不得不晚间也开放，雅乐部也开始了演出活动。

1909年，昌庆宫败落之后，在其境内重建了动物园和植物园，并向市民开放，从而改名为昌庆院。昌庆院的樱花非常出名，那些花是在公园建造之初，从日本运来栽下的。樱花是日本的国花，把自己国家的国花搬到我们国家来栽，想以此来说明我们是他们的附属国嘛！尽管心里有一点别扭，但这花的确很漂亮，一进昌庆院的大门，路两旁两排樱花树，都是20年以上树龄的大树，一到夏季枝繁叶茂、遮天盖日。不光是昌庆院，在其他一些公园以及马路两旁也都栽种了樱花树。最近以来，每到樱花盛开时，以樱花闻名的庆尚南道的镇海都要举办樱花节。镇海在日帝统治时期，是日本海军的军港，樱花可能是那个时候传入的。这些樱花后来经过改良，花瓣重重叠叠，更加漂亮喜人，招揽了更多的游客前来赏花游春。

昌庆院樱花盛开时，到了晚间与各色灯光相映生辉，真是人间天堂般的美景！人们三五成群徜徉在花前树下，有的是亲朋好友一起，在树下摆上带来的各色食品，吃着、谈笑着，一片其乐融融的祥和气氛。这时在水亭宫的旁边，露天舞台已搭好，傍晚时分这里都有演出，游客们慢慢聚拢过来。观众席，有草席、也有草编的坐垫，观众有要坐垫的，需付钱租用。那时的观众非常的规矩，从开演到结束一直全神贯注，哪像现在这样，吵吵嚷嚷，乱起哄，什么上树、折花，或者因为座位而相互争吵这些现象那时候是绝对没有的。那真是一种值得赞赏的美德，值得重新发扬。

昌庆院的晚间露天剧场大约持续两周时间，每当樱花冒出粉红色的花蕾时，演出就拉开了帷幕，而当花儿像片片雪花纷纷落下时，演出就结束了。人们踏着遍地的落花纷纷散去，带着些许的惋惜离去的同时，心中又有几分希冀，花儿落了还会重开，大幕落了还可升起，樱花总会带给人们欢乐。

我们国家的花信期也是先从南部开始，樱花也是釜山和镇海先开，10天之后才开到汉城，再过10天之后，西北的开城和平壤的花才相继开放，然后才到新义州。这时的报纸上会不断报道有关花信的消息。

我们有好几年时间，利用樱花花季举行晚间露天演出，但那时只有音乐节目，而没有舞蹈演出，有时会因为下雨不得已中止演出。

7. 京城放送局播放雅乐 — 实习演出 — 佾韶堂

除了昌庆宫晚间演出外，去放送局演播雅乐也是值得一提的事情。

1926年在汉城成立了京城放送局（JODK）。这是我们国家最早的广播机构。当时是有线广播，因此在未架设电线的地方，无法收听到广播。当时一般家庭想购置一台收音机，不是一件很容易的事情。只能到卖电器的商店或街头小商店站在那听一会儿。那时我们家也是买不起收音机的。我家邻居有一位是做电工的，自己用电器零件组装了一个可以收听广播的装置，接上电线开关，可以用耳机收听。我觉得很新奇，就求他帮我也做了一个，我们家就利用它轮流听。

当时放送局在贞洞（现在的德寿国民学校的后边），紧靠着德寿宫的后墙。放送局成立后，雅乐成为经常播放的节目，我们也就成为放送局的常客。我们一般是骑自行车去，而一些大型乐器就要用车搬运。到了1930年以后，雅乐播放的次数增加了，乐器这样的搬来搬去非常麻烦，放送局的录音间里就常备了一些乐器，如编钟、编磬等大型乐器。

当时都是实况直播，因为还没有录音设备，只有一个麦克风放在前边。演奏时要十分小心，不能出错，更要注意不要发出任何其他声响，所以每次去放送局演奏都很紧张。

雅乐部搬到云泥洞是1925年冬，正是雅乐部进入繁荣发展时期，1926年3月第二期雅乐生毕业；同年4月第三期18名新生入学；1931年3月第三期生毕业；同年4月第四期18名入学。这期间雅乐部内部也发生了一些变化，一些老先生故去，一些老年教师退职，他们的位置要由养成所出身的雅乐手们顶替，这也是自然的交替规律。

年轻人上任后，雅乐部更活跃了，实习演出制度，就是这个时候兴起的。1932年秋成立实习会，目的是提高和培养个人的艺术技能和素质。实习会每月举办一次，办法是个人先提出申请，再根据报上来的曲目，统一调整后，定出节目单。一般以独奏为主,偶尔有齐奏或合奏。

每次演出后,老师们会综合各雅乐手长的意见,给每个演出者评出等级,年终,根据总的成绩评奖,优秀者还有奖品,我也曾几次得奖。

随着雅乐部不断发展扩大,地方已感到狭小,活动场地不够用,经老师们的努力,当局批准给盖了一座新楼。1933年6月搬进新楼。新楼非常气派,是宫殿式建筑,和周围的敦化门、秘苑等古建筑相呼应,非常和谐。大讲堂、陈列室、教室、研究室、各种设备应有尽有。

环境改善后,举办活动更为方便了,除定期的实习演出和雅乐部内部的演出外,也开始对外开放。新楼的演出大厅名"佾韶堂",舞台的正面悬挂着乐圣兰溪朴堧的画像。

当时一般人对宫中音乐还不怎么感兴趣,来看演出的一般是学生团体、日本学者、官员们。每年春秋,都会有日本学生团体来我国实习,他们先参观乐器陈列室,然后看演出,最后还要去昌德宫和秘苑。昌德宫和秘苑是不对外的,有外国人参观时,必须有李王职雅乐部有关人员陪同。后来参观人多了,才作出规定,一周开放2次,我们雅乐部也相应地,在其开放的日子演出。

自从我们有了自己的演出场所——佾韶堂,我们就不用再去放送局,播放雅乐就在佾韶堂进行了。当时电信设施控制很严,但对在雅乐部设转播室,当局却给予积极支持,给安装了放送局的直通电话。每次广播的前一天,邮电局要来人爬到电线杆上,将接收器开关插上,与放送局通话确认接通后,再下来。

但是佾韶堂做播音室,的确条件是不够的,只好用绒布将四周围起来。在这样的帐幕里,密不透风,特别是热天时,在里边演奏,苦不堪言。那时没有空调,只能在演出时,用大碗装上冰块放在桌旁,那情景现在的人们是想象不到的。

8. 为伪满洲国建国制造编钟、编磬

日本侵略者为实现他们的野心,策划一个又一个阴谋。1934年春天,他们想在国内外宣布满洲国正式成立,准备举行开国大典和伪皇帝登基仪式。

雅乐部接朝鲜总督府委托,制造编钟、编磬各一套,为满洲国开国大典用。雅乐部的老师们为主导,编钟的制作,选由宋东洙乐器店负责。当时有一些乐器店都是有自己的制作间的,宋氏就拥有一个铸造场。在制作过程中宋氏常到雅乐部来请老师们鉴定音律。原来同一尺寸的编钟,发出不同的声音,是依据钟体的薄厚,钟的音越高,钟的内壁削得越要薄。

借此机会，老师们把雅乐部乐器库里音不准的或有破损的编钟挑选出来交宋氏打碎重做；把癸丑年制作的编磬，也挑选出来，以西方音程的平均律重新进行了调音。这些重新改制的编钟、编磬都刻上了"昭和8年（1933年）制造"的字样。这些编钟、编磬有的留雅乐部，有的送寺庙用了。

编磬一套16个，用料是玉。我国京畿道水源南阳一带出产的玉，最适合做磬。金宁济老师亲自去南阳考察，最后选中南阳矿口的玉，是用牛车把玉拉回汉城的。

编磬的制作委托给一个日本人的工厂。我被指派同工厂联系，所以目睹了编磬制作的全过程。那时切玉是人工操作，两个人用钢锯来锯，不时要停下浇水；切割后，依照墨线削到合适的尺寸；用金刚石细砂粗磨；再用磨石研磨抛光。最后也是最关键的一道工序是为每个编磬调音律。

我在雅乐部期间前前后后见过很多编钟、编磬，其制作年代，我记得的就有"癸丑"、"乙丑（1745年）"、"甲子"、"丁未"、"辛酉"等。仅以其中的"癸丑"（1433年）磬来说，依据记载，可以追溯到乐圣朴堧（1378~1458）时代，作为文化财，它是极其珍贵的。

遗憾的是，1953年再去南阳寻玉，那里已变成市区，那个矿脉再也找不到了。后来又做了很多磬，再也没有一个可与癸丑年制作的磬相比，音色差远了。

9. 为崔承喜伴奏音乐录音

记得那是1937年的事了。经西方音乐指导老师李钟泰先生介绍，要雅乐部为从日本暂时回国的舞蹈家崔承喜舞蹈的伴奏音乐录音。崔承喜日本演出后，还将去国外演出，让我们制作的这个伴奏乐的唱片就是准备带去演出用的。可是我们当时拥有的所谓的录音设备，只有从国外进口的留声机和唱片，仅靠这点设备要录制唱片，真不是一件容易的事。最好的办法是到日本去录制，但这是不可能的。最后找到了一个地方，在现在的忠武路二街中央邮局后边，有一日式三层小楼，日本一名技术人员在那里用从日本运来的设备进行录音。

这次的任务以第四期学员为主，需要录音的曲子中，有的要重新作曲，有的在既有的乐曲基础上编曲。一切准备就绪，开始录音了。麦克风的一头与一台设备接通，再通过麦克风将声音刻录在一个旋转的音盘上，这张音盘作为母盘，可用它再去复制。作为母盘，它的价格是很贵的。所以在制作的工程中要非常仔细，不可以出错。尽管大家都加了十二分小心，还是出了一件令人哭笑不得的事情。

第 一 部

一次大笒名家金桂善正在为崔承喜的《乐浪的壁画》(类似于印度的《菩萨舞》),作伴奏音乐时,一曲"平调灵山会相"似清澈的山泉潺潺流淌,崔承喜跳着,沉浸在音乐之中。突然传来一声"好啊!"的声音,跳舞者和吹奏者都愣住了。人们四处张望,不知发生了什么事,后来才弄清楚,原来是随女儿前来观看录音的崔承喜的父亲深深被金桂善先生的大笒声所陶醉,情不自禁发出的声音。找出了原因后,大家哄堂大笑。而崔承喜则嘟囔说,这么贵的盘白费了。于是只好再从头开始。这之后是巫舞、长鼓舞、扇舞,录音一直持续到天亮。工作结束后,我们找到一家饭铺吃了早饭,我们边吃泡饭边谈论着晚上的事。

我当时负责守护录音现场,金桂善先生的大笒真是到了炉火纯青的地步,使我从心里敬佩。而崔承喜的舞蹈就更令我惊叹不已,她完全投入音乐之中,舞蹈和音乐融为一体,非常完美和谐。尽管舞者和伴奏者都是实力很强的艺术家,但要想让舞蹈与音乐永远那么和谐,也不是很容易的事,何况录音的设备又不十分理想。所以有时一段舞蹈要反复跳好多次。尽管这样,崔承喜一次也没表示厌烦和发脾气,不对的地方她会指出来,直到自己感到满意为止。这是一次难得的机会,我亲眼看到了崔承喜对舞蹈的热衷和认真。

这次录音之后,很长时间没有听到崔承喜的消息,直到第二年她又回韩国举行舞蹈演出。演出场地是府民馆,我们接到了邀请函。

我们乘车到达府民馆,被眼前的景象惊呆了。前来观赏的人群排起了长蛇阵在等待买票,剧场门前人山人海。其实当时的票价是很贵的,电影票一张只要两三毛钱,戏剧和其他演出也不过一元或不到一元,崔承喜的演出却要二到三元一张,的确是很昂贵。但剧场内座无虚席,而且掌声不断。除了我们上次为她录音的节目外,还增加了很多节目,花样繁多。观众反应一直十分好。崔承喜修长的身材,美丽的容貌,优美的舞姿,任何人也不可否认,她是一位优秀的舞蹈艺术家。

崔承喜结束了韩国的演出,又将回到日本。就在她回日本的前夕,崔承喜来找我们,希望我们能随同去日本演出,她说演出时用录音做伴奏,总不如现场伴奏效果好。但我们是属于雅乐部的人,是去不了的。我们把这意思告诉了她,她又提出能否帮助推荐几位合适的人。我当时推荐的是金昌植(笙篥)、申忠根(大笒和奚琴)、朴成玉(伽倻琴和雅筝)。这几位当中金昌植先生当时没有去,代替他的是民俗乐界名人李忠善。就这样申、朴、李三位伴随崔承喜在日本全国各地巡回演出之后,最后还到中国南北各地巡演,直到光复之前,才回到韩国。

10. 为新舞蹈伴奏作出贡献的朴成玉

这里想特别说一下朴成玉先生。我初次认识朴先生还是1930年的事，后来为了向韩成俊先生学习僧舞，而经常去朝鲜音乐舞蹈研究所，这样才和朴先生熟悉起来，因而对他音乐方面的才能也有了深入了解。他不仅会演奏几种乐器，而且善于钻研。有一次，他给我看他的一个发明，他把伽倻琴一类的乐器放在他特制的键盘架上，演奏时用脚踩踏板，声音可拖长并放大。

"雅筝"作为擦弦乐器，原来只用于宫中乐系统，民间音乐从不使用，在遇到崔承喜之后，才开始注意舞蹈的音乐伴奏。朴成玉先生对"雅筝"进行了改造，为了符合舞蹈伴奏的需要，他不仅在其外形的尺寸上做了改动，还增加了琴弦，使其发出的声音更亮，音域也更宽了，而且转调也更方便。他不仅对琴做了改动，还改动了琴弓，琴弓采取木和马尾毛兼用，使其刚柔自如。在我国新舞蹈伴奏音乐的开发事业上，他不愧为先驱。如果没有朴成玉先生的努力，就没有今天在民俗乐界广泛使用的新型的"雅筝"，也就听不到经过改造的"雅筝"那悦耳又略带凄凉的琴声。因此朴先生功劳是不可估量的。今天流行的一种所谓的散调雅筝，其实也是乐器制造者们模仿朴先生的雅筝而制造出来的。

1968年小天使艺术团第一次去美国演出时，朴先生曾作为乐士同行，他以其多年积累的经验，对舞蹈的编排、音乐的构成，起了很大作用。

20世纪40年代，崔承喜曾到中国演出，在回日本途中，再次到韩国进行了演出。演出仍然是在"府民馆"，票价仍很高，一张票竟达5元，但仍然是超满员，可见她人气之旺。

11. 梨花女子专科学校讲授国乐

在我任雅乐手长近8年的时候（1932年6月—1940年6月），也就是1939年，雅乐师长成和镇先生，辞掉了他在梨花女子专科学校讲授音乐课的工作，由李忠泰先生介绍我去接替了成和镇先生的工作。讲课是在现在梨花女专的小音乐堂，授课对象是学校三、四年级的学生，是学生的自选课程。

我担任的课程是以弦乐为主的玄琴、伽倻琴、洋琴，另外还有杖鼓和短箫。这主要是考虑到女学生力气小，所以选择了这几种乐器。在教课时，还要注意到学生的趣味，让她们能感兴趣，并易于接受。选择练习教材时，我注意挑选一般群众喜爱的民谣等曲子，如我国人民爱唱的《阿里郎》、《道拉基（桔梗谣）》、《阳山道》、《诺多尔江边》等。我把这些通俗民谣抄成五线谱，作为教材来教她们，没想到学生们还真的很喜欢，这使我放了心，也增加了勇气。

第一学期主要教民谣,第二学期学习玄鹤琴,曲目选《灵山会相》。"玄鹤琴灵山会相"一般教授方法是,先从"上灵山"开始教起,而我一改常规,先教"打令"和"军乐"。我之所以这样做是有道理的,首先,我认为老师在教课上,要多从学生的角度考虑,其次,这种选择是包含了我的一片苦心,学生们刚刚对我们的音律发生了一些兴趣,立刻把这样冗长单调的曲子传授给他们,我怕会让他们产生厌烦情绪。我的苦心没有白费,学生们没有一个中间放弃学习的,而且始终热情饱满。我当然也很满意自己能取得这样的好成绩。

接下来,我依次教了她们"下弦还入"、"念佛"、"上弦"、"加乐除只"、"上灵山"、"中灵山",这样"灵山会上"就教完了。另外,还教了她们"千年万岁:'别曲'",和"界面调"、"两清调"、"羽调"三首曲子,"灵山会上"该学的就全部学完了。

第二学期临近考试的时候,突然接到校方通知,希望我们能参加少年音乐会演出。此时已经没有太多的准备时间,匆忙选了两个曲目,一个是器乐合奏"打令"和"军乐",一个是女声合唱。选的二首合唱曲的歌词是:

其一　王祥的鲤鱼
　　　孟宗的竹笋
　　　一片孝心的老莱子
　　　平生养志诚孝
　　　曾子为先

(朴仁志　肃宗时人)

其二　泰山高,高不过天
　　　山路险,只要肯登攀
　　　有志者,从不畏难

(杨士彦　明宗朝人)

合唱伴奏乐器有,玄鹤琴、伽倻琴、洋琴、杖鼓、短箫,学生们背不下来乐谱,就把乐谱放前面,边看边演奏。

演出场地是府民馆。说到这里,想就府民馆说几句。府民馆具体建筑年代,一时难以说清,只知道它是京城电器株式会社出资兴建的。由他们出钱是有原由的,当时京城府(如今的市政厅)和京城电器株式会社签约的京城电车路线的经营权已到期,需要重新续约,为京城市民建一个娱乐场馆,就是当时京城府向电器株式会社提出的一个条件。如今这座建筑改名为世宗文化会馆别馆。在光复前的1945年亲日派朴春琴主导的大义党曾把它作为他的演说会场,并曾遭遇了炮弹风波。大韩民国建国之初,这里还曾为国民议会堂。所以说，这还是一个受到过多方青睐，经历了许多波折的建筑物。但是在当时不论从设施还是舞台功能上看，府民馆都是首屈一指的，而且规模也是最大的。当然也还有一些剧场，但只能演演电影，举办音乐会、表演舞蹈就不行了。

12. 府民馆西洋乐和国乐第一次同台演出

转入正题，还是谈谈学生们在府民馆的演出。离演出的日子越来越近了，学生们虽然已是假期，我们却不得不加班加点排练。有的乐器不够，就从正乐传习所借。旋律乐器短箫，女生气力小，吹出的声音太微弱了，为弥补其不足，就找了我的同僚一位乐师在舞台后边配合一块吹，以增大音量。

当时音乐会的节目，西洋乐一般都是合唱、重唱、独唱、钢琴或小提琴独奏、管弦乐不被重视。西洋乐音乐会如此，一些专科学校音乐系演出也是这样，其节目安排大同小异。因此音乐会上所见的是一色的洋乐器，可是这次在圣诞节的演出会上，我们却要演出正乐（传统音乐）。对这样已久违了的音乐，不能不引起观众的兴趣。

演出结束了。说不上特别好，但是很有意义。一是因为，它与当时的一些音乐会不同，音乐会上演出了传统音乐，其次它又是我国新文化进入以后，西洋音乐和传统音乐同台共演。我想之所以受到了欢迎，博得掌声，原因也正在此。演出之后，金科长代表大家对观众的热情表示了谢意。有一位雅乐部的同事听了演出后，发现短箫出现了两个声音，一个分明没有跟上节奏，提出了质疑。我的这个小把戏竟被识破了，只好一五一十地说明原委，否则他们一定会认为我骗了人，而我没有辩解，将情况说明之后相互拍掌大笑。

说了很多，但我想告诉大家的是，在我国，传统音乐走入教学，梨花女专是第一个，西洋音乐和传统音乐同台演出，梨花女专也是第一个。这两点是值得我们永远记住的。

现在想一想，我当年去梨花女专讲课，真是够大胆的，因为玄鹤琴、伽倻琴和短箫，我都是在闲暇时随便弹弹的，靠这么点本事竟敢到专科学校去教课，你说还不够大胆吗？可是这些都是 20 世纪 30 年代的事，我那时还年轻，可能也正是因为年轻，才做了这么勇敢的事。我在梨花女专教书一直到 1942 年 5 月，也就是我从雅乐部退职为止。我辞职后，就职朝鲜艺伎养成所，这样一来，梨花女专的工作也不得不辞退了。因为一个是神圣的教育机构，一个是花柳社会的教坊，两者有着本质上的差别。我走后，继任我工作的是雅乐部第三期的李奭载。

第 二 部

一、离开雅乐部之后

1. 我从雅乐部退职

1926年,我在李王职雅乐部养成所毕业后直接进入雅乐部,到1940年6月,我在雅乐部工作已有15年,从雅乐手补做起,我任过各种职位,可以说我的青年时期是在那里度过的。

当时的情况是,对从事舞蹈,家里是极度反对的。那时,跳舞有被从族谱中清除的危险,而做雅乐部乐师,则不同,它远离繁杂的社会,生活会过得平平稳稳。

但是事情并不总能随人意,我最后竟不得不选择离开这个我曾决心终身供职的地方。

当时雅乐部的设置是雅乐师长,雅乐师,雅乐手长,雅乐手,雅乐手补五个级别。雅乐师长为雅乐部总代表,在两名雅乐师统筹指挥下,以六名雅乐手长为中心,处理乐事及其他诸般业务,另设庶务一名,由一日本人担任。

我是1927年1月,由雅乐手补晋升为雅乐手,这样一直到1932年5月。而由雅乐手晋升为雅乐手长时,却经历了一番波折。

当时的情况是,有一些老先生退职或作古,这样就出现一些空缺,雅乐手长就空出一个名额。决定由一、二期毕业的雅乐手中通过乐理测试来选拔。这是一个难得的机会,这不光是职位的提高,而且收入也有增长,晋升雅乐手,工资增加三元,而雅乐手长,则是五元,而且退休后可以领取养老金一直到死。我下决心为此一拼,全力以赴准备应试。

参加应试的人很多,初考结果是,我和同僚张寅湜得分相同并列第一。又经二试,直到第三试时,我惨败下来,而他晋升为雅乐手长。我心中不服,甚至对评分标准产生过质疑。但是,后来我的哥哥未经过诸如考试一类程序,

29

被任命为雅乐手长，没过多久，我也是未经任何程序，得到了我梦寐已久的雅乐手长的职位。

当时，雅乐师长、雅乐师、雅乐手长的任命状是由日本宫内省颁发的。其中的雅乐手长相当于今天科长一级公务员级别。由这一职位退休时，可领取相应这一级别的退休金。退休金领取，武官和文官有所区别，军人、警察等武官服务年限为10年，一般官员、教职员等文官服务年限为15年，我们属文官。我晋升为雅乐手长时经历了一番波折，但这并不是我选择离开雅乐部的原因。雅乐部职员工资级别是工作满两年自然升一级。1938年我被任命为雅乐手长已满7年，应当增加工资5元，而我得到的却是3元。去庶务科询问，他们把责任推到昌德宫本部。这第一次的不愉快我忍耐了。可是同样的事情再次发生，1940年又出现少给工资现象。我无法抑制自己的愤怒，但是找不到说理的地方，他们总是找各种借口，把责任推来推去。其实根本的原因是，等级上的差别对待，把雅乐部视为如陵、园、墓所一样的等级，与昌德宫本厅，秘苑的待遇不同；还有一个差别那就是日本人和朝鲜人的差别。

这种屈辱我无法再忍，于是和我的小哥哥商量，决定放弃这干了20年来领取国家俸禄的日子，换一个工作，到咸镜道端川邑找我大哥去。

当时有一项规定，在每年3月和9月两次公务人员减员期间，自愿提出减员者，退职金优厚。

我当时的情绪已顾及不到这些，恨不得立刻离开。就这样，我于1940年6月递交了离职申请。因为过了自愿离职优惠期限，部里有意将我的离职申请日期改为7月1日，让我多领了一个月的工资，以示对我的关照。20多年工作的地方，一旦离开之际，一些往事涌上心头。

2. 朝鲜正乐传习所和水曜日会

当时在汉城，作为正乐团体只有两个，一个是属于王宫系统的雅乐部，一个是纯民间系统的朝鲜正乐传习所。朝鲜正乐传习所于朝鲜末期1905年，以内帑金（帑：国库）创建的，是我们国家最早的民间音乐教育机构，既包括本土音乐，所谓的正乐，也包括外来音乐，也就是西洋乐。教学内容分声乐、器乐、西洋乐三个科目。声乐科有，男女声和歌词；器乐科有玄鹤琴、伽倻琴、洋琴、短箫、以及笙簧外各种乐器；西洋乐科有乐理、风琴、四弦琴。初创时期的指导老师是金景南（玄鹤琴）、河顺一（歌曲）、李秉文（玄鹤琴）、咸在勋（玄鹤琴）、白镕镇（洋琴）、韩镇九（伽倻琴）、还有赵南升、韩锡镇、高禹敬、韩圭祐、金显炷等。1909年曾改名为"朝阳俱乐部"，11年后又改回原名。

河大弘、洪永厚（兰波）就是1910年毕业的第一批声乐科学生；李尚俊、洪性裕等是1911年第二批毕业的学生。1913年传习所教师阵容大大加强，金景南、河顺一、白镕镇、明完壁、河圭一、咸和镇、赵彝淳、金相淳、赵东奭等纷纷加入，几乎囊括正乐界所有大家。西洋乐方面的老师有金仁植，洪肯燮，河大洪等名家。后来，传习所毕业的李尚俊、洪永厚（兰波）、洪性裕等也陆续拿起教鞭，加入教师队伍。这三位堪称我国西洋乐界的先驱，正是由正乐传习所培养出来的，我认为，这在我国的音乐史上也是应该记上一笔的。

还有一件特别值得一提的事，在正乐传习所还附设有女子声乐部，由于"庚戌国耻"，中断了多年的对女子声乐的培养又重新开始。负责女生部的指导老师是河圭一先生。后来女子声乐部从传习所脱离出去，流入社会，从而出现了艺伎组合。参加艺伎组合的，有过去宫中和掌乐院女伶，以及地方官衙教坊厅的女伶们。在汉城就有"茶屋（洞）艺伎组合"、"广桥艺伎组合"，前者由河圭一先生指导，后者由别监出身的张桂春指导。

正乐传习所机构虽小，但正是它为我们的正乐和西洋乐打下了基础，这一点是不可忘记的。朝鲜正乐传习所最早的地址是钟路区寿松洞，倚淑明女子高校后墙建的砖瓦房，所有房间加在一起约40多坪。那时我从雅乐部下班回家途中常进去转一转，常来常往的人中最多见到的是金相淳和闵完植先生，他们常到那里帮助调琴。

当时正乐传习所常练习的曲目有玄鹤琴"灵山会相"诸曲（套曲）、"灵山会相"本曲、别曲等，有时也演练"平调会相"和"与民乐"，但不是太多。歌曲只有在歌手在的时候才练习。但是每逢水曜日，不仅是灵山会相演练的日子，男女声唱也要练习。男声有河先生、斗峰李秉星等，女声多为艺伎，有金水晶、金真香、安鹤仙、金花香、李月色、金蕉红、河莲心、金一顺、明今凤、安翡翠等。当时组织了"水曜会"。

3. 韩国正乐院成立

"水曜会"主要会员有河圭一、金润德、崔永载、尹皓炳、金荣耋、李渊镕、罗元和、闵炳斗、韩锡年、金相淳、闵完植、金桂善、金寿天、金仁洙，年轻一辈的有李炳祐、朴永福，还有我。星期三水曜会时，从"灵山会相"到男女声唱，要一连演奏3个小时，刚开始的时候，坐一会儿腿就麻了，真是难以忍受。现在就是演出时间再长，也不会出现这种尴尬的事了，这正是得益于那个时候的锻炼。

水曜会活动中，每个月有一次在活动之后去饭店聚餐。这时，灵山会相，男女声唱都会在就餐时演唱，但时调几乎不唱。可见正乐传习所对时调并不崇尚。

河先生1937年辞世，水曜会也随之解散，男女声练唱的声音也随之在正乐传习所内消失。

迎接8·15光复，又遭遇6·25战乱，雅乐部被占领，我们被扫地出门。何去何从，人心惶惶。东华门旁有棵大榕树，我们常常聚集在那里，望着对面雅乐部的铁门窥测动向。这时，记不得是谁提出，正乐传习所现在空着，何不先利用起来。于是第二天我们就都自动到正乐传习所上班了。

但是好景不长，1951年4月1日，由于汉城被占领，我们撤退去了釜山，重返汉城时发现，传习所已遭炮击，成为废墟。后来，一位和河先生交情很深的崔永载先生，将他的一处住房让出，我们才挂上了传习所的牌子，有了活动的场地。对崔先生的善举，我们铭记在心。

而国立国乐院，1945年时曾改名为"旧王宫雅乐部"，1951年到釜山避难时改回原名"国乐院"，返回汉城后，原来院址已回不去了，只能到处打游击。他们要开办国乐讲习会，为寻找活动场所费尽周折，最后找到钟路区堂州洞雅乐部礼堂，就是我原来学习的那个地方。先开办了舞蹈讲习班。那是一个非常年代，开展工作，困难重重，大家必须相互支持。记得我们传习所也帮了不少忙。

朝鲜正乐传习所后来在钟路区奉翊洞宗庙旁买了房子，从此走上正规，有了社团法人资格，正式挂上了韩国正乐院的牌子。与此同时，韩国正乐院也有了大的发展，讲习的内容有正乐、歌曲、歌词、时调、清唱，甚至还有经书导唱。

后来又由于宗庙地区周边整顿，正乐院搬到了现在的洪济洞。从那时起，理事会正常更新换代，工作顺利开展，正乐院已成长为一个基础雄厚，充满活力，大有发展的，具有传统型的团体。

二、教坊

1. 去朝鲜教坊工作

我1946年6月离开雅乐部后，决心投奔我大哥，去找一个新的工作。我大哥当时已离开铁路局，在咸境南道丰山郡梨坡里工作，是伐木会社一个代表处的负责人。之所以要找我大哥，是因为我从小就到了雅乐部，一干就是19年，对外界已不了解，还有一个原因是我曾和二哥到大哥那里去过一次，重重的高山，绿色的村庄，给我留下了很好的印象。可是丢下家小，真的要动身去时，也是非常犹豫的。正当我犹犹豫豫要走还没走的时候，河圭一先生通过金桂善老师捎话让我去找他。原来河先生介绍我去朝鲜教坊艺伎培养所从事学生的管理工作。心里本来就是很乱的，听到河先生的建议，更是七上八下的了。但是我最终还是放弃了原来的计划，听从河先生劝告，去了艺伎培养所。

我对养成所并不陌生，以前参加过男女声唱和水曜会的演出时去过，那里工作的有很多人是我熟悉的，如金桂善、金寿天老师和李炳祐前辈，李炳星、朴永福等同僚。养成所有学生80名，学科有声乐、乐器、舞蹈、书画。声乐有女声歌曲、歌词、时调、南道唱、西道唱、京畿十二杂唱、杂杂唱；乐器有玄鹤琴、伽倻琴、洋琴、长鼓等；舞蹈有宫中舞、民俗舞、西洋舞蹈；还有书画。这里所谓的西洋舞蹈，不是西方的艺术舞蹈，而是流行的交际舞。各科指导老师是，歌曲由河圭一和李炳星、南道唱由郑先生、京畿唱由崔正植、西道唱由杨锡镇、玄鹤琴由金润德、伽倻琴由赵永学、洋琴由金相淳、宫中舞由河圭一、民俗舞由韩成俊任教。教伽倻琴的赵永学是从仁川来的，他本来是专攻散调的，可是当时散调还未流行，要学的学生很少，所以没多久他就又回仁川去了。对赵老师的走，我是很惋惜的，我当时正想借机学习一下伽倻琴散调，可是一个曲目没有学完，赵老师就回仁川了。后来每当在演奏会上听到伽倻琴演奏时，总会引起那时的回忆。

教书画的是金基斗先生；另有一日本女老师，教唱日本土俗民谣；西方交际舞是由尹恩锡和尹风两位指导。

这位尹风先生原来是铁道局列车员，因此常进出满洲，在哈尔滨社交舞大赛上拿过奖。有消息说，1955年，他曾在世宗路办了一个"世界民俗舞蹈研究会"，后来就断了消息。不管怎样，当时他指导下的西洋舞团在"共进会"和"博览会"等组织的赞助下，对外演出反应还是不错的。

2. "汉城教坊"和"朝鲜教坊"

1929年，朝鲜总督府施政20周年纪念博览会在现在的中央厅的后边广场举行。"汉城教坊"，"朝鲜教坊"的艺伎们在会上做了演出。她们宣扬了我们的传统舞蹈，有一个舞蹈名为"13道纪念舞"，给我留下深刻印象，手执一面小旗，旗上是13个道的名字。

我在艺伎培养所负责学生的管理工作，为保证教学正常进行，要经常到各个教室查看。由于我对舞蹈的热爱，最感兴趣的是舞蹈教室，去的时候，总会站在那里看一会儿。没想到我那时悄悄学来的一点东西，对我后来的舞蹈事业竟然发挥了作用。也许这就叫缘分吧，命运让我再一次接触了舞蹈。只是现在想来还万分懊悔的一件事，是我没能看到河圭一老师亲自教课时的情景。

　　培养所不同于学校，没有寒暑假，学生们三伏天还要不停地练习，的确很辛苦，有时难免耍点小性子。一次上剑舞课练习一个叫'筵风抬'的旋转动作，可她们硬是停在那不肯动。无奈之下，我宣布谁转的多就给谁买冰棍吃。这一招还很灵，立刻都动了起来。

　　舞蹈课女生们只穿紧身练功服，男人们进出总是不那么方便，而学交际舞时，就随便多了。记得那时每当教舞的尹老师鼓励我也学跳交际舞时，我总是腼腆地往后退。后来有了到国外演出的经历，宴会上因为不会跳交际舞很尴尬，才后悔当初没有听从尹老师的劝告。

　　我原来只是白天当班，下了班就没事了，后来又增加了夜班。夜班的工作是在教坊办公室值勤，隔天一次。其实夜间工作就是派送艺伎们去饭店餐厅或个人家里接待客人。饭店餐厅或家庭会来电话预约。去饭店叫"出玩"，应召去家里称"出客"。日语则称"出花"。

　　办公室墙上挂满艺伎的名牌，每个牌子上，除艺伎的名字外还有地址，桌子上并排摆着4部电话。夏天天长，饭店的活动一般是6时开始，冬天早一些，要求都是5点到，因此一般下午4点开始预约电话就不断了。

　　我的任务是，接到预约电话后，通知该艺伎，为她安排车接送，同时在"出花"登记簿上，注明时间，接送的人力车的号码。一些名艺伎常有多处预约，还要一一与其协商，是否可以换其他艺伎。两百多名艺伎，间或也会遇到登记的地址不详尽的情况，这样就要费一番周折。

　　3. 艺伎"出花"

　　当时艺伎们的住所，南边中部署茶洞、武桥洞、长桥洞、长沙洞；东边钟路署乐园洞、仁寺洞、宽勳洞、敦义洞、益善洞、凤翼洞、贯铁洞和请进洞。

　　墙上挂着两百多个名牌，能记住七八十个艺伎的住所就不错了，不熟悉的要查找，忙的时候，这个电话没接完，那个电话又响起来，手忙脚乱也是常有的事。

　　艺伎当中，有的脸蛋漂亮，但才艺欠佳，称她们为"花草伎"；有的长的不一定好，可是才艺好，不仅善于唱"南道"、"西道"、"京畿12道"，而且舞蹈、书画全能，有的还会讲一口流利的日语，会唱日本民谣。她们"茶资"（出花费）是一个小时1.50元，一般是下午5点到11点，一次按6个小时计算，碰到大方的客人，也有按10个小时，或更多一些计算的。但是，这个钱饭店或酒楼并不是直接付给艺伎，艺伎拿到的只是一个时间表，她要凭这个时间表，到教坊经理室去领取现金。饭店或酒楼是每月月末与教坊结算一次，艺伎也不是每次都去教坊领取，而是由自己灵活掌握。当然，艺伎的茶资，教坊是要抽头的。说白了，教坊赚的就是这个钱。

教坊的工作是很烦琐的。有的艺伎已经在酒楼接待客人，又有其他饭店来预约，一定在艺伎名簿上注明。艺伎接待客人遇到提前结束情况时，会给教坊打电话，以便再次派出，因为她们知道，未经教坊，直接接受赴约的利害。直到11点过后，按照艺伎要求，把接她们的车子派出去，这一天的事，才算完毕。

教坊的工作也很麻烦，当红的艺伎常常是这场没完，又有饭店来找，有的时候时间上就会发生冲突，或不能按时到达的情况，引起争执，难免要费一些口舌和饭店交涉。而模样差，才艺又不怎么样的艺伎们，她们眼巴巴地等着有车来接，可是就是接不到预约她们的电话，也很令人焦急。因此，有时饭店因为客人多，会不管什么样的艺伎都要，接到这样的电话时，我们会非常高兴。与那些常坐冷板凳的艺伎相反，有些才貌俱佳的艺伎，则到处争抢，有的一个月前预约就排满了。

教坊每月有例会，每年按照艺伎的表现，排列等级，贡献最高者，发给奖金。

4. 艺伎的舞蹈

当时属得上名的饭店酒楼有敦义洞的明月馆、观水洞的国一馆和食道馆、仁寺洞的清凉院、武桥洞的朝鲜馆、乐园洞的松竹园、茶洞的春景园；中餐馆知名的有雅叙园、大观园、泰和园、茶芳园、大陆园、第一楼支店，这些餐饮店均有艺伎服务。

有些餐饮店位置较偏僻，如，城北洞饮碧亭、天香园、松竹园分店，派送艺伎时，在时间上给予照顾。北村的南山洞一代日本料理店比较集中，有时也会有电话预约，我们也有求必送。

这些餐馆中明月馆、国一馆、清凉馆、食道园都有大的宴会厅，宴会厅有舞台。举办大型宴会时，有演出。最常演出的民俗舞是僧舞、驱邪舞（跳神舞）、手鼓舞（小鼓舞）、凤山假面舞等；宫中舞有春莺啭、舞鼓、剑舞、莲花台舞、四鼓舞等；遇花甲宴时则会跳长生宝宴之舞。

这些舞蹈在演出时，受时间限制，会缩减，如春莺啭，省略得最多，有时在唱词后直接就进入"打令"。当时僧舞跳得最好的是李刚先和一位林姓艺伎，他们跳双人僧舞一刚一柔，配合十分默契。以前跳僧舞，每当擂鼓时，鼓是由两个女子抬着，而她们跳时，鼓是架在特制的鼓架上，以后都是这样沿用下来。我想这种办法当是朝鲜教坊首创。四鼓舞也有改动，去掉原来僧舞鼓的部分，换成将四个鼓挂在鼓架的四方后，单纯由四个人跳，她们头戴花冠，身着彩色内衣，外罩舞袍。我想这可能也是河圭一先生在宫中舞的基础上发挥创作的，因为在其他教坊没见过。

当时在汉城只有"朝鲜"，"汉城"，"钟路"三个教坊，"朝鲜"和"汉城"成立时间早，"钟路"是后起之秀，气势不一般。三个教坊虽各占一方，但因为是同行，难免有竞争，互挖墙脚的现象时有发生。

那时从事艺伎业，是要领取许可证的，三个教坊在籍的艺伎加起来有九百多人，是艺伎业最繁盛期。

5. 三个教坊联合

太平洋战争越演越烈，人们正经历着战争的苦难。一切涉及娱乐方面的事都受到限制，诸如酒、唱歌和跳舞。警察署下了通知，三个教坊必须合并为一个。这如晴天霹雳般的指令，让三方领导层不知所措。而警察署方面没有任何变通的余地，只能照办。统一后的教坊名为三和，地点设在原钟路教坊的小楼里，在乐园洞乐园浴池后的两层红砖房。所以选择那里，是因为，相对宽敞一些，同时离开警察署远一点，可以避开一些他们的监视。

合并之后，遇到各种麻烦。首先遇到的是减员，一度成为领导层最头疼的事。我从事这个工作时间短，名字自然被列在减员名单之中。正当我犯难之时，国一馆那边需要一个业务员，我立刻应承下来。这个新的工作我并不陌生，还是为客人约艺伎的事，只是现在是为酒楼向教坊招艺伎，位置变换了。

三、矿山巡回演出

1. 产业战士慰问团

当我在教坊和餐厅埋头于上班下班之时，世界局势正一天天恶化。1931年"满洲事变"爆发后，日本军国主义的侵略魔爪正不断向中国内地延伸，1941年更是挑起"珍珠港事件"，把战争推向世界。随着战争的激化，人民更陷入苦难之中，物质极度匮乏，士兵需要补充。还是在1938年，朝鲜总督府就宣布实施"朝鲜陆军志愿兵制"。美其名谓"志愿"，实际上是强征。1939

年又颁布了"国民征用令",强制青壮年去日本的煤矿和军需工厂做工。朝鲜大地人心惶惶,哭声遍野。人们把"征用通知"视为"死亡通知"。他们把强征来的壮丁送到日本北海道煤矿,更可怕的是,还有的被送到苏联远东的库页岛。

20世纪40年代,日本对朝鲜的殖民统治,更是无所不用其极,实施所谓的"创氏改名"政策,同时推行"皇国臣民化"运动。1941年偷袭"珍珠港"之后,又把战火烧向菲律宾、香港、缅甸、新加坡、印度尼西亚。

战争的恶果给朝鲜人民带来无限灾难,影响波及方方面面。朝鲜各地的高级酒楼、餐厅等面临倒闭,娱乐活动一律终止。本来有了艺伎后,朝鲜的女子声乐曾得以延续,从1910年兴起,它逐渐发展壮大,在娱乐界占据了稳固地位,但是到1942年,也最终落下了帷幕,并且再未抬头。

酒楼饭店倒闭,教坊歌业关了门,我也随之失业。和我同样命运的,还有朴永福等几位同僚。在当时那种情况下,找工作太难,要找到我可以胜任的工作,更是难上加难。

在我一筹莫展之时,看到了《京城日报》招人公告,要筹办一个"产业战士慰问团"深入全国各地军需工厂、煤矿进行演出。慰问团下分三个队,招收不同的演员,一队,室内乐伴奏,男高、女高歌手;二队,说唱艺人、戏剧演员、流行歌手和伴奏乐师;三队,京西道唱、舞蹈伴奏乐师。

那时不像现在这样,演出团体遍地开花,有也是极个别的,不适合用于慰问演出。组织慰问团,名义上是《京城日报社》,实际上是朝鲜总督府秉承日本政府的旨意,将任务交给了日报社执行。

我和其他几位同僚决心试一试。日报社回答,是否录用,要通过考试,考试时间看通知。考试那天,我们按照通知指定的地点,到了"来青阁"(汉城新闻社附属的礼堂)。我们一起去的4个人全部顺利通过。

我分到朝鲜乐队,除我们那个队外,对其他两个队员的情况记得就不多了,只记得有曾到日本演过歌剧"蝴蝶夫人"的高音歌唱家金洪烈,京西道唱名唱麻脸金松竹,说唱艺人张笑八,那个时候他不过是刚刚迈入艺术界的20岁上下的小青年,后来可是大红大紫过,就是现在在广播里偶尔还能听到他的声音。

我所在的朝鲜乐队,男的有朴永福(长鼓)、李点龙(笙箫)、金景汉(大笒),我和新闻社一位领队;女的舞蹈演员有林松林、金一顺、韩锦红、崔一松;民谣有金华瑛、景芙蓉、还有几位,我记不起名字了。我们这个组演出的节目是舞蹈,春莺啭、僧舞、剑舞、闲良舞、四鼓舞;唱,京畿杂歌、京西道民谣、南道民谣,日本人多的地方加唱日本民谣。

37

2. 全国各地巡演

组团后，三个队分头出发，我们朝鲜乐队分配去的地方是庆尚道一带的矿山、军需工厂。我们坐火车前往，所到之处都受到欢迎，他们用木炭车接我们去矿上。每个地方大约停留一个月左右，我们演出的节目很受欢迎，工人们很喜欢，常常得到出版社方面的表扬。这次巡演春末出发秋天结束，长达6个月时间，到了很多地方，留下难忘记忆。

先是在庆尚道一带，然后到了黄海道、平安道周边的矿区、百川的萤石矿，翁津、长渊、松禾、载宁、沙里院、随安、谷山等地矿区。这些矿山很多都为日本人所有，谷山矿主为元胤洙，一个朝鲜人，总还有那么一个地方是为我们朝鲜人所有，心里飘过一丝的慰藉。

6个月我们不停地奔波，确实很辛苦，乘卡车走在崎岖山路上，曾经心惊胆战过，去新义州途径鸭绿江边，绿波之上漂过几艘小船，也为之感叹过。那时年轻，不知疲劳，精力也充沛，每到一处，都感到新奇，看到奇特一些的矿石，总要拣上几块，视如宝贝般珍藏着，只可惜"6·25事变"时，全部丢掉了。

四、巫堂乐手

结束了慰问演出，我们和其他两个队先后回到汉城。我们三个分队利用半年时间走遍朝鲜八个道的矿山和工厂，完成了第一个阶段的慰问演出任务。当时已是9月，冬天即将来临，不方便再出去，主办方宣布第二次活动将安排在1943年春天。这样等于我暂时又失业了。

回到我离别了半年之久的家，心里一阵难过，我这半年期间随团演出，自己的吃饭问题解决了，可是家里却是过着半饥半饱的日子。1942年粮食极度紧张，那时候实行配给制，配给粮不够吃，连喂牲口做肥料用的豆饼，也拿来给人吃。我已是四个孩子的父亲，孩子们要成长，我面临失业，真不知如何度过这难关！

那时我住在新堂里162号，周围的邻居有奚琴手方龙铉、笙篁手崔石吉和金白万、杂技演员李正业、大笒手金振龙。附近有一个教孩子声乐的歌房，是唱京畿山打令非常有名的李明吉、李明山、严太英开办的，我一有时间，就去听他们教唱。

他们看我每天无所事事的样子，就提议与其无事可做，不如和他们一起去做巫师的伴奏乐师。对于当时的我来说，去就可以赚到一些钱，可是就算把它当作是副业，心里也总是不太舒服，进退两难啊！拒绝吧，冬天眼看来临，又没有一点收入……还是跟着他们去吧！

那时乐师大都住在东、西、南和光熙门外，而巫师也大都住在四大门外，联络起来非常方便。巫师中有一些常被传用的老主顾，如和这样一些巫师联系上，活动的机会就多。为了生计，这条路我必须趟开。我首先和住在近处的崔石吉、李正业、金白万等人联系，随着他们去参加一些活动后，慢慢地知道我情况的人多起来，找我的人也多了。

一年当中，10月和阴历的1、2月巫事活动最频繁。我通过参加一些活动后，对其从一窍不通到有了一些了解。虽然都是为祈求幸福安康，但是在祠堂，和山神堂、陵洞、主山神堂进行的活动，其规模、形态和格式均有不同。特别是神堂巫事中所用巫歌和音乐各有差异。如京畿一带和水原一带就是这样，江南江北就显出不同。

我曾经经历过一次在寺庙（现在的白莲寺）里举行的斋醮仪式，只记得仪式是白天开始的，以挂佛式拉开序幕，中间跳了哼啰舞、蝶舞、击法鼓、进行了整整一个通宵。乐师在佛堂对面房里休息，轮到他们上场时，师傅会喊一声，"对面的，请了！"，喊声一落，乐师们立刻来到法堂。这都是无意间留下的点滴记忆。

现在想起来很后悔，当时为什么没能多留心一些，本来可以利用那一段难得的经历，对巫，对斋醮了解得更多一些。

五、日帝末期的国乐

1. 灌制唱片

第二次世界大战越演越烈，美国B-29飞机不断地在我国上空出现，警戒警报，空袭警报的汽笛声，轮番响起，搅得人心惶惶，一天不知要钻几次防空洞，后来把人都搞麻痹了，空袭警报响起时，不往家里跑，反而跑到街上去看飞机。

但是终于有一天青坡洞的一栋民房遭到轰炸，人们才知道这飞机不是好玩的。紧接着又传来往返于釜山和下关之间的客轮'昆仑丸'号被美联合军的鱼雷炸沉的消息。在这之后，人们发现日军的威力开始有向下倾斜的趋势。

正是在这个时候，我有了一次去日本的机会，亲眼目睹了日本本土战时景象。我和一些演员去日本Bikta唱片公司灌制唱片，同去的有男声李炳星、女声崔贞姬、大笒金桂善、筚篥李炳祐、长鼓朴永福、玄鹤琴林锡润、洋琴金相淳，我演奏奚琴。领队柳永国是公司总务部的。

当时往返日本还没有飞机，我们先坐火车到釜山，再乘轮船到日本的下关，然后坐火车去东京。这可不是一次愉快的旅行，从汉城到釜山10多个小时，车窗一直用窗帘严严实实捂住，说是经过的路上有重要军事基地。下了火车换乘轮船的一路上，两边也是建了一些隔离墙，挡住人们视线。没能看到釜山港的风光，直接被领进船舱。上船后麻烦还没有完，我们一行人被带进一房间，细细盘问之后，所带行李又严密检查一番，才放回船舱。这时我发现这套检查是只对朝鲜人，日本人不受检查。船舱里窗门依然是被严密遮掩，船行十几个小时，到下关港，我们才知我们所乘的船，一路上是被日本海军驱逐舰前后左右护航着来的。而路途上所经历的这一切还仅仅是开始。

在下关下了船直接坐上开往东京的火车，从下关到东京的路上，我这次旅行中第一次看到了外边的风光，心中顿时敞亮踏实了许多，山野田川依然是那么安详，郁郁葱葱的树木，井然有序的水田，戴着草帽的农妇划着小船穿梭忙碌着。可是这美丽的画面在眼前只是一闪而过，到了东京则完全是另外一幅景象。到处漆黑一片，站台上的灯全部用黑色的布遮着，只剩一点微弱的光亮，周边的建筑物也是不透一点光，看见的是一些模模糊糊的影子。我们下榻的地点是东京中心大道叫做银座通的一个小旅馆。第二天早上女服务员送来早餐，托盘上一把茶壶和茶杯，还有面包。对于正当年的我们来说，这一点点面包还不够垫底的，又不好张口再要，所以从早上就饿着肚子，只能盼着中午能吃好一点，中午倒是给了米饭，可是刚吃了两碗，就见底了，当然是不可能再要，肚子饿，也只好忍着了。

我们在东京逗留了10多天，给我留下印象最深的，一个是大大小小建筑物门窗上的窗帘，一个是街上的行人。街上很难看到年轻人，出租车和电车司机年龄都是中年以上，偶尔看见的年轻人，都是戴着四角帽的大学生。可见年轻人都上了前线，留下的都是老人和学生。可是猛然想起，朝鲜1943年就实行了学兵制，而他们当事国的学生却并没去当兵，心中很是不舒服。

旅馆里给的饭填不饱肚子，正不知该怎么办的时候，听到消息说，晚上有夜市卖饭团和面条。我们立刻来了精神，奔银座大街而去，在一条小马路上，果然有卖各种货物的摊子，灯也都用灯罩遮住。卖吃的地方终于找到了，是个带篷的车子，刚刚入夜，车前已排起一条长龙。为了解决肚子问题，队再长，也得等。好不容易排到了，紫菜饭卷一人只能买10个，面条只买一碗。等了这么半天只拿到10个饭卷，真不甘心，又不能再排一次。10个饭卷香香地下了肚，道声谢，往回走时想到，在这种情况下，大家都能自觉遵守秩序，不能不佩服他们的国民性。

男女声唱、歌词、时调、大笒独奏'灵山会相'全部录音完，我们就回国了。但是我们回去后，日本遭受了原子弹袭击，国内混乱不堪，我们录制的唱片也石沉大海没有了消息。

2. 朝鲜音乐协会

1941年在朝鲜实行志愿兵制，说是志愿兵，其实是强制入伍，1943年，更是实行了学兵制，青年学生也被拉上了前线。

战争灾难波及方方面面，文化娱乐界也不能幸免。当时有很多民间艺术团，他们游走在全国各地，进行巡回演出，有名的就有朝鲜唱剧团、花郎唱剧团、东一唱剧团，以及临时组织的救国团等。为了将这些演出团体逐渐掌控在他们手中，在朝鲜总督府学务科（现在的教育部）的催促和高压之下，成立了朝鲜音乐协会，（在这之前，朝鲜电影协会刚成立，朝鲜戏剧协会更早一点成立）。

协会下分三个部，朝鲜乐部、西乐部和帮乐部（日本乐）。我在朝鲜乐团所属的音乐团和歌舞团参加活动。音乐团演出范围有唱剧、清唱、南道民谣、玄鹤琴、伽倻琴散调和弹唱、正乐，民俗舞蹈等；歌舞团演出的范围有京畿西道唱的坐唱、立唱、京畿山打令、相声、民俗舞蹈、走索子等。

朝鲜乐部初创期工作人员有咸和镇、朴宪峰、玄哲、朴锡纪、金锡九等；总务部有金正实、朴曙芳、刘起龙、李致钟、金亚夫、金主傅、金斗七、朴万浩等；有些工作人员同时兼演员，如，金景汉（兼大笒），李点龙（兼笙簧），金千兴（兼奚琴），朴永福（兼长鼓）；南道唱演员，以李东伯为首，下有金永俊、朴东实、金演洙、吴太石、姜章沅、曹梦实、申永彩、赵相鲜、丁南希、朴绿珠、金如兰、朴初月、金素姬、林柳莺、林春莺、朴厚性、申平一、崔长述、蔡灿植等；京西道唱，崔景植以下有朴春载（兼相声，盲人打令，杂耍）、柳开东、金树渊、崔贞植、郑德晚、金顺泰、李昌培、朴天福（兼相声，盲人打令，杂耍）、高俊成（相声，盲人打令）、李真红、金松竹、张鹤仙、李命吉、李命山、卓福万、严泰泳、金泰运等；器乐部分，金光彩（鼓）、金在先（鼓）、李正业（鼓、大笒、走索子），李忠善（笙簧、大笒），金光植（大笒），池瑛熙（笙簧、奚琴）、申快童（玄鹤琴），朴相根（伽倻琴），崔寿成（短箫），许相福（大笒）等。

朝鲜乐部设在钟路区朴绿珠女士的住宅，新建的纯韩国式的建筑，办公的地方，会员活动的地方都很宽敞。

朝鲜音乐协会创办的那年秋天，在府民馆（现在的世宗文化馆别馆）举办了创建纪念公演。当时府民馆是首府汉城唯一最大的演出场所，在那里，朝鲜乐、西洋乐、帮乐，轮番上演，各演一天。

我们准备得非常卖力气，生怕落在其他两个部的后边，我们部集聚很多演艺界名演员，要以民俗乐为中心，发挥我们的优势。我们的努力没有白费，演出获得极大的成功。我们演出那天剧场的门前盛况空前，观众的队伍从剧场一直排到光华门派出所。

但是在演出前，却有过一番波折，起因是警察方面嫌我们票价太高，不肯发放演出许可。票价2元，在当时的确是个不菲的数字。为了能获得批准，我们部金正实同警察方面反复交涉，颇费了一番周折。不过，看到演出后，他们态度大变。

这次的演出，三个部中，只有我们最成功，受到来自各方的表扬。

我们演出的节目有，被誉为"地道的京城之音"的老艺伎崔研研和李宝贝的"蛙打令"、"解谚文"；李真红的"解千字"；朴春载翁的盲打令、相声、立打令；李东百等众多演员演出了豪华版的南道唱。

演出之所以有如此大的反响，我想这主要是因为，长期蜷伏在日本高压下的我们的人民渴望听到一点自己熟悉的声音。

3. 和朝鲜演剧协会的分歧

朝鲜乐部演出的成功，也引起一点小小的纠纷。演剧协会认为南道唱剧应归属到演剧协会，而我们认为在国外歌剧都是属于音乐队伍的，演剧协会的想法太荒谬。

演出的成功引起的另一反响是，地方上的演艺界纷纷要求我们去演出。首先与我们签订演出合约的是庆尚北道的大邱，接下来是釜山。但结果是我们勉勉强强结束了大邱的演出，就回来了。之所以未能按计划去釜山以及其他城市去演出，是因为受到警察署方面的阻挠，借口是我们的团体成员不纯。后来我们知道是演剧协会在中间作怪，他们借警务部之力，给我们施加压力。我们只能草草结束了大邱的演出，就打道回府了。

这时，我们突然接到通知，原来管辖我们的是警察署的学务科，现在改由情报科接管。

4. 移交情报科管辖的朝鲜乐部

本以为移交情报科后，演出许可证的问题就解决了，可以松一口气了，没想到又来了新的麻烦。京畿道警察部发来通知，任何一个想要登台演出的人，都必须持有技艺证书。同时发来公告，演艺人员需经考试，才能获得艺伎证。这一公告立刻在朝鲜乐部内引起一阵骚乱，特别是音乐团和歌舞团，这两个团加一起，有80多名，考业务，倒不怕，最犯怵的是常识和口试。为了让团员们都能过关，忙坏了那些头头们，他们把可能出现的题目音译成国语，再刻写、誊印，发给人手一份，借用国一馆二楼的大宴会厅，作为团员们学习的地方。我和团里雅乐部出身的另外三名成员被指定为这件临时任务的负责人。

考试在一所中学的礼堂举行。当警察部的负责人和监考人员走进来之后，大家紧张的心情才放松了一些，监考员原来就是协会本部的干部。因为事先就已经和警察部方面谈了我们搞国乐人的一些具体情况，得到了他们的谅解，所以考试就算全部通过了。而我们雅乐部出身的几个人被特批免考。

考试这一关过去了，还有一关要过，这就是演出的节目必须通过审查。南道唱和民谣，京畿道唱，京畿道立唱，咸镜道和江元道民谣，盲人打令，相声等歌词和脚本都要一一翻译成日文送上去审查。等着审查的同时，还要按照指示要求，制订活动方案，签演出合同，安排演出日程。然后，两个团才开始了到东西南北各地的巡回演出。

关于我们和地方主办方演出分成的问题，记得是，四六，三七，剧场方面六或七，我们三或四。曾经力争五、五分成，但一次都未能实现。尽管我们几乎是马不停蹄般奔波于京城和地方之间，协会方面的财政仍很艰难，因为团员的工薪，协会的运营全部都靠这些收入。

我们克服着财政上带来的困难，兢兢业业地工作的同时，又接到来自情报科的新任务，受大和塾之托，到全国各地为军需工厂的工人，矿山的矿工们去演出。

5. 大和塾主持下的慰问演出

大和塾是个什么机构呢？我原以为它是保护、救赎出狱犯人而设立的机构，但是我错了。他们美其名要"保护"的可不是一般的出狱的犯人，而是所谓的思想犯，也就是那些爱国者、独立运动家、共产主义者、社会主义者、劳工运动家。保护是幌子，实际是监视、怀柔、拉拢。

我随歌舞团到咸镜北道一带巡回演出，一次在一个叫南阳的边境小城市，不期遇到了同乡李正佑。他是我二哥的好朋友，是个非常活跃的人物，上中学时，就是田径运动选手，全国体育大会上取得过不错的成绩。中学毕业去日本，入明治大学，仍然是一个活跃分子。可是令人想不通的是，大学毕业后，却回国开了一个酒吧，后来听说他与反日团体有牵连，判为思想犯，被送去服役。

这次在南阳，看到他和大和塾的人一起来接我们，真是太意外了。通过他，我们对大和塾有了进一步了解，又觉得事情也并非偶然。听说有一个姓申的青年，曾参与爱国活动，后来被大和塾收买，放弃政治活动，现在成为说相声的艺人，在全国各地演出。

但是，和大和塾的签约，总需完成。我们当时的工作环境还是很艰苦的。奔波往返于偏僻的厂矿之间，一般都是坐火车，而且都是夜行慢车，一是票价比快车便宜；二是我们去的大多是偏远小地方，快车不停；三是因为晚上乘车，第二天一到就可以到现场作演出的准备，既省了住旅馆费用，又节省了时间。最辛苦的是下了火车，有车接还好，没车接，就要走了。路太远时，会雇一辆马车，年纪大的或女演员乘坐，我们就只能步行了。清凉的月色，崎岖的山路，一行流浪艺人，是谁哼起一首小曲，婉转凄凉，不自觉间，眼泪打湿了衣衫。"京城戏班子来了！"欢呼声把我们拉回到现实中。我们已被观众包围了。

我们要做的第一件事是，到当地警察署稽查科接受审查，我们站成一排，一一接受点名，一起朗读"国民誓词"，然后才可以开始作演出的准备。

演出时，剧场最后一排，要设警察官席，警察官入席后，演出才可以开始。这位警官可不是随便坐那里看戏的，每一个节目都要拿着脚本对照着看的，一旦发现有与脚本上不同的地方，不仅会把剧团领队叫来质问，甚至会当场命令拉下大幕。有些节目不会有什么问题，可是像清唱这样的节目，就往往有麻烦。演员唱着唱着，来了兴致，有些词顺口而出，丢下一段，加上一段，也是常有的事。像警官那样，一字一字地对照着看，那麻烦就大了。不过对付他，我们有我们的办法，轮到表演清唱的时候，就去警官那里邀请他，"去喝一杯凉爽的啤酒吧！"只要他离开了座位，一颗心就放下了。

巡演期间我们除了慰问演出外，也照顾到一般观众，日程安排非常紧张，什么苦啊累啊已无暇顾及。

六、朝鲜音乐协会活动

1. 征用通知和不在证明书

朝鲜音乐协会本部和下边两个团，从成立到1945年末，活动从未间断，其间有几件事值得提及。

前边讲过朝鲜的男青年很多被拉上了前线，到后来女的也不放过，强制20岁以上30岁以下女青年参加"挺身队"。谁家女儿接到征用通知，如临灭顶之灾，哭声一片。

一段时期，我没有跟团下去巡演，留在本部做一些事务性工作。这期间，办公室就没少接到这种征用通知。

为了保护团员们，真是费尽周折，最好的办法是开具一个"不在证明书"，我还记得其内容，即，该人为我朝鲜乐部之团员，现随产业战士慰问团，去地方上演出，无法应征，特此证明。有的团员的确正在下边演出，而有的留在京城没有下去，则必须立刻悄悄找到本人，让他赶快躲出去。团员住的地方分散，四大门内外都有，真是叫我吃了不少苦头。但是每经过一番努力，保住一个团员不去应征，心中也是说不出的高兴，要知道那是一条生死难卜之路啊！事实证明死在战场的人不计其数，还有很多的人永远留在了国外，怀着对祖国的思念，却再也回不来了。

2. 关于玄哲先生的几件事

我们朝鲜乐部的会员最后一个也没有被抓去应征，也得益于我们所属于情报科，开不在证明书相对容易一些。

玄哲先生是我们的会长，为了保护团员，做了很多努力，会员中没有一个男的被征兵，也没有一个女的被抓进"挺身队"。当时组织下去演出很不容易，团员们嫌太辛苦，报酬低，并不是都愿意去的。后来有人说，玄先生曾威胁说不下去演出，就送去应征，而有人当时竟不了解先生的一番苦心。

玄先生有很多值得尊敬之处。当时麦克风和扩音器属稀有器材，我们演出又缺其不可。国产的麦克风不好用，演出时，观众会"大点声"叫个不停。我们团有一台麦克风，声音传得远，演出时效果非常好，就是太重，一个人根本搬不动，搬来搬去都是两个人抬着走。为了演出效果，吃点苦，也没话说。而这台麦克风，还有我们用的扩音器都是玄哲先生私人的，是很不容易从日本购入的，在韩国一共也没有几台，他却奉献出来公用。

前边已经说过，我们都是乘夜班车往返于厂矿之间，夜行车的特点是永远都是人多，从上车到下车，别想能找到座位，能在过道上铺张报纸，坐一坐就很知足了。而我们的玄先生永远是那么有风度，上车之后，他会从提包里拿出一个小马扎，找一个合适的角落坐下来看书。他随身带的那个小马扎是街头修鞋的，或者满大街游串的修铁壶铁桶的人用的，可是我们的玄先生，在那么多人面前，从容地取出来坐下，可看出他为人的随和、洒脱。

还有一件事，可以看出玄先生做事的风格，他不像别人那样不管干多干少，都是同等报酬，他采取按出场时间计报酬，一定程度上调动了团员的积极性，尽管演员们的热情未能维持很久。

从这几件事，可以看出玄哲先生的为人。这就是在朝鲜音乐协会期间，带领我们下去慰问演出的领队人。

3. 粮食和生活日用品匮乏

在我们下去巡演的这段时间，战争给人们带来的灾难，越发严重，生活必需品得不到保障，连维持生命的粮食也几乎供应不上了。配给人民的是喂牲口或做肥料的豆饼。人们陷入极度恐慌之中。我们靠旅馆提供有限食品填不饱肚子，整天感觉到的就是一个'饿'字。一次团里宣布要到全罗南道去演出，那可是韩国著名的粮仓，团员们立刻兴奋起来，一天到晚杂粮填肚子，多想吃上一口白米饭啊！怀着期望，坐上了开往光州的火车。可是在光州旅馆里，我们瞪大了眼睛盼来的竟是一碗掺着大萝卜的杂粮饭，希望成了泡影。或许下一顿会端来一碗白米饭吧，事实证明这也只是个愿望，不仅在旅馆里没见到过白米饭，我们还寻遍街上的餐馆，也没看到一粒白米饭。光州没有白米饭，我们走遍全罗南、北道，也没吃到白米饭。一路之上，就是杂粮也只能是半饥半饱。后来实在没有办法，和总部商量，按双份供应，就是一个人给两个人的量，吃跑了肚子演出才有了生气。这个办法强行维持下去，多出的费用总部最后给报销了。

那时缺的何止是粮食，穿的、用的什么都紧张。我不抽烟，但是我看到了抽烟人当时的狼狈相。原来烟草为专卖品，到专卖品点去买。战时什么都是配给，烟草也不例外，要到指定的地点领烟票，就是凭票都不能保证一定搞得到。我们当时是游走于各地，对那些抽烟族，平添了更多麻烦。买不到烟卷买烟叶，没有烟叶，买烟末，什么都搞不到，就满地拣烟蒂。那时候生活的苦难深埋在我的记忆之中。

4. 伽倻琴大师朴相根

回想朝鲜音乐协会那一段时期的经历，脑中闪现出伽倻琴名师朴相根先生。他师从成根渊，以伽倻琴散调高超的技艺，而国内扬名，并被指定为重要无形文化财。成氏于20世纪80年代移居美国，1987年去世。他的女儿也去了国外，所以是朴相根使伽倻琴散调未流于失传。

在几位研究伽倻琴学者的努力下，朴氏散调乐谱出版了，同时还举办了朴氏伽倻琴演奏会，这些都预示伽倻琴美好的发展前景，令人欣慰。

朴氏伽倻琴演奏的才能绝不局限于散调，其他如京畿西道唱，各道民谣，歌谣的演奏也是无与伦比的。他伽倻琴的声音清澈而不失饱满，铿锵而不失细腻。演出时，偶尔会边弹边唱，声音有些喑哑，不够洪亮，但韵味十足，很感人。

因为经常要下去演出,伽倻琴和玄鹤琴等乐器体积大而长,上下火车非常不方便,后来想了一个办法,把伽倻琴从中间截断,改造成可以折叠的,放在盒内,携带起来就方便多了。

朴氏总是独来独往,下去巡演时,到旅馆后,第一件事就是把琴取出来,一声不响地调好音,然后不跟任何人打一声招呼就走了。团里清点人数时,他总是不在的。不仅如此,就是上台演出,也是自己的节目一完,人就没影了。因此人们给他起了个别名,"来去无踪的朴相根"。他就是这么个我行我素的人,国乐界都知道他。

七、光复后国乐院成立

1. 雅乐部—李王职旧王宫

我们2000万同胞在日本帝国主义的铁蹄下,屈辱地生活了36年,终于迎来了光复的这一天。"大韩独立万岁!"的呼声震天,京城的大街小巷到处是举着太极旗的人群。日本警察的武装尚未解除,偶尔会发生冲突,甚至有人中弹受伤。而我们却允许那些在我们的国土上犯下滔天罪行,十恶不赦的人,放下武器后,回到他们的国家去,这就是我们的民族,拥有高尚胸怀的民族!

人们的兴奋劲儿还没有过去,美国军队进驻了,解除了日本军警的全部武装,没收了他们的全部武器,组织了临时治安队,才暂时稳定了社会治安。

在这样的社会氛围下,文化艺术界的各社会团体开始了着手自身的建设。国乐界也不例外,以咸和镇、玄哲、朴宪峰、金锡久、崔京植、崔政实为主,会同朝鲜唱剧团、雅乐部、朝鲜正乐传习所等单位的一些有影响人士,成立了国乐建设本部。1945年底建设本部解体,重新成立了国乐院。国乐院首任会长是咸和镇,副会长是朴宪峰。国乐院的设想是把雅乐、正乐、唱乐、民谣等我们国乐的所有门类都网罗其中。运营和企划部门有金柱全、金斗七、朴万浩、金继宗、金亚夫等娱乐界的大腕的参与。但是,在当时的社会状态下,事情并未能像预想的那样顺利,不久会长辞职,由朴宪峰接任。

记得当时雅乐部和正乐传习所从一开始就没有进入这一机构,特别是雅乐部一直为自己的机构存与废的问题困扰着,没有考虑是否参加国乐院的事。我当时也没有积极参与,一是因为我那时36岁,和国乐院领导层在年龄上有一定差距,二是光复之后时局混乱,对于我来说,首要解决的是一家人的吃饭问题。

不管怎么说，国乐院诞生了，开头很是艰难，没有办公的地方，只能到处打游击，1946年初院址才固定下来，是现在的朝兴银行的对面茶屋洞胡同里的一栋二层小楼，面积有200坪。

未加入国乐院的雅乐部，在李王职转为旧王宫时，也随之改为旧王宫雅乐部，是全体人员齐心合力使之保存下来的。当时雅乐部的主要人员有，雅乐师张仁植，雅乐手长李主焕、成庆麟、封海龙、金永润、金宝男，雅乐手金万兴、徐相云、金善德、金成进、金俊炫、李德焕、金宗熙、洪元基、金太燮、李强德、柳英树、朴宗玉、允哲英、沈东燮等。

后来听说他们也很艰难，1946年曾由娱乐界的任曙芳等人介绍，去庆尚南道一带巡回演出，除雅乐外，还放映电影《战争与和平》。但历尽艰辛，效果不佳，连酬金也没赚到。当时人们还处于战后的兴奋之中，难以静下心来，对于他们听都没听过，看也没看过的雅乐，未能表现出应有的热情，也是可以理解的。

2. 国乐院创院纪念演出《大春香传》

1946年1月在黄金亭（现在乙支路4街）国道剧场，举行了创院纪念公演，演出了唱剧《大春香传》。没有留下有关材料，只能凭记忆回顾一下。

参加《大春香传》演出的演员，可以说是一个十分豪华的阵容，除正乐界的咸和镇先生和我之外，几乎网罗了南道清唱界以及京畿道清唱的所有名人名唱。现在回想起来，我仍然认为，那一次春香传的演出，在唱剧史上史无前例。

从1902年的圆觉社（朝鲜最初的国立剧院）和协律社（最早出现的艺伎团体，艺伎组合和教坊的前身）到朝鲜声乐研究会（1933～1945年），40多年来，我国的清唱界从未停止自己的努力，我们今天能够看到《大春香传》这样杰出的表演，正是他们多年奋斗的成果，要由衷地感谢他们。

那一次的演出获得极大成功，这是祖国光复后，第一次演出唱剧春香传，剧场门前人山人海，演出场场爆满，祖国光复的喜悦，欣赏优美传统艺术的喜悦，汇在一起，成为不可忘却的记忆。

3. 唱剧团体的成立和女性国剧团

《大春香传》的演出成功给国乐院极大鼓励，可以说是一个转折点，国乐院成立之初，他们还有些茫然，有些担心，现在有了信心，要大展宏图。

他们认为唱剧事业要发展，首先要成立组织，1946—1948年的2～3年间，国乐院下属注册的就有，国剧社、国剧协会、朝鲜唱剧团、金渊树唱剧团、林铃铛团等5个团体,通过他们分别到各地的巡回演出,大大推动了唱剧事业的发展。

在那个时期成立的唱剧团体,还有女性国乐同好会,是以朴贵姬、金素姬、朴少君为核心的。他们以一部新派唱剧《太阳和月亮》轰动京城,演到哪里,哪里沸腾。

女性国乐同好会的成立,如同导火线,女性国剧团接二连三组成,城市和乡间,到处有她们的演出。她们的演出对于女学生,具有极大的吸引力,令她们如痴如狂,特别对那些扮演男人角色的演员,她们跟踪到后台化妆间,甚至找到演员下榻的旅馆,穷追不舍。

到1959年末,还在坚持演出的女性国剧团有,林春莺为团长的女性国乐团,姜韩容为团长的太阳国乐团,金京爱为团长的新韩国乐团,金真真为团长的进庆女性国乐团,朴弘道为团长的花娘女性国乐团,李贞顺为团长的东明女性国乐团,朴绿珠为团长的宝郎国乐团,李一波为团长的娘子国乐团等。

据说,这些演出团体在全国各地演出最红火的时候,原来的那些男女混合唱剧团却十分的不景气。

我当时是国乐院理事,舞蹈部部长,对这些国乐团的巡演,也是积极参与者之一。那时的国乐院经费上还存在困难,所以院长以下的领导层干部是不拿报酬的。在本部只有事务局几名职员领取薪金,就是这点钱筹措起来都很难,至于除此外的团员和有关人员只能依靠各所属团体的演艺收入了。在这种情况下,我们想到的是举办讲习会。光复后,我们首先举办了清唱、时调、舞蹈、民谣讲习班。令我们没想到的是,舞蹈部报名的人最多。讲习分两部分,普通班和学生班,普通班白天讲课,学生班安排在下课之后。有各种人员参加,很活跃。

4. 学生国乐同好会

就在讲习班举办的同时,又有一个新的组织诞生了,它就是学生国乐同好会。这个组织倡导人,也是这个团体的核心人物是参加我们讲习班的学生朴艺宗。他是延禧大学(现,延世大学)在校学生,原国乐院院长朴宪峰的独生子。艺宗生长在这样一个家庭,从小就受到艺术的熏陶,对国乐产生了浓厚兴趣。参加同好会的除延禧大学的同学外,也有其他大学的国乐爱好者们。

我现在还记得名字的有,会长朴艺宗,舞鹤女高学生朴贞惠、朴贞子,这姐妹俩是国乐院事业部朴万浩的女儿,名唱朴绿珠的侄女。

但是,非常遗憾的是这个组织的寿命非常之短,它夭折于6·25事变

(1950年6月25日"北朝鲜"进军"南朝鲜")。学生国乐同好会存在的时间虽很短暂，它却给我留下一个悲伤的记忆。

那是一群热爱国乐的年轻学子，同好会成立后，他们立刻满腔热情地投入到第一届学生国乐发布会的筹备工作中。他们不是音乐专科学校的学生，很多人对国乐，只是爱好，并没有接触过，等于是从头学起。要筹办一场演出，必须克服重重难关，我们当然全力支持。

这一工作开始于1948年的春天，平时只能在课余时间练习，放寒暑假时集中练习。到了1949年春天进入新学期后，练习更抓紧了，练习的场地、时间做了统一安排，清唱民谣在办公室练习，舞蹈和器乐合奏在礼堂里。

当时演出的节目都基本定下来了，记得是，清唱、京畿道唱、西道唱、伽倻琴散调、伽倻琴弹唱；舞蹈有，僧舞、巫舞、剑舞、农乐等。演出场地也确定了，乙支路4街的国道剧场。演出时间定在1950年6月末。

在演出前的一周时间里，国乐院全部人马全力以赴地投入工作。在战争还没打响的前一天，也就是6月24日，我们曾隐隐约约听到炮声，但我们没有想太多，仍然排练到深夜。可是6月25日清晨一阵炮火，使我们多日以来的努力付之东流。

这之后是漫长的避难生活，我们退到釜山，直到1952年回来，再也没有了学生国乐同好会的消息。一个美好的事务，就这么夭折了，好像没发生一样。但是在我的记忆中，它将永远存在，是永久的伤痛。记得那是战争爆发后的一天，在乐园洞的路边，碰到一个扛着一管枪的年轻人，气势汹汹的样子，走到跟前发现竟是前几天还在舞蹈讲习班学习舞蹈的学员，现在竟判若两人。

5. 全国农乐竞演大会

1948年8月15日大韩民国成立。当时国内一片混乱，政治、经济、文化艺术、民计民生都有待整顿。就是在这种形势下，为庆祝大韩民国成立，国乐院举办了全国农乐竞演大会。

大会在昌庆院举行，会期三天。这是一次不同寻常的活动，全国各地不同派别的农乐，集中到京都会演，这是农乐有史以来的第一次，是农乐史上的新纪元。全国各地的农乐队云集汉城，人们从四面八方涌来，汇成欢乐的海洋，一时间整个汉城沸腾了。

记得，优胜者的奖品，是由京城纺织会社捐赠的。竞演大会举办得非常成功，人们怀着祖国光复，自己政府成立的胜利喜悦，集中到汉城，又带着演出成功的喜悦，回到自己的家乡。但是令人没有想到的是，这之后却遭到了李大总统的禁演和禁止举办活动的命令,理由是这是未开化种族的玩意儿,不宜宣扬。

这之后的几年,农乐果然销声匿迹,国乐院举办的农乐会演,也就只能停留在第一回上,就永远落下了帷幕。

但事实又如何呢?农乐大会使很多没接触过农乐的京城百姓长了见识,有了兴趣,后来,参加汇演的一些人又来到京城,带来了他们的农乐,还在京城扎下了根。

记得有全罗道来的农乐敲锣领队全士宗,鼓手全士燮、郑五东。他们在汉城进行农乐演出,还往来于一些舞蹈研究所之间,从事农乐指导。那时我们搞舞蹈的一些人对农乐中的耍长鼓和手鼓舞很感兴趣,就请他们到各舞蹈研究所去指导,每到一处,都受到欢迎,相互间很是融洽,后来他们三个人就留在了京城,继续他们的农乐活动。

全士燮的儿子寿德继承了父亲的事业,成为农乐团耍长鼓的高手,在全国民俗艺术大会上得过奖。全士宗的女儿今子从小学时就学习了手鼓和耍长鼓,1963年韩国民谣团赴日本对在日侨胞进行慰问演出时,我曾和她同时参加了那次活动。

庆尚南道农乐团的领队三川浦的文百润和晋州的黄一白以及全罗南道的金五彩也都非常有名,文氏和黄氏后来以农乐第十二的名义,被指定为重要无形文化财,时至今日,三川浦和晋州这两个地方的农乐团还传承保留着。

国乐院在忙于上述一些活动的时候,雅乐部那边也没有闲着,他们向国会和政府部门提出建议,把旧王宫雅乐部改为国立机构。提议被接纳,但是关于名称,却意见纷纷,比较集中的意见"国立国乐院"。国乐院这边认为,"国立国乐院"和"国乐院"两个名称太相近了,不如叫"大韩国乐院"。大韩国乐院对所属团体的演出给予积极帮助外,继续举办国乐讲习班,我则埋头于舞蹈班的工作。

八、草台班子演出的悲与欢

1. "回婚日"庆典

1942年至1950年"6·25"事变发生前,我参加过一些临时演出活动,俗称草台班子,值得提及。

1942年,我在朝鲜教坊工作时,参加了一次纪念"回婚日"(结婚60周年)的喜庆活动。那一次的活动在江原道一个叫迎月的地方,一位有钱的张

51

某人为自己父母的回婚日举办庆祝活动。他特地从汉城请了艺人、唱伎、舞伎、乐师20多位，我也是其中的一个。

我们从汉城乘火车到祭川，然后换乘汽车到望月。去的人中，跳舞的有，安翡翠、韩今红、明金凤、任松林、金一顺；乐师有，朴永福、李点龙、金景汉、还有我，这只是我记得住的几位，而歌唱演员却一个也记不起来了，倒是记得唱剧团的几位，他们是，金延寿、朴绿珠、吴泰锡、郑南熙、赵相善、朴初月、任幼莺等，还有李正业，记得他还表演了走索子。

还记得在去的路上的一段趣事，一行人中金延寿氏背了一管猎枪，一路上只要车一停，他就跳下车去，煞有介事地比划一番，当然没有打到猎物。车上一位爱开玩笑的人就说："怎么连一只瞎眼鹰也没有，害得我们这位先生空背了枪跳上又跳下。"金氏也不示弱，还嘴说："起码我还过了背枪瘾，有人怕是连抢也背不上，看别人背枪心里痒痒。"说起这事，是想说，那个时候，枪可不是什么人都可以有的，要有身份，有地位，还要有钱，金氏是南道唱名唱，却也在我们这游走演出团的队伍之中。

到了地方一看，戏台子已经搭好，周围人山人海。演出前分发了纪念品，祝贺演出之后，还有一项我们事先没有想到的活动，就是"盘头仪式"，这是这个地方民俗。就是选出一位年轻漂亮的女孩子，给她上装，盘头。我们团的一位姓吴的女演员当选，后来这位吴姓女孩在唱剧界以"美人"而出了名。在这次的"回婚日"庆典上，有机会领教了民俗文化"盘头仪式"，真是非常幸运的事。

2. 光复后的街头戏班子

光复后国内曾一度陷入混乱，混乱面前，我一时间忧心忡忡，一家人的生计问题时刻困扰着我。46年来，我一直从事的是民俗艺术活动，大韩国乐院成立后，我是理事之一负责舞蹈分科，所以，还是只能干我的老本行，找我熟悉的民俗艺术界的朋友组织演出活动。因为是轻车熟路，演出班子很快组成。首先在京城四大门内外选择空地，搭起台子，支上棚子，就是一个临时的舞台。至于观众席，位置好的地方，摆上几张长凳，其他座位不过铺上一些米袋子（韩国装大米的袋子是用稻草编的）。演出的场地虽然简陋，演出的节目还是很丰富的，有，京畿杂歌、南道清唱、西道唱、唱巫（西道唱剧的一种，艺人自编自唱，内容是与死去的女儿的灵魂相见的情景——译者注），伽倻琴弹唱、僧舞、走索子、盲打令、相声、假足戏（表演人在幕后，幕前只露伪装后的双足做各种表演动作——译者注）等。

这种街头搭台演出的形式，演出时间不能太长，多则一周，一般也就4～

5天，因为来看的都是这一地区的居民，一处演完之后，立刻换一个地方。带着搭建舞台的装备，到处奔波是个很麻烦的事，这时娱乐业经营商应运而生。演出的一切事宜，由娱乐业主去运营，艺人们只管演出领日薪，观众的多与少对演员并不发生直接关系，只不过观众来的多，演出就来劲，观众寥寥无几，演出也没了情绪。

3. 娱乐业主金奉业

金奉业作为娱乐业主，是一位值得一提的人物。他是国乐院会员，在民俗乐界无人可与之比拟，多才多艺，演奏奚琴的高手，还会走索子、翻跟头。日政时期，他常登台演奏奚琴、流行歌曲、京畿民谣，可以说无所不能。到日本人办的工厂演出，他会来上一段日本军歌，凄厉刺耳的声音，加上诙谐滑稽的表情，总会引起一阵哄堂大笑。作为同是奚琴演奏家的我，对他奚琴的演奏功力，有着不同寻常的体会，清晰，而有力度，如今，我为再也听不到这么纯美的声音而遗憾。

我们两个人有着多年的交情，有时在演出时相遇，他会说，"要说演奏奚琴，我可说无敌手，只是您金先生除外，'灵山会相'、歌曲、歌词，我弹不过你"。

金先生的索子走的也不一般，那么重的身体，在索子上却身轻如燕。难度最大的动作是，腾空，空中翻转，再骑坐于索子之上，后来年龄大了，才避过这个动作。

翻跟头是和男寺党的杂耍、农乐、舞童杂耍、双簧、转碟等一起演的。金先生当年可以双手持小火盆，做鲤鱼翻身，前后翻，左右翻等高难度动作。他的演出总能赢得观众的喝彩，可以说在旧派娱乐界中，他可是尽人皆知无人不晓的人物。

他做娱乐业主之后，每当场内座无虚席，收效好时，他就会在演员中间走来走去，嘴还说三道四地不闲着，大家伙知道他的这个习惯，并不在意，只是会心一笑；相反观众寥寥无几时，他倒活跃起来，跟这个说个笑话，跟那个开开玩笑，就是这么个怪异的人。

4. 大韩国乐院的演出阵容

当年大韩国乐院的演出活动中最活跃的一些演员，京畿杂歌有朴春载、李进兴、墨桂月、金玉深、李恩珠、沈明花、卢恩花、张国深、高百花、韩正子、尹一支红、姜明子、李一善；领唱山打令有、李明吉、李明善、卓福万、严太英、郑德满、金树炫、金泰运、李昌培、柳凯东、金顺泰；西道唱有金松竹、张学善、李恩官；伽倻琴弹唱有沈尚建、李一善；玄鹤琴有申桧东、徐达宗；伽倻琴有朴尚根、成今延；僧舞有崔日松、李敬子；乐师有，金峰业（奚琴，走索子）、李崇善（筚篥，大筝）、池英熙（奚琴，筚篥）、金光彩（大筝）、李正业（奚琴，鼓，走索子）、金载善（鼓）；其他，朴春载翁（戏足）；盲打令和对口相声有朴天福、孙红娘、高俊成、李庆子；民谣、单口相声有张小八、高春子。演员平时分别参加不同的演出班子去演出，偶尔个别演员会有串场，这场演完，又赶往下一场，但都能安排得当，各演出班子会相互协调。

在参与这些活动的过程中我有机会接触到民间艺术，拓宽了视野，特别是有幸与朴春载翁相识。朴春载是京西道唱的大家，被授歌舞别监的职衔。在与朴春载先生接触的过程中，我深深地被他高超的技艺所打动，他表演的"双簧"，无人可与之比拟。后来他传承给了他的弟子朴天福。朴天福是汉城龙山区后岩洞人，在汉城的民谣界是位知名人物，相声说的好，他一张口总能引得观众哄堂大笑。在日政末期，他和相声大家申某一起随"大和塾"组织的演出队，到全国各地巡回演出过。

5. 当娱乐业主的经历

俗话说"狗在书房呆三年，也会吟风弄月"，我1942年参加了京城日报社组织的慰问团，之后又多次参加了音乐团，歌舞团的演出活动，特别是光复后在大韩国乐院时，跟随一些演出团体到各地演出，帮助解决一些演出中出现的问题。这些演出活动和工作经验，使我对组织，经营演出团有了了解，促使我萌生了自己也当一次穴头的想法。

我的一位邻居崔石吉，也是一位乐师，专攻筚篥，在东大门光熙门一带，很有点名气。他的丈人方龙铉翁也是民俗乐界名人，是大筝演奏家，和大师池龙九齐名。我们是邻居，又是音乐界同人，自然走得比较近。一次，他提出由我们两个人合伙凑钱组织一个街头演出戏班子的建议。他是看我经常参加演出活动，对组织戏班子一定很熟悉，我也自以为如此，但是真做起来才知道，自己了解到的只不过是其皮毛。

我也正跃跃欲试，我们一拍即合。首先是筹措资金，按当时的情况我个人是绝对拿不出的。正在我一筹莫展时，我的大舅子说他手中有钱可借给我，还开玩笑说，"要是赚了钱，分红时别忘了我！"

6. 从月薪制开始

过去参加演出活动中，在付演员酬金上，最易发生问题，所以我们决定施行月薪制，分不同档次，最高 70 元，最低 30 元。我们请到的演员有朴天福（民谣相声，盲打令，足戏）、李恩官（西道唱，唱巫）、高俊成（民谣相声，盲打令）、张小八（单口相声）、孙红娘、李庆子（女子相声）等，除此之外特别邀请了女流名唱家和朴春载翁前来助阵，还有为舞蹈，民谣伴奏的乐师。搭建舞台的必要装备，有专门提供此项业务的服务商，只需预订就行。

第一次演出地点选在东大门外昌新洞屠宰场前的空地上，演出那天是个集日，本来以为会不错的，可是当时正是梅雨季，雨下个没完，所以第一次演出以失败告终。那时的街头戏台子很简陋，下雨天是根本没办法演的，而在每个地方演出的时间有限，一般不能超过 5 天，因为这种野台子戏，只有住在附近的居民来看，时间长了就吸引不来人了，所以一般在派出所登记的时间也就是 5 天。

第二次演出的地点选在清凉里中浪桥那边的面牧里（现在的面牧洞），这个地方是崔石吉的出生地，很多亲戚住在那里。在那里崔的人气旺，不仅本洞的居民来捧场，远处的居民也来了不少，这样一来，把原来的损失也找补回来了。在这一次的演出中，朴春载翁可谓大显身手。

7. 关于朴春载翁

京畿道唱名人朴翁是国唱级大家，被王宫授予歌舞别监头衔。一次演出之后，和同僚们在旅馆房中聊天，突然从朴先生房中传出"世根，世根"的呼声，世根是张小八的本名，我立刻找到小八。只见他进朴先生房后，又匆匆出来往旅馆外奔去，朴先生房里不时传出呻吟声，一会儿张气喘吁吁跑回来进了朴先生房间，呻吟声终于停了。

后来听小八介绍才知道，朴先生那天是犯了大烟瘾，手头又没有带着。这是 20 世纪 40 年代我国娱乐界发生的一段事，有意将其记录下来。

在有声电影引入前，汉城钟路一带，就已经有了好几个常设电影院，放映的当然都是无声片。冠哲洞、团城寺、仁寺洞的朝鲜剧场等都放映电影。放映时，必须配有解说员，在幕布旁边放一麦克风，解说员看着画面讲解。所以要想招揽观众，电影内容好坏是一方面，解说员的讲解是否能抓住观众更为重要。

当时就有几位著名解说员，如，团城寺的金珍京，朝鲜剧场的金昭成，悲剧影片的禹正植，故事片的成东浩、朴应明，喜剧片的崔炳龙，武剧片的徐尚浩，在无声电影时代，他们都是最受欢迎的解说员。和现在一样，那时候有格斗场面的暴力片最受欢迎。徐尚浩最擅长武打片的解说，说得有声有色，在解说员中人气最高。但成名后他却沦落为大烟鬼，开始还辗转于各影院中，后来在电影界再也见不到他的踪迹。通过报纸知道他鸦片中毒太深，因盗窃，被捕入狱，光复之前，又有消息说在一个公共厕所里发现了他的尸体。可惜这么好的一个人才，竟死于鸦片，人们在惋惜的同时，更感到鸦片害人之深。我们国乐界吸食大烟的虽不算多，但的确有，他们虽然下场不像徐先生那么惨，可也是终身卧床。

还说一件朴翁演出时发生的事。他最受观众欢迎的节目是"假足戏"，演这个节目时，演员是在一布帘后边，只把伪装的两只脚露在外面，随左右站立的两位相声演员的捧逗，做出各种滑稽动作。一次，演出正进入高潮时，突然台后的大师喉咙里发出怪异的声音，随后没了声息。我赶快奔到后边去看，只见大师满脸痛苦状，已说不出话了，用手示意我快看他的嘴里。原来是假牙堵住了喉咙。我赶忙一只手掰开他的嘴，一只手轻轻地将假牙取出。真是吓出一身冷汗。组织演出中遇到过各种情况，像这样的事，还仅此一次。

8. 地方巡演失败

做事最怕头脑发热，头脑一发热，就会忘乎所以。我们在汉城演出成功，有人就提议，不如趁热打铁，到地方去转转。我和崔也有同样想法，就和负责事务的权氏商量。权氏认为，京城周边已有戏班子在演出，不宜再去，不如去江原道。但听说江原道演出条件有一定困难，可是当时演员们的情绪非常高涨，就决定让权氏先去踏看。最后定为一个月，地点为杨平、加平、长湖院、洪川、祭川、忠州、原州、春川等八个地方。在汉城演出时，我和崔是轮流，这个场子他去，下一场我去。这回去地方上演出，我有事不方便去，就由他一个人带队去了。

我没能跟剧团一起下去，但心中却一直牵挂着，默默地祝福他们演出成功，盼望着有好消息传来。可是我正翘首期盼时，传来的却是一个令人不乐观的消息，演出的效果不佳。真想赶过去看看，可是去了又能如何！

演出团下去二十几天后回来了，这次又是因为老天不作美，总是赶上雨天，下雨对我们这样临时搭建的舞台是一大威胁。这次下去演出，去时决心很大，最后却以失败告终。演员的酬金是不能欠的，最后的烂摊子只能是我和崔两个人来收拾。最后不仅把在京城演出时的收入贴了进去，连我们两个人最初的投资也赔了进去，折腾到最后，两手空空。

戏班子解散了，我和崔氏分手了，可这一段事没算完。在筹办之初向大舅子借的钱必须还，一天不还，一天睡不安稳。思来想去，只能全家人一起努力，节省日常开支，一点点凑钱还上。一生中留下了这么一段经历，也是一段难忘的记忆呢！

第 二 部

九、大韩国乐院的创立

1. 东洋剧场和金斗七

下面讲的一个故事，反映的也是娱乐界的一种现象。经历过上次组织戏班子失败的事情之后，我有很长时间不再染指演出的事。但是从釜山回到汉城之后的1953年，我好了伤疤忘了痛，又遭遇一次挫折。金斗七正准备在东洋剧场举办一场名人名唱演出，让我帮助筹办。他和我在朝鲜乐部期间就熟悉，是关系不错的朋友，我就答应了。找演员，定曲目，定酬金以及有关演出时的一些零零碎碎的事情，我全部承担下来。

整个3天的演出，剧场一直爆满，剧场方面和演员都乐翻了天，金氏当然更是高兴，决定发红包给剧场职员和演员，以示奖励。第三天演出圆满结束后，我像往常一样把一切事情料理完之后，才冒着雨回了家。雨一夜没停，心里有事第二天一大早就赶到国乐院。到院里听到的是一片赞许之声，我心里自然是美滋滋的，可是最急于见到的金氏，却不见踪影。三天演出的账要做结算，必须找到金氏，电话打到东洋剧场，打到宿舍，都说不知金的行踪，我只好直接找到剧场经理，得到答复是，金斗七已经与剧场把账结清。原来金当晚就与剧场方面结了账，拿走全部所得，就在剧场赌牌，堵了个通宵，直到把演出的全部所得输光，才离去。我简直不敢相信自己的耳朵，一种被欺骗了的感觉，我把他当作朋友，可是他竟如此背信弃义！

几天后我终于见到金氏，他向我道歉，表示他正在想办法，弄到钱后，一定会补偿。从此他在娱乐界销声匿迹，说去了釜山，总之，我没有再见到他。

这又是娱乐界的一种现象，当时有那么一些人他们迷恋赌牌，叫"玩斗花"即玩纸牌（12种48张）。我知道的就有崔龙顺、金柱全、金斗七、林书方等人。他们染上赌癖，就像金斗七一样，手里有了钱，什么全抛在脑后，陷入其中不能自拔。

2. 乱世中的国乐艺人心态

下面想谈一谈1950年"6·25"事变发生前国乐界的情况。我一直生活在国立国乐院和大韩国乐院的艺人中间，想先谈谈他们。俗话说，海水能量，人心难测，我进入国乐界七十余年，凭我对国乐界艺人多年的了解，想从他们的心态，他们的处事态度说起。

1922年，我14岁时进入雅乐部，到1940年离开，在那个圈子里生活了20年。在雅乐部，无论是老师还是年轻的学员都和睦相处，业余时间坐在一起下下象棋或围棋，气氛非常和谐。因为大家大都是出身于乐人之家，师师生生几代人，学习期间是同学或者是师生，毕业之后，同学或师生又成为同僚，大家相处如同亲兄弟一般，学生之间长后辈之间没有亲疏之分，就是发生一点小小摩擦，也从不会伤及彼此感情。

记忆中有过一件这样的事，一次同僚们在钟路三街的一个酒店喝酒，与一群流氓发生冲突，最后都被带去警察局。雅乐部同僚有好几个人受了伤，后来知道当时的情景，并非互相对打，而是一方打另一方，我们雅乐部的人只是被打，他们不会动手打人，是他们的本性使然。这就是我们雅乐人的性情。

那时候我们第二期生和第五期生，年龄上相差约20岁，但相互间并没有距离感，一块喝酒，假日一块去郊区野游。我前边曾说到在我们的声乐界和器乐界出现过少数瘾君子，但是，他们并没有因此受到非难和歧视。记得有过一件这样的事，一位乐人醉中失手引起纠纷，考虑到他的确并非本意，给予宽大处理，没有人因此疏远他，对他的艺术才能十分敬重，在他去世时大家都为之惋惜。

我在国乐界七十余年，以我对他们的了解，我认为性格柔顺平和，心地纯朴善良是他们的天性，我之所以能下这样的断言，是因为七十余年我和他们在一起，知道他们的苦辣酸甜。他们默默地奉献着，坚守着自己的生活准则，历尽千辛万苦，忠贞不渝，我对他们充满敬意，感谢他们固守了国乐这块阵地，感谢他们给我们留下的这一切。

3. 国立国乐院和大韩国乐院

光复前，那些有学问的领导层人物以及那些富有阶层，他们对传统的音乐、歌曲、舞蹈、民俗艺术，是不予赏识的。不仅如此，对身边关心这些民俗艺术的人也很是不以为然，甚至嗤之以鼻。所以说国乐界一直处在一个被人瞧不起，不被重视的情况下，艰难地开展着自己的工作。

8·15光复，他们和全国人民一样，抑制不住心头的喜悦，立刻把日政时期"李王职雅乐部"的名字，改为"旧王宫雅乐部"，与此同时，"朝鲜乐部"也改换了名称为"国乐院"。雅乐部由于有着旧王宫的背景，作为王宫的一个下属机构存在的，而新的政府对旧王宫还没有选择好对策之前，雅乐部一时也难入正轨。而当务之急是保住它的存在。万幸的是雅乐部的大楼还在，必要的器材没受损失。摆在我们面前的任务是团结一致，自己救自己。

重新崛起的国乐院也不怠慢，把一些团体组织在一起，高举重建民俗乐的旗帜，豪情万丈地投入工作。

但是，1946年以前，社会一直处于人心浮动，动荡不安的状态之下，要想让人们去关心雅乐，去认识国乐，那是不现实的。我们只能从头做起，先从纠正人们对国乐的不正确认识开始。雅乐部开办了时调讲习会、国乐讲习会、国乐讲座、舞蹈讲习会，同时，在汉城中央放送局的协助下，举办国乐广播讲座，播放国乐演奏，以此来引导人们对民俗艺术的兴趣。为此，放送局专门组织了国乐团，有计划地播放国乐。国乐广播讲座由成庆麟先生担当，反映非常好。与此同时，国乐院举办各种讲习会，如，南道清唱、京西道民谣、舞蹈、伽倻琴散调等。舞蹈讲习班讲师由我担当，其他的讲习班也是各门类的名家做讲师。我们还组织了各种演出，专门组织了唱剧团和民乐团，不仅在汉城，也到乡下的剧场演，没有剧场，就搭台子露天演。不仅我们自己演，对别的团体的演出我们都给予积极的援助。那个时候，我们非常忙碌，但劲头十足。1948年美军撤走，大韩民国正式成立，国会组阁，我们终于有了一个完整的国家。俗话说至诚感天，我们的努力没有白费，在李柱焕院长带领下，我们举办的时调、歌曲讲习班，成庆麟乐师长的国乐讲座都收到了成效。他们开始对我们的民俗音乐有了兴趣，去听演奏会，参加讲习班。

在这种形势下，以李柱焕为首的领导层，为了使雅乐部像过去一样，成为保存和继承宫中乐和正乐的国家机构而忙碌起来。他们向政府有关部门提交了设立"国立雅乐院"的提议，同时，通过各种讲习班，或亲自拜访等办法，申述我们的意图，争取多方支持。最后经国会讨论通过，"雅乐院"改称"国乐院"，并在"国乐院"前，冠以"大韩"两个字，最后"大韩国乐院"这个名字就这样定下来了。

1951年1月19日，还在釜山避难中的雅乐部，正式接到大总统令，改名为大韩国乐院。国立国乐院就这样诞生了。在两千多年漫长的岁月中，我们的国乐历经磨难，千辛万苦地走到今天，是和李柱焕院长，成庆麟乐师长以及全体演职人员的努力分不开的。大韩国乐院的成立翻开了韩国音乐史新的一页，不要忘记为此付出努力的，做出杰出贡献的人们。

4. 讲习会的女士名流

在我们举办的讲习会上经常可以看到从国外留学回来的女士们，她们对时调、歌曲、歌词、清唱、短歌以及舞蹈都有兴趣。

李广寿先生的夫人许女士就是其中的一位。她不仅自己参加，还带亲友一起来参加时调讲习会，热心学习正歌（歌曲、歌词、时调），她前后坚持学习二十多年，一直到李柱焕院长逝世前的 1973 年。她除听课外还积极参与韶南李柱焕主持的时调研究会和歌舞会的活动，以及帮助出版乐谱。

许女士曾想到我的舞蹈讲习班来学习，由于她那段期间一侧手臂活动有障碍，而放弃，改学长鼓。1950 年釜山避难时再度相逢，她约我到她家教她两个准备去美国留学的女儿贞兰、英兰舞蹈。教两个孩子跳舞蹈"阿里郎"时，坐在一旁观赏的许女士夸赞说，"金先生跳的'阿里郎'别具韵味"。现在在美国过着优裕生活的姐妹俩，逢年过节时还来看我，她们经常回国，我想是出自于，对在"北韩"逝世的父亲和长眠在京畿道光州广陵奉善寺的母亲的思念吧。我还记得在釜山时，她们如何避开母亲和哥哥，悄悄跟我学习舞蹈时的情景。

下面我想说的是黄温顺女士，她在徽庆洞经营了一所韩国保育院和专为遭遇不幸儿童开办的高等学校。她也是一位热心参加雅乐部和国乐院举办的讲习会的学员。她和上边讲过的许女士年纪相仿，参加舞蹈讲习时，由于年纪和辈分的关系，不好意思和大家一起学，邀请我到她家里去单独授课。黄女士家在东大门附近，一座雅致的朝鲜式瓦房，旁边有一座教堂，有时正走着，隐隐听到传来的钟声，我总会停下脚步，默默转头望上一会儿。可是现在那里变了样，再也找不到过去的痕迹。

一次黄女士邀我和她一起去看看她经营的孤儿院，越过奖忠洞的小山头，孤儿院就在南山的后山坡上，走上山坡，"圆佛教韩国保育院"的大牌子映入眼帘，这时我才知道黄女士原来是圆佛教的信徒。黄女士边走边给我介绍，走上二楼，看到有好多台缝纫机，有一些还没有打开包装。原来是为孩子们未来着想，让他们掌握一种生活本领，从国外进口了这些缝纫机。听黄女士介绍，使我很感动。

1949 年，为了孤儿的事业，黄女士去了美国。我想送一个礼物给她，可那个时候，拿出个像样的礼物，对于我，可不是件容易的事情，想来想去，决定送她一本《韩国乐器相册》。相册上是我们雅乐部保存的全部乐器，配日文注解。她可以捐赠给美国的图书馆。只是当时我不明白，她是圆佛教信徒，怎么会去一个信仰基督教的国家呢！

黄女士去美国不久，6·25 事件爆发。汉城的大部分老百姓对真实情况不了解，只能盼望战事早日结束，每天注意听收音机广播。战事日益恶化，到了不可阻挡之势，政府机关的高官们开始南下，而广播里却不停地播放李承晚大总统"一定死守汉城"的公告。那些有钱有势者在匆匆忙忙卷起铺盖越过汉江逃跑之时，广大老百姓们还在听着广播里骗人的谎言。

一天夜里零时左右，一声巨响，振动了整个汉城，人心惶惶，度过一个不眠之夜，直到天亮，才知道，那是炸断汉江铁桥发出的声音，是为了阻止人民军过江，但是却有一些车辆和过桥人落入水中。汉江大桥没有了，逃难的人们只能涌向摆渡码头。人们一旦了解了形势，就不再停留，纷纷向南方逃离。汉城陷入朝鲜人民军手中。

当我面对家人和亲人们一筹莫展时，新闻中传出韩国保育院全体孩子们被美国飞机平安送到济州岛避难的消息。对美国人这种崇高的人类之爱，我感动不已。后来以此为题材，韩、美合拍了一部电影《赞颂歌》，黄温顺院长亲自出演了这部电影。

许英淑、黄温顺，还有黄爱德，都是我在雅乐部和国乐院的讲习会上认识的，记得是1949年，黄爱德女士在钟路区忠心洞的自己的家里，开办了一个"古典艺术院"，请了我，洪元基和李昌焙去教歌曲、歌词、时调、伽倻琴、京西道民谣、洋琴、舞蹈。那好像是光复后我们第一次开门出去上课。黄女士自己也学。

"6·25"后动荡不安，雅乐部和国乐院的讲习停了，古典艺术院的课也停了。

第 三 部

一、避难地时期的国立国乐院

1."6·25"事件爆发和避难生活

光复后我任大韩国乐院舞蹈部部长兼理事,同时在旧王宫雅乐部办公室上班,工作十分紧张忙碌。这时突然爆发了"6·25"事件,旧王宫雅乐部被共产党的一个青年组织占领,我们只好将办公地点挪到了淑明女高后边的"正乐传习所"。"9·28"收复后,曾以"军政训监室"所管的"军艺队"的名义,到平壤去做过慰问演出过的旧王宫雅乐部,却在1951年1月4日后退南下釜山之时,被命名为'国立国乐院'。即使在战争时期,我也没有停止在旧王宫雅乐部的工作,直到1950年12月雅乐部的职员们才根据政府指示,踏上避难之路。

我以为,既然是去釜山避难,集合的地点一定是在仁川码头处。我带领全家人走了一天,太阳下山时才到达。可是我的同事,一个也没看见。我一下子慌了神,问谁谁都不知道。集结点不在码头,那就在仁川市政厅了。可是我已经因为找人耽搁了时间,为难之时,突然想起南阳的丘氏。过去我们曾在一起住过,像一家人一样,不如先去找他。

我们回到永登浦住下,第二天一大早出发过了水原,经过安养、始兴、军浦,找到南阳郡西面军浦里一个小村庄。丘氏一家毫不犹豫地热情地接待了我们,让我的心里一下子踏实下来。

我第一次走进农家,看到他们的生活情景,让我感到吃惊。一粒粮一颗豆他们都十分珍惜,连淘米的水都利用来熬粥,人吃剩的给猪吃,米糠用来喂鸡,看来,能够弃之不用的只有抹布中挤出的水了。我空活到这么大,才知道生活该是这么过的。

粮食很快就紧张起来,就在潮水退下的时候,去海边拾蛤蜊、螃蟹、牡蛎，我还学会了用生牡蛎蘸辣椒酱吃，那味道真是美极了，那种美味以后再也没有吃到过。还记得一次我们在剥开一个大蛤蜊时，发现里边有珊瑚，我们高兴极了，后来再也没碰到这么幸运的事。

日子一天天过去，天气开始冷了，大雪覆盖了山野，漫漫长夜很难熬，雅乐部情况如何，战争进展如何，在这小渔村里，与外界隔绝，一点消息也听不到。思来想去，待在这里总不是一个办法。不如到釜山去，雅乐部在那里，总可以找到出路。我和丘氏商量，他"6·25"后因为当过大韩青年团团长而被人民军抓去过，怕人民军再过来，他立刻同意了我的建议。陆地不好走，就走水路，我们找好了一条船，白天不能走，就在傍晚时动身。他家6口，我们家6口，一共12口人，被褥、衣服、粮食，甚至泡菜坛子，背背扛扛装到船上。没想到半夜时分，船漏水了，于是男人们一起动手向外淘水。祸不单行，水越漏越甚，又下起大雪，海上茫茫一片，分不清方向。艄公慌了神，在海上是难以继续前行了，商量的结果是先找一个落脚的地方，对面就是忠清道，我们现在的位置离浦口很近，于是调转船头奔最近的码头而去。破晓时分终于靠了岸，釜山之行再一次搁浅。

上岸后发现，这里也挤满了难民，小村庄几乎没有落脚之地。我们一行12人向最近一所房屋奔去，虽然房里早已住满了人，但同是天涯沦落人，处于同情，他们没有拒绝我们。雪一直下个不停，漫天的狂风，海边上结了厚厚的冰。一路上的奔波，疲劳到了极点，可是房间小，不要说躺下睡觉，坐的地方都不够，男人们只能退到杂物间或厨房里，没地方坐，站在那，闭一会儿眼睛。

噩梦一般，4~5天过去了，天才微微放晴。决定到邑里打探一下情况。战争到底打到什么程度了，没有人能告诉我，但是意外地遇到了我最小的妻弟的女儿，他们也是避难到了这里。知道互相都还好，自然十分高兴。在他们那里住了一夜，第二天一早，踏着铺着厚厚一层大雪的崎岖山路，回到那个临时栖居的小房子。

2. 没有粮食的日子

在那个小房子里，又停留了十几天，天气依然恶劣，眼看着去釜山已不可能，和丘氏商量后，又回到了军浦丘氏家。回想这一段经历，不寒而栗，如果那晚，不顾狂风暴雪，强行去釜山，后果真不堪设想。

现在人是平安了，可生活如何维持，真是犯难啊，十几张嘴要吃饭，可是不要说粮食，连辣椒酱、黄酱、泡菜坛子都见了底。在农村，就是平常到这时，也正是青黄不接的时候。黄酱之类的，有时邻居给一点，没粮食就用土豆、白薯、玉米、玉米糊糊充饥。在泪水中度过了这难忘的、漫长的冬天，春天总算来了，好像看到一线希望。可是在这个小村子里，连收音机也没有一个，一点音信也听不到，有时面对京城的方向久久张望，好像有灯光闪烁，还传来隐隐的炮声。

这一段经历，使我干了从没干过的农活，过了一个最最难熬的冬季，以致终身难忘。

3. 踏上归乡路

到了四月份，天暖和起来。从仁川那边传来消息说我方的战事好转，到南边避难的人开始回汉城。听到这消息我再也坐不住了，于是带领全家人离开军浦，踏上返乡之路。

80里归乡路，我们早早就出发了，一路上碰到很多和我们一样的往家里奔的人，大家互道辛苦，互相交换着战争的消息，脸上洋溢着喜悦。

来到汉江边上，问题来了。过汉江有两座桥，汉江引渡桥已被炸断，另一座桥为军用，不能自由通行，而且，在当时一般人还不能随意进入汉城。要进入汉城，桥不能过，那就到麻浦渡口坐船过江吧。

看来只有这一条路行得通，过了汝矣岛，转过去就是渡口，天已黑了下来，这里已看不到过去的影子，看到的是被战火烧焦的房子。早已有人在那里等着过江，望着江水一筹莫展。因为乘船过江也不是那么容易的事。坐船，要想避过军警监视的眼睛，没那么容易。那里有一座供军车通过的天桥，或者可以利用一下，大家意见纷纷，天已完全黑了。有人出主意，干脆明天我们早一点到这里来，把我们的情况和哨所军人说明，请他通融一下，或者我们凑点钱给他。的确也没有更好的办法，于是分头去找睡觉的地方。第二天早早到了江边，推举一位会一点英语的人走在最前边，一列二十几个人慢慢向哨所移动。哨兵突然发现了我们，紧张地举起了枪，我们都举起手，走在前边的一位举手走过去，他连说带比划的说了半天，居然成功了。想象不到的顺利，过了桥，觉得哪能就这么白白地就过来了，于是凑了点钱请那位翻译送给他，那个英国士兵拒绝了，还催我们快走。

过了桥仍心有余悸，飞快翻过大堤，各奔东西，这样偷偷过了江，有一天被发现，安上一个罪名，也不是什么愉快的事。我们尽量避开人们的视线，穿小胡同走，天大亮时到了麻浦电车终点站。宽广的街上，渺无人迹，排排房子，还都空着，安静极了。我们穿过功德洞、阿岘洞、西大门、光华门、钟路、奔向东大门方向。空空荡荡的街道，两旁静静伫立的高高低低的建筑物，我们的长安京城一反往日的繁华，叫人感到陌生了。

万幸的是在新堂洞,我们碰到了熟人,他们已先我们回来了。相见之后,说起各自的遭遇,真有说不完的话。

4. 只身去釜山

汉城是回来了,生计却没有着落。正犯难时,在安中小女儿家避难的妻弟,知道我们回来了,要接我们去安中。我们把打开的行李重新装好,放在两轮手推车上,推着就上路了。这正解决了我去釜山的后顾之忧,因为我想来想去还只有去釜山找雅乐部的同事们。妻弟愿和我同去。怎么走,又成了问题,火车只有持军方批给的特别证明,才能坐。夜班车都是运送军用物资的货车。而且要走,路费总得有一点。看到火车站前的街上有卖旧货的地摊,就也凑了过去,把背囊中一双在军艺队时穿过的靴子卖了。路费有了心里踏实一些。接下来的是解决车的问题,只能想办法坐夜间货车,当然是费了一番周折。没想到我们上去时,车上货物空隙处,已坐满了人。

在我们蜷缩在那里似睡非睡时,货车铁门被拉开,一道手电筒的强光射进来。进来的是美国宪兵,让我们下车排好队,然后送我们去了站前派出所。到那后,对我们一个一个排查,看身份证时,我是公务员身份证,一下子就通过了,妻弟是美军部队劳务身份证,因为过期了,被当场没收。出了派出所,两个人商量,妻弟没有了身份证,无法前行,只好返回安中,我只能一人前往釜山。

在去釜山的车上,听到消息说,战争又出现对我方不利局面,当局动员返城的百姓再次后退。这消息真如晴天霹雳,一时间不知怎么办了,是回去,还是继续往前走?火车在大邱停了,我下车坐在候车室里冷静地思考,觉得,如果我现在回去,怕家人已离开,这样反而断了线索,不如就去釜山,他们知道的是我去了釜山,在釜山等待,反而有一线团聚的希望,觉得去釜山是上策。

终于到达釜山,先去市政厅,询问雅乐部的下落后,立即到龙头山下找到我的同僚们,兴奋得忘记了疲劳,就这样开始了我在我的第二故乡釜山的生活。

二、战争中的舞蹈讲习班

1. 釜山生活的开始

国乐院(雅乐部)的地址位于龙头山脚下,面对彭岛大桥,旁边是釜山

65

码头，是一座一百多坪的大房子，光复前日本神社的附属建筑。除一间办公室外，其余用木板隔开，作为职员宿舍。当时有带家属来的，也有一个人来的，我和其他单身来的职工住在一起。单身职工分别到同僚的家里去吃饭，我则到我大舅子女儿那去吃饭。这样的生活持续了两年。

釜山当时是人满为患，逃难的人们洪水般涌向这里，山脚下密密麻麻排满了简陋的木板房。光复洞大街两旁，南浦洞的市场最拥挤，到处是摆地摊的小商贩。南浦洞的紫碣峙市场使我大开眼界，生平第一次看到了海蔓，第一次吃到活鱿鱼。每天清晨，女人们头顶木桶走街串巷叫卖的一种汤，那味道至今没有忘。

在汉城时曾和东大门外昌新洞昌新幼儿园的洪恩顺女士有过交往，在釜山再次相遇，她在龙头山下又经营了一个临时的幼儿园，于是我又有了一个机会，到她的幼儿园去指导舞蹈。

2. 舞蹈讲习会

在幼儿园指导舞蹈，给我在釜山舞蹈教学生涯开了个头，原来在汉城听过讲习的一些人，纷纷找上门来。

汉城师大附属高等学校避难时，被临时安置在釜山大新洞山顶上。我被邀去教授舞蹈，每次上下坡都气喘吁吁。简陋的木板房，上课时，把桌椅移到一边，没有任何辅助设备，环境很艰苦，但教者、学者都很认真。

教春元和李光洙两个女儿舞蹈也是在这个时期。春元去了北边，夫人许英淑带着儿子英根，女儿英兰、正兰到釜山避难。这三姐弟聪明是出了名的，特别是正兰念书时几次跳级。这次教舞和她接触，果然是个很特别的孩子。学舞蹈时绝对地专心致志，上课时把房门关上，禁止出入，并向母亲和哥哥宣布，在上课时谁也不许进房间里来，甚至不许在房外晃来晃去。苦学了几个月后，在没有任何人鼓动的情况下，竟主动宣布要把学会的四个舞蹈跳给大家看。她跳，我一旁以歌为其伴舞，气氛非常和谐。

三姐弟不久都去了美国，姐妹俩先走，哥哥随后去的。传来消息说，英兰、正兰两姐妹在乘船的漫长旅途中，在船上为旅客表演了舞蹈，受到欢迎，船长为表示感谢还免去了她们的部分船票钱。许女士告诉我这个消息时，心里别提多高兴了。

1972年我随国乐院到美国演出，见到了许女士和李英根博士，回忆起釜山时的一段经历，大家都感到十分亲切。后来因为病，许女士又回到韩国，直到病逝，都没能得到丈夫春元先生的消息。

1951年国立国乐院正式成立，随之，我也更忙碌起来。学习舞蹈的人多起来，往往7～8位家庭妇女组成一个小组，选择好地方，邀请我去教。邀请的多，地方又分散，四处奔波，很累。

教舞过程中也碰到过不成功的时候，一次在光复洞教一位家庭妇女，当时正是三伏天，她的房间在楼上，学习舞蹈时，不能开门，这样就更热了，而这位女主人的舞蹈又没有丝毫长进，学了两周，还跟刚开始时一样。我还是头一次碰到这么没有舞蹈天分的人，真是没有办法再教下去，就婉转地提出，天太热，是否等秋凉后再学，她竟爽快同意了，我想她自己也已感到太吃力了。这是我教学生涯中遇到唯一的一次。

3. 学生郑丁戌

釜山避难时，我教过一个学生，叫郑丁戌。她出生在釜山，小的时候跟随林少香学过僧舞，随伽倻琴大家江太弘学过伽倻琴。教她舞蹈时，我发现她的确是一个非常有艺术天分的孩子。开始只教她一个学生，可是没过多久，竟变成了一个讲习班。他们家在西大新洞，听说这里有舞蹈讲习，都纷纷前来学习。

当时在釜山，跳舞的人很少，教舞的更是少，知道的只有一处，就是"金东民舞蹈研究所"。来学舞的人增多，丁戌的舞也越跳越好。丁戌的母亲提出想给女儿举办一个舞蹈发布会。丁戌的舞蹈的确已成熟，我表示了同意。于1952年初，开始了舞蹈发布会的准备工作。利用丁戌放暑假的机会，进行强化练习，开学之前，演出的全部作品准备基本就绪。找公演场所很是花了一番努力，电影院场子大，场租难以承担，冥思苦想之后，想到了光复洞的公会堂。公会堂被美军占着，想租来用，是不可能的，于是想了一个办法，趁圣诞之际，以慰问的名义，去演出。丁戌的妈妈很有手腕，演出的那天，除美军外，家属、学父兄长、来宾，济济一堂。演出大获成功。

发布会上演出的舞蹈有僧舞、巫舞、手鼓舞、草笠童、哖啰舞、花郎（花娘）舞、剑舞、《春莺啭》、《渔夫日记》、《春香和李公子》等。

发布会之后，我们舞蹈班名声大振，学舞人越来越多。这时正好从汉城来了一位记者，在他的斡旋下，得到了釜山市教育科的批准，正式挂牌成立了"高丽舞蹈研究所"。当然负责人是丁戌的母亲，我是指导。

研究所成立后，日子在忙忙碌碌中度过，不觉间到了1953年。从年初就传来汉城方面战事好转，很快就可以回去的消息。丁戌的母亲听到这个消息，有些焦急，怕国乐院回汉城后，丁戌没人指导了，提出在国乐院回去前，能让丁戌再有一次展示才能的机会。丁戌母亲的要求，难以拒绝，于是从春天开始就投入准备，一个夏天都为演出而忙碌。

第二次演出在釜山大学礼堂，演出节目分两部分，第一部分是在第一次发布会演出的节目中，选拔调整的；第二部分，是以"春香传"舞剧形式，演出其主要段落。

第二次演出也十分成功，使人不能不叹服丁戌的舞蹈天赋。这两次演出对我的实力也是一个很好的考验。

丁戌对舞蹈的执著也令我十分感动，第二次舞蹈发布会的准备时期，正是学校考试的时候，她竟全然不顾，一心投入练习，可见没有对舞蹈那种深深的爱，是不会取得那么好的成就的。

1953年国乐院回到了京都。没想到丁戌竟考上了梨花女高，到京都上学来了。她们母女来看我，都非常高兴。丁戌刚入学，又被小天使儿童舞蹈团选拔上了，跟随舞蹈团到美国各地巡演，一去就是好几个月。

1953年，在庆尚南道的金海，李承晚大总统和中国蒋介石举行会谈，欢迎会上国乐院演出节目中，就有丁戌的舞蹈，由于有了这样的演出机会，文工部演出方面的负责人又把她推荐给鲜花艺术团。

丁戌在梨花女高入学后，一直在参加演出，学习上等于是空白。即使这样，她女高毕业后，直接进入梨花女子大学体育系。她入梨花女子大学时候，正是我在那里讲习舞蹈的时期，可是在校园里，我一次也没碰到过她。据说她中途退学了。后来她母亲来告诉我，丁戌已结婚。再后来就断了消息。那么好的一个舞蹈人才，却中途放弃了，总觉得很是可惜。

4. 组织民谣团

在釜山，我还有过一次组织民谣团的经历。1951年金松竹突然找到我，提议组织一个民谣团。我和他1945年曾一块参加了产业战士慰问演出团。考虑到组团启动资金已有了，汉城的艺人们如今都聚集到了釜山，就答应下来。组团没费什么事，各方面演员很快找齐了，接下来是定演出场地，和有关部门联系，办理注册，演出许可，对外宣传以及和剧场交涉等事宜。因为住的分散，排练颇费一番周折，但可自豪地说，这是一个毫不逊色的演出团体。

第一个演出地点在庆尚北道的大邱市。演出的那天赶上中伏最热的一天，可能是因为天气太热了，没有多少观众，第一次演出失败了。天热难耐，演出又遭遇失败，演员们的情绪低落到了极点，一个个垂头丧气地回到了旅馆。

天热又心里烦躁，实在睡不着，信步走到街上，两旁人行道上，人们三三两两地坐着，屋顶上也有人。当时战争时期，12点以后戒严，可是天热得使他们顾不了这么多，纷纷走出房间。我们的团员们和我一样，度过了无眠的一夜。

我放下国乐院的工作和舞蹈讲习,心里也不安,民谣团演出又不顺利,和金松竹商量后,我提前回了釜山。我走后,他们到预订的第二个地点勉强演出了几场,效果依然不好,回到釜山后就解散了。

这次的惨败,最不幸的当然是金松竹,血本无归,还欠下一身的债。每天债主临门,苦不堪言。没过多久,听说他也回来了,可是我却再也没见到过他。

后来在西道唱无形文化财指定工作中,我曾多方寻找过他,但杳无音讯。如果他能被指定为西道唱文化财,西道唱定会有更大发展,对此,我感到万分遗憾。金松竹,别看他个子不高,还是个微黑的浅麻子脸,他可是西道立唱的名手,京畿山打令叫他唱绝了,那略带沙哑的声音,是那么韵味十足,悦耳迷人,使人不能不为之陶醉。

5. 与家人相逢

把家人留在汉城,我只身来到釜山,白天忙于教课到处奔走,顾不上什么,到了晚上,拖着疲惫的身体回到住地,孤零零一人时,就会想很多,特别是对家人的情况一无所知,心中的忧虑,没有经历过的人,是难以体会得到的。时间一长忧虑成疾,我得了严重的便秘症,后来发展到脱肛的程度,使我走路都很痛苦。可是当时我每天需要四处奔波,后来去看了医生,才有所好转。

1952年的春天,战事逐渐好转,考虑到国乐院还有一些家属留在汉城,同时也想知道国乐院的房子是否还保留着,就派了一个代表回去。派的是我的同僚李昌培。我委托他把我的家属带过来。他是春天走的,到了夏天都没有一点消息,我真是天天盼,日日等,在夏天都快过完的某一天,他们终于出现在我的面前。

家属来了,住的地方又出现了问题。我的大儿子正云参军了,二儿子正完留在汉城上中学,小儿子正民,两个女儿贞顺、贞元随母亲来了,我现在要解决的是5口人住的地方。没有别的办法,只能搭木板房。那时候搭建木板房是不需要任何人批准的,有时一夜之间,就冒出一排房子,所以有板房村之称。两间木板房,5口人住,并不是很方便,但是却给全家人团聚带来无限宽慰。

1952年政府突然采取了货币改革的紧急措施,我因为本来积蓄不多,盖木板房用去之后,所剩有限,所以损失不大。只有两个儿子不在身边,有些牵挂。

三、休战前后的国立国乐院

1. 正式批准成立国立国乐院

我个人情况谈了很多，下面谈一下国立国乐院。

1950年末，旧王宫雅乐部避难来到釜山，1951年，经国会通过正式成立国立国乐院。当时正在釜山避难的我和我的同仁们，那种兴奋的心情真是难以用语言形容。李柱焕被任命为院长，成庆麟被任命为乐师长，他们立刻着手组建班子。

李柱焕院长找到我，想让我任掌乐课长一职。我经过认真考虑后，辞谢了。一方面觉得，以我的才干和能力，很难胜任；同时，我认为，这是正式公务员职务，一旦接受，就要无条件遵守规定，服从命令。李院长又要我推荐合适人选，我毫不犹豫地推荐了金基洙。金基洙后来又从掌乐课长升任为雅乐师长，后来又历任国乐院长，退休时他是国乐高等学校校长。现在李柱焕院长、金基洙校长都已过世，过去的一些事只能由我代他们回忆了。

国立国乐院成立在一个十分艰难的环境之下，尽管如此，也不能光挂出一块空牌子，还是想有点作为，于是选择了一个比较容易开展的工作——举办舞蹈讲习会。由我担任指导老师，居然效果不错，来学习的人十分踊跃。

2. 晋州开天艺术节

1952年深秋，庆尚南道举办了独立纪念第三回开天艺术节。接到主办方邀请，国乐院的演出车也开到了晋州。活动主管人是有名的诗人薛昌洙。薛氏在文教部教育课任职时和国乐院就有往来，他酷爱传统音乐，对雅乐部很关心，他热情地招待了我们。

从庆尚南道前来参加艺术节的演出团体和来看演出的观众，人山人海，一片沸腾。我们急着要看的是远近驰名的矗石楼和南江的义岩，撂下行装，我们就去了。街道两旁是卖土特产品和卖各种吃食的小摊子。当我们穿过人群，匆匆赶到南江边，眼前情景却让我们大失所望，只看到满地滚落的石头。我站在南江岸边，心情就像那涌动的南江水，想起"壬辰倭乱"（1592年）时，在这义岩上发生的事，艺伎论介抱住一个醉酒的倭寇从义岩上跳入江水。我们到矗石楼边祠堂里，在论介画像前焚了香，下到岸边瞻仰了义岩，观看了忠烈祠和碑峰楼，古色苍然的建筑令人浮想联翩，历史的沧桑让我们心情沉重。

回到住宿地东南旅馆，主办方带了一个人来见我们，原来是想请我们为一个参加演出的舞蹈团做音乐伴奏。我们答应了，并立刻在旅馆里找了一个大房间，和舞蹈团一起投入排练。

排练中，我对其中的剑舞产生浓厚兴趣，和我以前看过的不同。经询问，才知跳舞的女孩光复前都是艺伎，很小的时候就学习了剑舞。第二天艺术节正式拉开帷幕，露天搭建的舞台，节目按照顺序演出，其中，留给我印象最深的就是晋州八剑舞和崔贤的舞蹈。

晋州剑舞是每年在论介祠堂祭祀时必跳的舞蹈。因此在晋州地区，剑舞自古就非常有名，是艺伎们首先要学的舞蹈之一。我同时从一位叫崔婉子的老艺伎的口中知道，在朝鲜朝期末高宗时，晋州八剑舞曾被选进宫中演出。她使我了解到一些旧时掌乐院的情况，以及晋州八剑舞得以在晋州地区流传至今的原因。

1967年在我的推荐之下，晋州剑舞被指定为重要无形文化财第12号。非常遗憾的是，崔婉子女士未能等到指定正式发布，就辞世了。

崔贤是学生出身，我第一次认识她，是看她的演出，演的是《春香和李公子》，表演实在太精彩了，掌声喝彩声四起。后来她和她的老师金海浪来到京都，成为韩国舞蹈艺术人协会会员。

这次开天艺术节的组织工作给我留下深刻印象。我们到晋州后，开始不知吃饭问题如何解决，正犯难时，主办方来人告诉，随便去哪个饭店，都可随意用餐。可见为了办好这次艺术节，他们把全体市民，以至商人都动员起来了。我被他们那种细致周到的办事作风，齐心合力办好艺术节的气魄所折服。后来我们还参加过多次艺术节活动，开天艺术节不仅保留下来，并延续至今，而且不仅限于庆尚地区，已发展成为全国规模的大型文化艺术活动。

3. 国立剧场开馆三周年纪念演出

1952年初秋，在大邱避难的国立剧场，为庆祝开馆3周年，准备举办一场纪念演出，邀请我们参加。我们同为国家下属文化机构，理当大力支持。国立剧场场长徐恒锡是我很早以前就相识的老朋友，到大邱后，他热情地接待了我们。虽然处于动荡之中，而他对剧场的纪念活动却不马虎对待，我们对他的用心和宽广胸襟，由衷佩服。

在这次的演出活动中，给我留下深深记忆的是朴志弘老人和他的弟子权名花。权当时表演了僧舞，她曾在中路5街附近开办了舞蹈研究所，后来回家乡去了。而朴老人1958年庆祝建国10周年的第一次全国民俗艺术竞演大会上，作为庆尚北道的代表，以其卓越技艺，尽显威风，为庆尚北道争得荣

71

光。庆北以综合优秀的成绩获大总统奖,朴老人则以其突出贡献获功劳奖。朴老人表演的"安东河会假面舞"是第一次在大众面前亮相,柳石运(音译)参与挖掘整理,安东河会假面舞得以流传推广,是和他们的努力分不开的。

1960年,在讨论是否将安东河会假面舞列为重要无形文化财问题时,曾以其技能保有者朴老人已亡故为由,而将其删除,但1980年,终于在当地居民的努力下,被从新提出讨论,指定为重要无形文化财第69号。

朴老人用过的几种木假面,河会假面10种11具,屏山假面2具,也于1962年3月被指定为国宝第121号。

谈到木假面被指定为国宝,这里面有一曲折的过程,不能不提。

1959年深秋,在教育委员会委员长金英勋的帮助下,柳崎津,林锡载,李斗炫,我们一起创办了山台剧保存会(现韩国假面剧研究会),旨在对全国散在的假面,以及假面艺术进行调查研究。

山台剧保存会得到亚洲财团的支援,首先举办了"杨州别山台","凤山假面舞","统营五段假面剧"的讲习会,还对10个山台假面,11个河会假面和屏山假面的模子进行研究整理。1960年正月,李斗炫教授,当时还在汉城大学美术学院雕刻系当助教的崔万麟和一个叫赵勇进的毕业生下到河会洞去考察,得到当地柳韩相的协助,他们用在模子上贴纸办法,使复制河会假面成为可能。

1961年,无形文化财保护法公布,第二分科文化财委员会对河会别神巫假面进行讨论,对是否可被指定为文化财,持异议,认为其中心人物朴志弘老人已辞世,且现在当地的这项活动尚不成熟为由,而未被通过。可是我们山台剧保存会这边并没有死心,无形文化财未能列入,那么假面具总可以被指定,作为重要的民俗资料保存吧。李斗炫教授为此亲自到当地勘察。当时任文化财委员会委员长的金相基去看过之后,也认为河会假面很珍贵,邀请第一分科的委员们也去看一看,在这样的情况下,李斗炫教授带领文化财管理局职员李浩完一起去了河会村,商量面具保管之事。去之后发现事情远没那么简单,我们说明了假面被指定为文化财的意义,当说到为此要将假面暂时拿到汉城去时,却遭到居民们一致反对。他们说,那是全村人的寄托,是灵魂,宝物,拿出村外是万万不可的。原来这面具自古以来,村里人就把它作为宝物祀奉着,逢祭祀活动时才取出来,用后,立刻送回祠堂。李教授他们反复说明,把面具拿到汉城,完成了文化财指定手续后,就送回来,并一再讲明一旦指定通过,它将更具保管的价值。任凭他们磨破嘴皮,村里老人们就是不能接受。最后是,由当过村维持会头头的柳韩相和村里的洞长等三个人作证,当着他们三个人的面,做了保证后,于夜里,在村民们不知晓的情况下，悄悄拿了回来。在文化财委员会第一分科的会上一致通过，被指定为国宝，由国立博物馆保管，而且至今没有归还。

河会假面具被指定为国宝，得到国家的保护，对于李教授来说无疑是做了一件大好事，但是由于面具的不能归还，他又遭遇了最大的尴尬。取回面具时他是郑重地做过保证，面具一经指定，当立刻奉还。现如今博物馆方面却提出，如归还，遇火灾，遭盗窃，怎么办？真是进退两难。假面剧委员会最后做了一个仿制的纸面具送去，当然是做了万般解释，勉强过了这一关，但事情并没有就此结束。后来村民们曾多次上书，要求归还。他们说，村子里如发生不幸，那就是因为失去了面具的缘故，致使李教授到现在心里都没踏实下来，更是不敢再踏入河会一步。

后来，专门技师特制了木河会面具，很漂亮，被很多商家用于商品广告。可见，这个面具还具有独特的艺术魅力。

这次来到大丘，像以往一样，先到街上转一圈，正转着，迎面碰到任春莺女士。大家都很高兴，寒暄之后，问起来大丘原因，才知道，她是随团来演出的。他们排了一部新唱剧《白虎大丈夫》，剧中有五鼓齐敲的震撼场面。

据我所知，僧舞是敲一个鼓的，就是双人僧舞，也是鼓放中间，两个人从两面敲的。因此，听了他们五鼓齐敲，很感兴趣。

任春莺光复后，在唱剧界很有名，她不仅唱得好，她表演的僧舞法鼓远近驰名，人们喜欢她，说"春莺就像那波动起伏的鼓点"。她经营了一个女子国剧团，但她从不亲自指导跳舞和击鼓，因此没有一个弟子得到她的亲传。1953年回汉城后，倒是听说一位叫朱万向的退职者曾开办过舞蹈研究所，教过五鼓舞，从那里出来的学员后来都很活跃。

很遗憾，由于工作关系，必须返回釜山，而没能看到任春莺精彩的五鼓舞，但是《白虎大丈夫》的演出，传播了五鼓舞，以至后来又发展了十二鼓舞，现在还有省略了舞蹈，以击鼓为主的演出。

4. 美国新闻局赞助的国乐演奏会

釜山避难时，我们住在2层楼上，地上铺的是米袋子和草席，大冬天我们只靠一个那种烧9孔炭的小暖炉，就一点也不冷，这在汉城是绝对不行的。在釜山过了三个冬天，雪在这里是全然看不到的。国乐院的小楼在龙头山的山窝处，海风尽管吹，一点不觉冷，虽然看不到大雪纷飞，看不到银装素裹，却看到了平坦的沙滩，滚滚的波涛。

有外国船停泊的时候，形成另一番景象，尤其到了夜晚，一片灯火辉煌，反射到海里的灯光，随着波涛的涌动，闪闪烁烁，很是迷人。

1953年初春，传来不久就可回汉城的消息。就在这时，在美国新闻局的援助下，国乐院举办了一场国乐演奏会。演奏会3月28日在釜山梨花女子大学讲堂举行，演出节目是：

第一部分
1. 管乐——寿齐天 ································ 金俊炫等10名
2. 管弦乐——灵魂 ································ 金宝男等10名
3. 歌乐——万年长欢之曲 ····· 唱 李炳成，伴奏 金尚基等9名
4. 大筝独奏——柳初新之曲 ···························· 金成进
5. 合乐——寿延长之曲 ··························· 金千兴等15名
6. 管弦乐——颂光复 ······························ 朴英福等11名
7. 伽倻琴独奏——散调和弹唱 ····· 弹唱 沈相根，作曲 申恩休
8. 合乐——万波停息之曲 ························· 金英允等14名
9. 合乐——选自《水官歌》 ············· 唱 江长远，鼓 金允德
10. 舞蹈——处容舞 ······························ 金泰燮等4名

我所以列举了上述节目单，是想说明，尽管在当时的那种条件下，我们的节目还是丰富多彩的，有传统节目，还有两个新创作的节目。这样有品位，高质量的演出节目，就是今天拿出来，也不会觉得逊色。说到这里，不能不对那些从不懈怠的辛勤的国乐人，充满敬意。

晋州开天艺术节的演出，国立剧场创建3周年的演出，以及1953年国乐演奏会，都证明了，虽然经历战争，国乐院仍保存了自己的实力，同时这也得力于，在撤退时，我们没有忘记把雅乐部的贵重的藏书和全部乐器抢救了出来。

1953年，还都之前国立国乐院原有成员有李柱焕（院长）、成庆麟（乐师长）、金基洙（掌乐课长）、金泰燮、金俊炫、李德焕、洪元基、沈尚健、江长远、申恩休、金允德、李昌培、金千兴、张龙一（庶务）、金永植（庶务）。

5. 韩国舞蹈基本图谱出版

光复后，我在大韩国乐院和其他一些地方，一直从事舞蹈教学工作，如何能让学员轻松地掌握学习要领，这是我教学过程中常常思考的一个问题。后来《韩国舞蹈基本图谱》的出版，正是源于我这样的一个初衷。

国立国乐院藏书中有一本《时用舞谱》，里面展示了宗庙佾舞的全貌，给后世留下了一个很好的范本。这本书给了我启发，如能出版一本舞谱不仅可以帮助学员学习，也便于一般大众接近它，使其得以普及。

我熟悉一位从事教科书鉴定工作的金宗奎先生,他介绍我认识了画教科书插图的金氏。商定价格之后,我们立刻投入工作。我在他面前随着拍节跳,他做素描,当然要完成一个动作的素描,我要反复几遍的跳一个动作。用了好几个月的时间,初稿总算完成。不仅如此,卷头画也准备了,是通过歧山的朴宪峰,找到当地的著名画家金恩浩的一副《丽人僧舞图》。图谱和原稿全部脱稿时,已经是还都后的1954年。对于出版我是一无所知,就又去请教金宗奎先生,看来我把事情想的太容易了,原来出版教课用书,是要经过文教部当局审查通过的。这样一来,单凭我个人力量就很吃力了,只能先放一放,等有机会再说了。

一晃就过去了好几年,一位梨花女子大学出身的柳教授在移居美国之前,说暂时借用,结果是有去无回,原稿再也没能找回,这件事让我很是伤心。说是僧舞图曾寄赠夏威夷檀香山的哈拉哈姆舞蹈所,联系几次,也是毫无结果。

直到1969年,我的这个夙愿才得以实现,在文化财管理局的关怀下,《韩国舞蹈基本图谱》终于出版。插画由我的学生李兴久完成。这本书反映很好,成人和孩子以及没有学过舞蹈的新手都很适用。虽说费尽曲折,但做了一件很有意义的事,心里还是很安慰的。

四、设立国乐士养成所

1. 国乐院回到汉城

国乐院回汉城后,并未能回到敦化门前云霓洞旧址,那里已被美军占了,而是在前李王职雅乐部时期,做过长官官舍的旧王宫建筑物里,临时安了家。职员中没有房子的,也在一层打上隔壁,临时住了下来。我家房子在"9·28"收复时,遭炮击,一家6口人也在那里住下。所谓隔壁墙,不过利用厅里的柱子,用木板隔起来而已,地上铺上草帘,再铺上席子,这样可以隔绝一些地下透过的冷气。

这座建筑虽已老旧,住过一阵子后,还感到很亲切,后来我和老伴有时还会想起它。20世纪六七十年代当红歌星贤美的家属也住在那里,她常常来,当时她还年轻,穿一身学生服,后来常在收音机里,听到她的歌声,歌声常常引起我们对那一段时光的回忆。

2. 国立国乐院附属国乐士养成所的设立

国乐院回到汉城后,做了很多事情,诸如举办国乐欣赏会、慰问演出、国乐讲习等。这些当然都是需要做的，但有一项更急迫要做的事，就是人才的培养。经过了"8·15"光复，"6·25"动乱，一直处于动荡不安中的国乐院，一旦安定下来，吃惊地发现，人才已严重地流失，甚至到了无以为继的地步。应尽快采取措施，寻找出培养人才的最佳方案，才是当务之急。

以院长为首的全体职工的一致意见，就是成立一个国立国乐院附属的国乐士养成所，并同时向政府和国会，文教部提出方案。1954年提案得到当局的批准，1955年，养成所正式运转，有了第一批学员。

而它就是如今的国立国乐高等学校的前身，它已成为培养国乐人才的摇篮。想起这些，我总是感慨万千。不能忘记那些为此付出过努力和心血的人们，是他们具有远见卓识，在当时那种艰苦条件下，采取了英明决策。我们的民族音乐今天之所以能够毫不逊色地立于世界之林，不可忘记他们为此做出的奉献。这些人就是，李柱焕院长、成庆麟乐师长、金基洙掌乐课长，以及他们下属的国乐院的全体同仁们。

现在全国已经有14座大学设置有国乐科，每年有相当数量的学士和硕士从那里走出，国立、市立以及私立国乐艺术团里，都活跃着他们的身影，他们是国乐事业发展的希望。而所有的这些都是和当初的国乐养成所一脉相承的。也就是说，如果国乐院当初没有设立培养乐师这样一个机构，乐师就得不到补充，国乐也就不可能作为一门学科去研究发展，并永久传承。

因此，要感谢那些为此做出贡献的人们，是他们翻开了音乐史上这崭新的一页。

有了国乐院，才有了养成所，有了养成所，也才有了今天的国立国乐高等学校，但是你是否知道国乐院的设立，也是国乐人经过努力而争取来的？

"8·15"光复后，国内外陷入极度混乱之中，雅乐部失去了依靠，在是去还是留之间彷徨。当时雅乐部成员们心很齐，决心死守雅乐这块阵地。要生存，就要齐心合力，他们明白只有像过去那样，取得来自国家的保护，才有生存的希望。在李柱焕院长，成庆麟乐师长带领下，雅乐部向有关部门提交了把雅乐部设置为国家机构的议案。所以，国乐院能够成为国家合法机构，是与国乐人的努力分不开的。

现在的国乐艺术高等学校是6年制，中学3年，高等专科3年。从后来的发展以及其成果来看，当时成立养成所的决定是正确的，是合乎历史发展潮流的。

3. 釜山国乐院的创立和与吴相淳先生的相逢

上面谈到国立国乐院和国乐养成所，下面谈谈我个人还都后的活动。

第 三 部

　　刚刚回到汉城，虽然有了临时办公室，但社会仍不安定，工作一时难以走入正轨。1953年就这么过去了，1954年初，接到釜山的许人和李东锡的邀请，他们要以釜山国乐院创院纪念的名义，举办国乐讲习会，要我担当舞蹈部讲师。他们的事务所还是国乐院釜山避难时用过的龙头山下的那处房子，不过改建修缮过了。因为当时国乐院工作还未正式开展，外出请假很容易得到批准，当时被邀请的人有，金英允（正乐，伽倻琴）、封海龙（短箫）、李炳成（歌曲，时调），当地的有，林铃铛（盘索里'清唱'）、申昌休（玄鹤琴），还有一位庆州的金英俊（大笒）。

　　因为是回到了故地，许人和李东锡又都是老朋友，生活上没有感到任何的不便，吃饭就在他们家里搭伙。那时3～4个月的时间里，和我一块住在办公室的还有空超吴相淳先生和首创吉他散调的金永哲。

　　永哲早晚餐到外边去吃，每天早早起来就一心一意练他的吉他，偶尔回来早一些，仍然是反复练习，总之，只要有时间，他是手不离吉他。我看在眼里，心中不能不佩服他敬业的精神，作为国乐人都该有他的这种劲头。后来他的弹奏技能被指定为重要无形文化财，他也曾培养学生，他辞世后再也没有了那么好听的吉他散调，我为它的失传而十分惋惜。近来有一种金属弦伽倻琴的演奏，似受到其影响。

　　空超吴相淳先生是我们国家诗坛元老，他的大名尽人皆知。他留宿在釜山国乐院，是因为和许人的关系。他和许人年轻时就是好朋友，他们一起参加了新文化运动，民主运动，社会主义运动，是日本警察黑名单上的人物，被追逐除籍，吃过很多苦。许人的家乡是釜山附近的大丘，他和李柱焕院长，成庆麟乐师长也是多年老朋友，釜山避难时再次重逢，后来国乐院又回汉城，留下的一些东西放在釜山国乐院仓库里，就由许人代为管理，这是许人留在釜山国乐院的原因。

　　正是有了这样一些原因，使得我有幸和吴先生一起相处了3个多月时间。吴先生留给我印象最深的是抽烟，他是真正的一根接着一根，只要一根烟点着了，那就接下去了，一天24小时，除了睡觉和吃饭，手不离烟，事实上有时吃饭时，他左手也夹着一支烟。都说抽烟不好，可正是这烟让吴先生躲过一劫。

　　光复前夕，为躲过日本警察追捕，吴先生住进大丘的一个医院里，一天大清早吴到街上小烟摊上排队买烟，正赶上日本警察嗅到了吴先生踪迹，去医院搜查，接到信息，吴立刻躲了起来，是吸烟帮了他一个大忙。

　　空超先生每天早饭后，就出去活动了，一般是去光复东路的那些茶馆，和崇拜先生的一些文学青年一起，谈论诗歌文学，议论人生哲学，总要到深

77

夜12点左右，龙头山那一百多层的台阶上，才会传来那急促的脚步声。每次回来左手必然是一支点燃的烟，右手攥着手巾，边擦着头上的汗，边走进来。空超先生是茶馆最受欢迎的顾客，他去哪个茶馆，哪个茶馆就生意兴隆，因为他总能带来一帮客人。有的老板娘会送他一件衬衣或者洋货购物券。先生吃饭和抽烟也自有学生们供奉，再也不用怕没烟抽。"8·15"光复后，由于他和年轻人常在青铜茶馆谈诗论文，以先生为首的一些年轻诗人们出版了以"青铜"为刊名的诗集，直到先生辞世。

4. 讲习班学员应邀演出

釜山国乐院讲习会的科目，除舞蹈外，还有歌曲、时调、盘索里（清唱）、伽倻琴、大筝、短箫。声乐男女声和时调的指导老师是斗峰李炳成，盘索里是林铃铛，伽倻琴是金英允，短箫是封海龙，大筝是庆州来的金英俊。

举办这种讲习班在釜山是初次，参加讲习班的人，时调和乐器班人少一些，参加舞蹈班的人特别多，多到连地方都不够用了。我看到这些，当然教得也更来劲了。讲习班的课程原定1个月为一个单元，可是后来却是连续办了6个月，讲习班结束后，有人还另找时间学习其他舞蹈，以增强自己实力。这些说明了他们学舞高涨的热情。正在这时我们接到演出邀请。釜山赵炳玉警卫局局长和美国警察系统高官有一个会谈，欢迎会上邀请我们去演出。我认为，我们的歌舞不应作为娱乐而应是作为艺术来欣赏的，因此，我在答应的同时，提出一个条件，就是作为艺术演出必须是在餐前或餐后，宴会席前客人边喝酒边看不合适。他们接受了这一条件。

演出在饭后举行，客人们围坐在准备好的桌子后边，喝着茶水，观赏了我们的演出，可以看出对演出是满意的。整个演出唯一的一点不协调，就是在大厅角落的椅子上，一个黑人和一个看上去像韩国人相拥的风景很让人反感，可是又能怎样呢！

夏天，又接到邀请，是釜山市举办的一个纪念活动，地点在西大新洞自来水水库前的空地上。演出是在白天露天举行。和上次一样，我很关心演出的气氛，观众什么人都有，万一有一个醉鬼捣乱，演出效果将受到影响，因此，坚持演出在中饭前进行。来的观众很多，他们把吃的东西放面前，专心致志观看演出，演出结束才吃饭，这次演出也圆满完成。

两次演出，我之所以固执地提出要求，是有缘由的。过去我们民俗乐舞是不被视为艺术的，从事乐舞的人也不被视为艺术家，被人们认为是低贱的，瞧不起的。而这种认识是错误的，不公正的，是应该更正的。我个人力量虽有限，但我在向主办方提出要求时，是理直气壮的，哪怕面对的是肩上扛星的威武高大的警察。我代表的可以不是釜山国乐院,就代表我自己,因为这要求是堂堂正正的。

讲习班办得很出色,特别是舞蹈班,学员不断增多,原来只有白天班,后来晚上也有,学员学得热心,我也忘记了疲劳,热心地教。期间一件小事,至今不忘。许人有一次买回鲜鲍鱼熬粥,味道非常好。一天去吃中饭,走到紫竭峙市场,居然找到吃过的鲍鱼汤,味道果然不寻常,后来听说叫保身汤。在釜山是我第一次尝到保身汤的滋味。回汉城跟朋友去过保身汤屋,可是真正的保身汤却再也没吃到过。所以釜山吃的保身汤,不只是第一次,也是最后一次,这是釜山行留下的记忆。

到釜山后马不停蹄地投入工作,可是我手中连一个零花钱都没有。关于钱,我从未开过口,国乐院运营经费,开办讲习班费用已经使许人焦头烂额,我已看在眼里。第一期讲习班结束后,其他讲师已回去,就剩我自己,3个月过去,讲课费分文没有,可是因为这个时候提出回去,不太合适,我真是进退两难。万般无奈之下,我答应回去后,一定会再派一个舞蹈讲师过来,和许人这样约定后,我回到汉城。按照约定,把我在朝鲜乐部时就相识的朴贞淑推荐去了釜山。

和汉城相比,釜山在舞蹈方面是落后的。后来人们传说,是由于我在釜山用了几个月时间,教导一些夫人们舞蹈之后,那里后来才有了舞蹈研究所,开始传授舞蹈。

5. 再次回到汉城

回到汉城正赶上国乐院举办国乐鉴赏会,舞蹈方面就又交给了我。鉴赏会讲习的科目以时调、舞蹈、民谣为重点,其他还有器乐方面的。地点是在原来的奉常所。那里是我第一次步入艺术界,学习了3年的地方,那时我刚14岁。过去的人和事,不时地出现在脑际,引起无限感慨。

除奉常所外,有时也利用正乐传习所的办公室,那是从釜山回来后,借用孝子洞崔英才的房子,崔在传习所学玄鹤琴,同时参加河圭一先生主办的"水曜日会"会员活动,他还是传习所的理事。传习所的房子"9·28"遭炮击,他欣然把自己的房子腾出来,做了传习所办公室。他的房子很大很适合学习舞蹈,容纳的人也比较多。

这段时间我一边在国乐院负责舞蹈讲习,也常去大韩国乐院。大韩国乐院在茶洞,所用办公室属敌产(日本人财产),是租用的。

虽然两边跑着,但工作有限,我不愿虚度时光,就想利用国乐院2楼的空房间教授舞蹈,提出后,得到院方批准。但我并没有十分把握,担心没有学员。事实证明我的担心是多余的,学员从一个,两个,不断增加,最后到了容纳不下的程度。学员越多,我教的劲头也越高。学员中有几位素养很高,如李丙妊、李淑爀、江贞姬、李贞顺、她们都是女高学生,后来都升入了梨花或淑明女子大学。她们4个人,其实在跟我学习前,已经拜师金宝男学过舞蹈,都跳得相当好了,却还要精益求精,可见其对舞蹈的执著。当时的条件很艰苦,冬天没有火炉,就点上一个炭火盆驱寒,打碎的玻璃窗没有玻璃,就用纸糊上,就是这样,她们的学习热情不减。

就在那个贫穷、艰苦的1954年,我最小的女儿诞生了。那时妻子已40岁,40岁生孩子,有点难为情,想做流产,大夫认为,太晚了会有损孕妇身体。事实上这个小女儿的出生还是给我们很多快乐和安慰的。原来有一个小女儿生病死了,我们很悲痛,现在又给我们送来这个小女儿,如今她也40岁了,现生活在美国,很幸福。真是岁月如梭啊!

五、开设舞蹈研究所

1. 开设金千兴古典舞蹈研究所

1954年的冬天就这样在匆匆忙忙的舞蹈教学中度过,并迎来了又一个春天。在釜山办舞蹈研究所的情景,常在脑中闪烁,很想有一个自己的像模像样的舞蹈研究所,可是这需要资金,自己没有,也没有地方可筹措。这个想法憋在心里,很是苦恼。家里人看在眼里,竟悄悄地行动起来。当他们把筹措来的钱拿给我时,真是给了我极大惊喜。让亲人们为我着急,感到很对不起他们。

1955年12月,在乐园美庄园2层租到一套房子。

开办研究所要办许可证。要有汉城市教育委员会委员长的批准,具体承办部门是教育科。舞蹈研究所属教学部门,按规定,教课房间不小于20坪,办公室、更衣室、化妆室10坪左右;要提交的文件有,房主的房屋使用许可、印鉴证明书、房屋登记副本、建筑平面图、建筑物附近略图、研究所所长履历和在职证明、学历证明、纳税证明、附近邻居2人以上同意证明;禁忌事项有,在一定的距离内,不许有同类别的教学单位和酒馆,饭店等游乐设施。文件齐全后,文化科有关负责人还要实地考察,一切合格后,才能下批示。这一套复杂程序是要费一些力气和时间的。幸运的是学生李淑爀的父亲李顺根是在职的市议员,在他的大力协助下没用多少时间就顺利地拿到了许可证。后来我的儿子正云还在他办公室工作了好几年。李氏现在美国,和他独生儿子生活在一起,我永远记得他对我的帮助。

开办许可证批下时,已近年末,我开办心情太切,就不顾忌一切地于圣诞节,也就是 12 月 25 日那天,把"金千兴古典舞蹈所"的招牌挂出去了。当时真是百感交集,对家人的歉意,对帮助过的人的感激,对梦寐以求愿望实现的兴奋,也有怕招不到学生的担心。由于资金有限,设施不完备,有很多方面还不能和其他研究所相比。

从年初开始,学员不断增加,到了春天的时候,我已经从早教到晚,没有一点空隙时间了。后来做出一个规定,上午为夫人班,下午为学生班。

研究所开张后,一下子冒出很多事情来,都要一一去解决,有两件事留下深刻印象,一件是舞蹈教室教学用的大镜子,一件是跳僧舞用的鼓。

2. 两面镜子和僧舞鼓

研究所开办之初,教室里只有一面镜子,这还是一位在玻璃店工作的一个学生的父亲帮助以原价购得的。

后来南山洞的一个餐厅接待外国客人,想请我们去跳古典舞。一听说是饭店邀请,我立刻警觉地问,是否要在客人吃饭的席前跳,得到肯定的答复后,我断然拒绝。来人很为难,他已在客人面前做了承诺。可是我毫不退让,表示决不能让我的学生在外国客人酒桌前跳舞。最后商定在饭后,另外准备一个地方。

我选了原来就跟我学过舞的李淑爀,李丙妊,江贞姬,李贞顺 4 个人,她们现在都是大学生,我先做了说明,演出虽然不是在舞台上,但这是向外国人宣传我们的古典舞,她们都愉快地答应了。

演出受到好评。因为是饭后进行,结束时已很晚。他们备了车送我们,并说在对面旅馆准备了房间,预约了按摩师,好好休息一夜,明天再回去。我拒绝了他们的好意,只接受了付给的演出酬金。

我将谢礼分给四个学生时,她们坚决不收,她们说,研究所正是艰苦创业时期,用这钱买点需要的东西吧。后来用这钱买了两面大镜子,挂在教室墙上,镜子上分别写上她们四个人的名字,以留作纪念。我经营研究所 22 年,这两面镜子一直挂在墙上,学员们用它检验自己的舞姿,纠正错误的动作,它们充分发挥了自己的作用。这四个学生为研究所做出的贡献,我铭记不忘。

1956 年,我举办了第一次舞蹈发布会时,因为以女高学生为主,所以她们四人中只有李淑爀参加了演出。

说说鼓的故事,当时在钟路一带,不像现在这样,古典乐器店还不是很多。为买僧舞用鼓，我去过多次，没有看到中意的，鼓面皮革薄，鼓身也不美观，制作工艺粗糙。正在为我买不到合适的鼓犯难时，经常热心帮助我做事的奚琴师金万兴经过多方打探，发现在中区光熙洞光熙门前一家专门做鼓的作坊。我们两人立刻赶过去，向作坊师傅讲清楚我们的要求，当场定制了一个。去取鼓时，发现这鼓比乐器店卖的可是贵多了，但是质量上两者无法相比，这才真正是我们想要的僧舞鼓，我和金氏都十分满意。

鼓怕潮湿又怕太干燥，保养很重要。一位学生家长告诉我一个好办法，就是在皮革内外涂一层化学药品。我们当场就把鼓皮拆下，里外涂药后，又按原样装好，果然有效果，声音出奇的好。感叹鼓制作者精湛的手艺。直到1978年初我们鼓的声音一点没变，可以说没有见到任何一个鼓可与我们的鼓相媲美。后来发展到三鼓舞，九鼓舞，甚至十二鼓舞，当那鼓声在舞台上响起时，是那么令人震撼，没有听到比这更好的鼓声了。

我猜想这鼓的制作人绝非一般，果不其然，后来知道他们是光熙洞土生土长的坐地户，世代相传，以做鼓为生，是制作大鼓，杖鼓世家。我后来去寻访过，可那里已变了样，没有人知道他们去了哪里，我满怀期望而去，最后失望而归。

研究所关张之后，我将心爱的鼓存放在国乐院的仓库里了。后来又交由金吉憙氏保管。金氏是室内装饰专家，也是古书画收藏家，他喜欢"盘索里"和器乐，有演出时他准来看，因此我们相识。他对鼓的来历很感兴趣，提出愿意保管。不久前他告诉我，可能因为处理不当，鼓声不如从前，但鼓依然完好如初。这鼓22年跟随着我，承载了我们之间太多的故事，但是制作这鼓的人却下落不明，它的制作方法，其奥妙之处，没能传承下来，真是极大憾事！

说说我多年教学过程中遇到的难题。舞蹈是要跟着节奏跳的，现在有伴奏带，那个时候是靠杖鼓的鼓点。我教授学员跳舞，没有助教，也没有会敲鼓点的人。开始教示范动作时，只能用嘴1、2、3、4地喊，直到她们会跳之后，我才能为她们敲击杖鼓，让她们跟随鼓点的节奏练习。

我教学生跳舞，一天到晚和杖鼓打交道，但有的节奏我还是感到很吃力，如"谷格里"（民俗舞伴奏乐曲的一种，大多为12/8拍，节奏轻快、跳跃）。在雅乐部时很少接触谷格里节奏，1940年前后，跟韩成俊先生学僧舞时，曾跟随谷格里拍节练习过。但是当时注意力全放在舞蹈动作上了。在教坊工作时，同僚金寿天，朴永福击打过谷格里节拍，也是一个耳朵进，一个耳朵出，没往心里去。

1940年后，通过朝鲜乐部的音乐团和歌舞团，我和民俗乐接触多了，特别是光复后，大韩国乐院时期，我开始教授舞蹈，也就是从这时起，我拿起来了杖鼓鼓槌。大韩国乐院当时的情况不可能再增加一个杖鼓乐师，我就只能硬着头皮自己执槌，这鼓槌拿起来，就再没有放下，由开始的生疏，笨拙，到后来用它来指导学员学舞，成为我教学中必不可少的教学工具。

杖鼓鼓槌，从你握住它那一刻起，就开始了你和它的较量。你的技巧有多高，你的悟性有多深，鼓声说明一切。看似简单的敲敲打打，实际不简单，很需要下一番苦功去磨炼。1953年从釜山避难回来，我们都临时住在旧王宫的馆舍里。大厅里利用原有的石台，在上边打上隔断，分给各家居住。这石台子可是帮了我大忙，我正好利用它来练习敲击鼓点。大家挤住在大厅里，敲鼓是不行的，而敲石台子，就不会有什么声音，影响不到别人。我就把从杖鼓乐师那听来的好的节奏，反复敲打练习。只是有一点不好，就是石头太硬，杖鼓鼓槌用不了多久就开了花，要不断换鼓槌。

1978年，舞蹈研究所停办，我握了30多年的杖鼓鼓槌，虽然不敢说敲得非常好了，但是基本要领掌握了。鼓声做到强弱有度，舞者的动作，表情尽在鼓声之中了。对民俗乐的旋律，我的耳朵也开始从生疏到接受了。

说说研究所用过的杖鼓。现在生产的杖鼓，鼓槌和鼓的皮革都偏薄，鼓声深沉厚重者少，鼓槌击之少共鸣。新鼓时声音尚可，用不了多久鼓皮松懈，声音有了变化。所以从声音上，可以说它的使用寿命短。而过去的鼓所用的皮革厚，新鼓时，发出的声音不亮，共鸣度差，用过一段时间，鼓皮开始松软，声音越来越好。所以，我们那时买回新鼓后，都先做一番处理。把鼓皮拆下来，在皮子里面喷上玛格利酒，再用杯子或酒瓶均匀地在上面揉搽，这样处理后，效果就好多了。

鼓用过一段时期，皮子会损坏，鼓槌皮子破了没什么办法，而鼓皮破了，我们常常是补过再用。教授舞蹈，离不开杖鼓，30余年用过鼓无数，对鼓也就深有感情了。

3. 23年研究所搬了15次家

我开办舞蹈研究所都是租用的房子。房主和住户之间发生矛盾是很正常的事，可是我在这方面所遭遇到的麻烦却不一般。教授舞蹈离不开鼓，鼓声稍大，楼下住户就会找上门来，有时一天数次发出警告。为此，我们也想出一些办法，如不敲鼓面，敲鼓边；把鼓的两面绑上棉垫；学法鼓时，以松树墩代鼓来练习。可是就是这样，房主仍然找出各种口实，让我们搬家。

搬家对我来说，麻烦非同一般。房间的设备装修，需要投资；研究所位置关乎到生源；最麻烦的是研究所换地方，要重新办理登记手续。房屋出租人和租房人永远是一对矛盾,出租者掌握主动权,可找各种理由撵你走,想出各种办法提高租金,租房人只能忍气吞声,逆来顺受。

印象最深刻的一次是在宽勋洞4街,我们租的是2楼,楼下是房主人的居室和他经营的服装店。一天我们研究所的屋顶上掉下一块水泥,正好砸到房主家老太太头上,我们立刻送老太太去了医院,好在不是大伤。花点钱是小事,主要是心灵上的不安,每看到老太太头上缠着的绷带,心中就一阵歉意,那以后我们无论做什么事,都加十二分小心,生怕再惹出麻烦。

从1955年到1978年,经营舞蹈所23年,搬家15次,其间经历的困苦磨难,成为永不磨灭的记忆。

六、第一次舞蹈发布会和大学讲学

1. 第一次金千兴韩国舞蹈发布会

尽管舞蹈研究所运营得很艰难,但是我一直有一个举办一次舞蹈发布会的愿望,并开始着手准备着。当然要有一些报批的手续,首先是递交演出许可申请书,递交申请书同时,必须附上舞蹈协会审议推荐书。

审查就在舞蹈研究所进行,1956年7月举行第一次舞蹈发布会,研究所当时正是在发生过水泥块事件的宽勋洞4街。舞蹈协会方面来的审查委员中,我只记得宋范,其他人名字记不得了。

可能试排时,准备得比较仓促,服装和伴奏还不够齐备,审查委员们认为那些中学和大学学生演员们还不够成熟,在演出后的评议时,面部带有难色。我看到这个苗头,立刻站出来阐述我的意见。我说,演出如通不过,对于我个人的损失,不过是解除剧场的演出合同,放弃演出;可是对于这些孩子们,就太残忍了,她们没日没夜地苦练,不能演出,这么多天的努力岂不白费了。我的话起了作用,权衡之后,他们决议通过。

我举办第一次舞蹈发布会时,所有的事情都是靠自己,集编舞、艺术指导、音乐伴奏、服装、道具、节目编排、宣传到动员观众于一身。当然还有投入这一活动的所有人的齐心协力。而这些还只是辛苦和劳累,痛苦的是演出后的扫尾工作,为填补出现的赤字,而东奔西走。

演出的节目有20个,第一部分9个,第二部分11个。有宫中、民俗、寺庙、创作四个系列,宫中舞为重点。所以把重点放在宫中舞上,是因为宫中舞是我之所长,我最熟悉,另外,民俗舞蹈浅显易懂,宫中舞却不同,我想将一般群众很少看到舞蹈展示出来,让人们看到传统舞蹈新的一面,同时真正领会其价值，这是我暗藏的一个小小的心愿。传统舞蹈一旦脱离了原来轨道，它的发展前途该是如何呢？这是我心中一个结，我同时也在探寻着。我以 20 世纪 20 年代初，学生时节学的舞蹈为本，在舞蹈的形态、构成、动作、音乐上下工夫，再度开发，使其多层次、多样化，加强舞台感观效果。这样做的同时，我也担心怕万一有什么不妥，而对传统舞蹈有损，有意将原来的"鼓舞"称之为"大鼓舞"；原来的"抛球乐"称"彩球戏"；原来的"佳人剪牡丹"称"牡丹满庭"。

创作舞蹈是我在逃难期间，以在农村看到的自然风光、民俗、民情为素材编的舞蹈。动作上注意到适合年幼的孩子。

民俗舞和寺庙舞个性突出，我只是在使其舞台化上，下了点工夫。20 个舞蹈，都有其个性，每一个舞蹈都是一个独立存在的，完整的作品。

演员 23 人，高中生 13 人，初中生 8 人，大学生 1 人，再加上我。20 个节目中，群舞 12 个，独舞 5 个，双人舞 3 个。23 名演员表演 20 个节目，而且演出进行中没出现任何差错，这在今天也是很不简单的事。写到这里，想起了当年那些学员，她们该是年过 50 了，可能正在为她们孩子的学业操心着，她们会不会看到我的这段文字呢，会不会偶尔也会想起 40 年前在明洞市立剧场舞台上跳舞的情景呢？我如今回想起 40 年前的那段经历，可是历历在目啊！

我把那次演出节目单抄录于后，以帮助我们去回忆吧。

第一次舞蹈发布会节目单
金千兴韩国舞蹈发布会
出演者：门下学员
第一部分
1. 大鼓舞
2. 习作
3. 僧舞
4. 即兴舞
5. 稻草人
6. 渔夫日记
7. 农村风景
8. 宫女图
9. 农乐舞

第二部分
1. 彩球戏

2. 农村少女

3. 哞啰舞（婆罗舞）

4. 五月的姑娘

5. 牧童

6. 剑舞

7. 宝剑舞

8. 风俗图

9. 孝道

10. 假面舞

11. 牡丹满庭

演员名单

李淑嬿（梨花女大）　　俞仁姬（昌德女高）

金贞媛（昌德女高）　　金智铉（梨花女高）

金英玉（梨花女高）　　金学子（梨花女高）

金信月（中央女高）　　辛昌顺（中央女高）

郑玉姬（东九女高）　　李正子（东九女高）——"东九"为音译

金英淑（溪城女高）　　金明洙（溪城女高）——"溪诚"为音译

朴贞姬（舞鹤女高）

以下9名为小学学生：

朱然淑，金英淑，尹顺伊，李明姬，姜英姬，

李兰珠，郑弘子，朴贞烈，尹秀子。

主办：金千兴舞蹈研究所后援会

后援：国乐振兴会，韩国舞蹈艺术人协会

编舞，设计：金千兴

音乐：海磐乐会

灯光：千名植

时间：1956年7月3—4日

地点：市立剧场

在节目单上还有国立国乐院乐师长成庆麟先生的祝词《杰出而端庄的金千兴舞蹈》，和我的答谢词。

由于节目审查时，差一点没能通过，所以在那之后的排练中，真是卯足了劲，丝毫不敢松懈。这可能也是取得好成果的原因之一吧。演出没有出现任何纰漏，观众反映也超出预期效果。直到最后一个节目演完，我心中的石

头才落了地，学员们的脸上也露出了笑容。

2. 几件小事

发布会2天演出4场，可以说是圆满收场。东亚日报文化版刊登了赵东华氏评论文章，他综述了演出情况，对不足之处毫不客气地一一指出，对成功的部分，给予充分肯定，我很感激。其实在我心中的一个角落，对我们在开办研究所不到1年时间，能够把20个舞蹈，从编舞到排练并搬到舞台上，是非常引以为豪的。时间短，困难多，演出却获得圆满结果，这是非常难得的。

演出成功也解除了舞蹈协会方面的担心。国乐院的同僚像对待自己的事情一样，热心地为舞蹈伴奏，我很是感动。

说说发布会中的几件小事。跳"哼啰舞"要用大镲，声音太大，排练的时候，怕邻居们有意见，我们用厚马粪纸剪成圆形，拴上绳子，代替镲。本来镲子应该是黄铜的，可是到处去买，也没有买到，最后在洋铁铺定做了洋铁的，音响虽不理想，但是分量轻，拿起来轻松，也算是自有一得吧。

"牡丹满庭"需要用100朵假花，也难买到。就让美工师傅画了百余朵牡丹花的布景放舞台中央，只在其周围插上跳舞时需要数量的假花。

演出节目中"大鼓舞"、"彩球戏"、"牡丹满庭"都是在原有宫中"鼓舞"、"抛球乐"、"佳人剪牡丹"的基础上发展来的，为了日后不引起是非，有意改了名字。

舞蹈发布会后，正心情轻松地进行善后处理时，腰开始疼起来，以为是太累的缘故，仍然坚持着在国乐院和研究所两边忙碌着。4~5天下来，竟然疼得不能直起腰来走路了，这时才去了医院。大夫认为是疲劳所致，要热敷，充分休息。

釜山避难3年，回汉城后一段时间都是睡在地上，我想这是病根所在，一累就发了病。为治病，朋友许浩永，同僚金万兴，医生李钟述都给予了很多帮助，我至今感念不忘。

3. 举办舞蹈发布会遇到的困难

1955年到1978年开办舞蹈研究所期间，举办过多次舞蹈发布会，每一次都不可避免地要遇到一些困难。举办发布会，一开始碰到的就是选定作品和选定演员。特别是选择演员，这不仅关系到演出的成败，而且稍有不慎，会影响到学员情绪，甚至波及学员家长，破坏和谐气氛。因此，人选问题，每次都是我最花精力的事，我总是慎之又慎，不敢有丝毫马虎。我的选拔标准是，一看艺术才能，二看对作品的消化能力，三看资历和热情度，四也要考虑长相，第五和角色适合，都是经过反复斟酌，才最后公布。这样做的结果，还从未发生学生或家长闹意见的事，说明我和弟子之间情谊之深，和学父兄间关系之融洽。

演出成功大家都高兴，但也不是光有喜而无忧。每次演出所需经费如果没有后援和学员家长的支持，我个人是无论如何也承担不起的。尽管我们在运作过程中都是精打细算，如演员服装都由个人准备，只这一项就节省一大笔开支。可是每次发布会结束后，我面临的总是要偿还来自各方面的账单，每到这时，总是家里人出手帮忙，否则我个人是难以支撑的。

那么我为何一定要举办舞蹈发布会呢？我有自己的盘算，第一，我有一个野心，经过1年多时间和苦学苦练的成果，不能就这么毫无声息地埋没了，要展示出来，让人们看到；第二，我有一个心愿，让更多的学生被我们的舞蹈感动，从而扩大热爱舞蹈的队伍，让它在年轻的学生当中生根开花；第三，演出获得更多学生的支持，除剧场买票外，学生团体票是一笔可观的收入；第四，我当初开办舞蹈所的目的，并非是培养在舞台上表演的舞蹈家，只是为了教学生们跳舞，开发布会让她们展示学习成果，刺激她们学习的积极性，同时也取得更多家长的支持。有些大人们，对舞蹈并不关心，有的还反对。

还有一件事，心里很内疚，这么多年不能释怀。1959年发布会上演出了舞蹈剧《处容郎》，1969年演出了舞蹈剧《万波息笛》。已故的金基树先生为其作了曲，国立国乐院乐师为其演奏。后来这两个作品获得汉城市文化奖和艺术院奖，这荣誉作曲者和演出者都是有份的，可是当时经费紧张，没有付给他们一份酬金，哪怕是一杯薄酒也没有，想到这些，我心中的愧疚难以表述。

研究所的经费一直比较拮据，但我从不把着眼点放在钱上。有的学生学的好好的，突然不来了，我总要了解一下原因，如果是因为学费问题，我就会告诉他的家长，不要担心学费，只要孩子愿意学，尽管继续送孩子来。对困难的孩子，演出时，服装也有照顾。国乐人的孩子来学舞蹈，从来不收学费的。所以到现在为止，这些学生们和我还有联系，只要有机会，就来看我。

30年过去了，社会观念已有所不同，我那时教授舞蹈，只收取学费，举办发布会或者学生参加比赛，我为她们编舞，或把自己创作的作品让她们去跳，从未收取过费用。就是外部的学生来求教，或为考学，来找我学舞，也都是给多少就是多少，在钱上，绝不苛求。

过去演出在道具搬运上，也要花费很多脑筋，不像现在用汽车，那时用的是三轮车或手推车，大道具，如，跳僧舞的大鼓、鼓架，跳"佳人剪牡丹"

的道具"花樽盘",在制作时,就考虑到搬运时的困难,而做成可以当场拆装的。

现在有 10 多所大学里有国乐课,乐器店需求量增多,制造乐器的人也多起来。过去一直到 20 世纪 50 年代末,在汉城制作乐器的人屈指可数。预订一件乐器,交了预订金,讲好了交货时间,你仍然不能放心,中间要跑几次去催促,但却总是让你狼狈不堪,不到演出的最后一刻,别想拿到手。弄得你无可奈何,一种职业陋习,为此我不知吃了多少苦头。现在不会这样了,社会也不容许。

舞蹈所开办期间,举办多次舞蹈发布会,每次都是 2 天,每天 2 场。我总想让学生有更多展示的机会,而且我确信,每次演出后学生的成绩都有飞跃提高,真可谓,台下练十次,不如台上跳一次。

4. 出讲梨花女大

1955 年初春,梨花女子大学请我出任舞蹈讲师。原来的金宝男老师病了,这也是救急吧,容不得我不答应。我立刻去看望了卧病的金先生,向他说明,我可以代替金先生去讲课,一旦他病好,我就退出。

梨花女大是我 10 年前讲过学的地方,这是第二次来讲学,依然是当年老模样,前边有个幼儿园,后边高高的建筑是音乐堂。这次我从 1955 年开始一直教到 1964 年。值得一提的是,1961 年有 3 个学生修完了舞蹈学硕士课程,并举行了毕业演出,她们是洪贞姬(芭蕾舞)、陆婉顺(现代舞)、柳仁姬(韩国舞)。柳仁姬很早就移居国外,洪贞姬和陆婉顺留在母校任教,后来她们和学生们一起组织了"韩国芭蕾研究会"和"现代舞蹈协会",都成为韩国舞蹈发展的中坚力量。

梨花女大的舞蹈在当时还不是一个独立学科,是属于体育学院科目当中的。和现在教学制度一样,分芭蕾、现代舞、韩国舞三个部分,学生不分开,在一起学,三个部分的授课时间均衡安排。

上课时,以舞蹈为自己专业的和舞蹈并非第一自愿的学生,学习的劲头截然不同,前者积极热情,后者多练一会儿,就喊累。我对这些学生,总是那句话,课堂上不认真,到有一天需要的时候,就会悔不当初了。

我担任教学的韩国舞一周一次,第一学期教基本动作,习作谷格里舞;第二学期教"煞儿铺里(驱邪,跳神)",一年期间也就学到这个程度。可是我发现一周一次的学习时间,学生们光学不消化,很难达到预期效果。每个人虽实力不同,但没有一个人能把学过的舞蹈,从头到尾跳下来。不同学期,按计划教授不同的舞蹈,一周 100 分钟授课时间,学生不能把所学的东西全部掌握,这是个事实。以我了解的情况,这样的教育制度,一直延续到今天。我认为,大学作为培养专门艺术人才的地方,对这样的现实,应该引起重视。

在大学里学了4年舞蹈,毕业时,却一个完整的舞也跳不下来,看到这些,心中很是失望。无奈之余,就想到还不如利用4年时间把韩国舞不同种类的特征及其概况教给他们,如,宫中舞系列中的"春莺啭"、"剑舞"、"舞鼓";民俗舞系列中的"煞儿铺里"、"僧舞"、"农乐"、"假面舞",不同学期,依次讲下去。

那时没有录音机,只有美国和日本有,得到很难。在舞蹈研究所我们是靠杖鼓,随着鼓点跳。既然舞蹈所可以,学校里也应该是可以的,我把这想法提给学校,得到同意。

但是如果是今天买十几个杖鼓不是什么问题,可是那个时候,这可不是件简单的事,经费上不允许。想来想去还得自己想办法,我自己准备了几支鼓架,让韩成一老师到旧货店买来几个拳击训练用的沙袋,用它代替长鼓来练习敲打舞蹈的节奏。

舞蹈只是大学里体育学院学科中的一部分,学生中有舞蹈专业的学生,也包括部分第二自愿的学生。学到2~3年级时,学生人数会减少一些,到了4年级时,学生就更少了。记得1956年毕业时学生是8名,这是毕业生人数最多的。那8名毕业生中就包括洪贞姬和陆婉顺。

一次新生中有一名学生是地方上考上来的,毕业后她又回到故乡女校做了舞蹈课老师。一到假期她就跑来找我,要我帮助解决教学中出现的问题。她说,真后悔当初在学校时的不认真,否则不会遇到这么多的麻烦。我笑着回答说,看来今后放假时,你不用再往京城跑了,因为你已经知道后悔了。

七、成立舞蹈人协会

1. 韩国舞蹈艺术人协会和韩国舞蹈家协会

正在我忙于经营研究所的时候,一天赵勇子到国乐院来找我,说是要成立"韩国舞蹈艺术人协会",劝我参加。我也正想着这个事,为了事业发展,应该有一个组织,当时就欣然答应了。后来我忙于筹办发布会,又要兼顾国立国乐院和舞蹈研究所的日常工作,却一次也没去过舞蹈协会的办公室。学会内部逐渐产生了一些不谐和音,我竟不知道。我忽略了协会一方面是太忙,还有一个原因是协会内的一些会员对于我的年龄,和身体条件的不足,有些看法,对我作为舞蹈家不太认可。认为我因为学了宫中舞热心培养学生,举办了舞蹈发布会,却没有致力于成为专业舞蹈人。

我只顾埋头于自己的事,不知协会内部起了风波,在干部会上,发生了意见冲突,一些会员退出会场。几天后在"都下"日报上公布了退会会员名单。我当时很担心,后来知道这一切和我们没有关系。

那些退下来的一些会员立刻召开会议,成立了新的组织,这就是"韩国舞蹈家协会"。协会主要成员是,林圣男、宋范、陈寿芳、金白峰、金振杰、权丽星、李月影、朱莉、金顺星以及他的弟子,年轻的舞蹈新人,和几名评论家。

现在我们把"文化艺术团体总联合会"叫"艺总",当时是叫"文总"。"文总"的核心人物有,朴钟和、柳致真、尹逢春、徐恒锡、孙在馨、毛允淑、李轩求、金珖燮、异河润、朴进、白铁、金东里、赵演铉。

"韩国舞蹈艺术人协会"正式归属在"文总"之下。"舞蹈艺术人协会"遭受了突然的打击之后,有好一阵时间,未能恢复过来,好在有"文总"所属各团体的庇护与支持,进行整顿后,扭转了形势。整顿后的"舞蹈艺术人协会"的主导成员有,金海浪、金敏子、赵勇子、姜善泳、李仁凡、赵光、金润鹤、郑寅芳、郑舞燕、金百草、韩英淑、金千兴。

为纪念"8·15"光复11周年,同时庆祝正,副总统就职,"文总"在明洞市立剧场(前明洞国立剧场)举办了舞蹈专场。节目分三部分,小品集;"莲的哀歌"(毛允淑诗);舞蹈剧"新天地"(金珖燮诗)。

在我们舞蹈界,以诗为蓝本来创作舞蹈,不是今天才有,1956年演出的以毛允淑,金珖燮的诗,创作的上述两个舞蹈就是实例。那之后这样的作品还有很多。

上面的活动我都积极参加了。那个时期,我是"舞蹈艺术人协会"积极参与者之一。

2. 舞蹈艺术人协会的金润鹤

舞蹈艺术人协会和舞蹈家协会分别为两个独立的团体之后,各自积极地展开了活动。个人舞蹈发布会非常多,舞蹈家空前地活跃。如今回想起那一段时光,首先想起的是金润鹤氏。他是个人舞蹈发布会举行最多的一位,5~6年时间内,竟举办有10次之多,有人以他舞蹈发布会之多开玩笑时,他总是笑着说,那是因为我太爱舞蹈了,有什么办法呢!

金先生有一小女儿,叫美玲,人长得标致,身材好,舞也跳得漂亮,她一登台,观众都喜欢,为爸爸的舞台生辉,添光彩。听说每当主持人介绍说"这就是第二个崔承喜"时,总是会迎来全场的欢笑声。当时有两个小舞蹈演员跳舞出了名，一个就是美玲，另一个女孩叫裴淑子，不仅在汉城，连地方上都知道她们。

那时候，我国舞蹈界男的舞蹈演员非常少，跳外国舞蹈和跳韩国舞蹈的演员加起来，也不会超过10名。舞蹈追求美，柔，漂亮，一些男舞蹈演员常会在日常生活中，不自觉地流露出一些女气，连说话声音也如此。可是金先生身上，一点这样的味道也没有，性格随意，豪放，开朗。

后来听说他在敦岩洞经营了一所老人大学，他愉快地把自己的余生奉献给了这个事业。

3. 舞蹈家和评论家的矛盾

那一年的秋天，从"舞蹈艺术人协会"分离出去的"韩国舞蹈家协会"在市立剧场，举行了创立纪念演出。这是两个团体分开后的第一场演出。演出后有报纸称赞说，这是一场有创意，高水平的成功的演出。这倒是没有什么，只是不该在文章中，比较两个组织时，说出了谁是实力派，谁是非实力派这样的话语。写评论可以有自己的观点，但也没有必要这样写呀！就是现在回想起来，在我心中，这仍然是一个解不开的疙瘩。

文章执笔是赵东华（现《舞蹈》发行人）、金京钰（已移居美国）、金相华。舞蹈发布会之后，有关的评论文章是舞蹈人最关心的，这篇文章一出台，在舞蹈界立刻掀起了波动。受到称赞的一方当然无比高兴，被贬的一方当然不痛快。

还都后，1954年到1960年这7年时间里，举办了很多舞蹈发布会，每次之后，都会有评论文章，也都会有因为评论文章引起的不快之事。舞蹈家和评论家之间的关系很微妙，大家见面时你好我好，心里却一个解不开的结。时间长了，也会风言风语满天飞，什么评论界说好话是事先受嘱托，说坏话是关系不好……奇谈怪论，不一而足。

所以出现这种现象，原因是舞蹈界存在两个对立的协会，两个协会的会员之间常有一些不谐和音。评论家再介入，误解越来越深，问题更加复杂化。

从事艺术的人性格单纯，但固执，如能少指责他人，多一些自责，评论家写评论少一些偏颇，不带有个人倾向，一切就会平和得多。

尽管由评论文章引起了两个协会之间的不和，但是各自的事业，谁也没有放松。开办舞蹈研究所，组织舞蹈团，促进舞蹈事业发展，是一个比较活跃的时期。

1950年前后，马山、釜山、庆尚南道一带、舞蹈非常活跃，1954年他们来到京城，组成"韩国舞蹈艺术协会"，金海浪为会长，他兢兢业业工作了5

年，1958年，他辞退了会长职位，回到故乡马山，金敏子就位。我被任命为"舞蹈艺术人协会"事务局长后，正式负担起协会的工作。

这期间我感觉到，在我们音乐人中间有一种气息在悄悄流动。人们开始思考，虽然，我们所属的组织不同，可是我们同在"舞蹈号"这条大船上，我们的目的地是共同的，为了舞蹈事业的发展，本该是同甘共苦的战友。1958年秋，"韩国舞蹈家协会"终于归属到"文总"门下，分离3年的兄弟又走到一起了，尽释前嫌，舞蹈界又迎来一个活跃发展新时期。

4. 退出韩国舞蹈协会

两个团体归属在同一系统之后，合并的问题又提出来了，文总领导层、以及周围的一些人都在议论这件事。这时，我找到赵东华，提起合并之事，他也愿意促进此事，当场商定他负责舞蹈家协会，我负责艺术人协会。

事实证明我们的做法是合乎时宜的，当我把我们的想法提给舞蹈艺术人协会领导时，他们非常高兴，并立刻行动起来。赵氏那边也有了回音，对合并没有异议。这样我们再次碰头商量具体实施措施，提出3条：第一，两个团体无条件解散，成立新协会；第二，两个团体解散法案和合并方案，要经过会员全体大会议决通过；第三，有关合并的具体事宜，由两个团体的会员大会选出的促进委员会担任。同时特别强调，要在两个团体解散后，确认现有组织不存在的条件下，才能着手成立新组织。合并是双方的意愿，立即召开临时总会，解散两个协会，通过了创立新协会的议案，选出促进委员会委员。委员会共8名，双方各出3名，评论界2名，他们是舞蹈家协会的金白峰、林圣男、宋范；舞蹈艺术人协会的金敏子、金百草、金千兴；评论界代表赵东华、金京钰。

8人组成的促进委员会立即行动起来，在文总会馆召开了联合总会，会上决定新组织名称为"韩国舞蹈协会"；会长为陈寿芳；被承认的正式会员有，金敏子、金白峰、金百草、姜善泳、林圣男、宋范、赵勇子、郑寅芳、李仁凡、赵光、李月影、朱莉、金千兴等。其他舞蹈人以后议决，议定施行准会员制，会员资格二元化。

3年多混乱状态结束了，舞蹈人重新走到一起，舞蹈界迎来一个振兴局面，纷纷准备舞蹈发布会。经历了一段曲折后，才有了一个统一的组织，这组织到今天已走过30多个年头，它在不断地成长壮大。可是我却在途中因某种原因退出了。

"5·16"以后，有指令，对社会、文化艺术团体进行统合整顿，依据其部门别，名称统一为"韩国00协会"。根据指示，"文总"下属的一些团体开始解散的解散，组合的组合，改名的改名，纷纷行动起来。

舞蹈协会名称符合要求，不需改动，只是如何巩固和提高问题了。会员大会上对条例改进和任用人员进行讨论，提出新设评论分科，同时对人员构成做了重新选定。

在人员任用的讨论中，我什么职务也没有。我并不是有野心的人，但是我自认为，为了协会的成立我出了不少力，如今却什么职务也没有，心中有些郁闷。

会议在要不要设立评论部问题上，意见不能统一，最后休会。

后来，据说协会改编后，一个人不可跨两个组织，而我同时是"韩国国乐协会"会员。让我做出决断，我选择了"国乐学会"和"舞协"断绝了关系。

后来知道我所以未被"舞协"任用，是当时文工部在职干部金昌九提了意见，认为我同时是"国乐协会"会员，在"舞协"任命不合适。

5. 全国民俗艺术竞演大会

1958年8月15日是大韩民国政府成立10周年。新闻部在这一天举办了第一届全国民俗艺术竞演大会。这是我国有史以来没有过的盛事。全国各地都来参加，"南韩"的庆尚南道、庆尚北道、忠清南道、忠清北道、全罗南道、全罗北道、京畿道、江原道、汉城市；"北韩"的平安南道、平安北道、咸镜南道、咸镜北道、黄海道等13个道都有代表参加。全国各地民俗演员齐聚京城，展示他们的才艺，八仙过海，各显神通，是一次民俗艺术大展演。出演的项目有民俗游艺、农乐、假面舞、民俗舞蹈、民谣等。北部5个道是光复前就已经到南部移居的和光复后和"6·25"时期过来的一些居民，他们中的一些民俗艺术能人也积极参加了会演。每个道都有1~2个节目，如黄海道的凤山假面舞（重要无形文化财第15号），平安道的西道唱（重要无形文化财第29号），还有巫，这些都由"南韩"指定为重要文化财的项目，被我们永远地保存了下来，"北韩"那边如何，就不得而知了。

这次的民俗会演虽然是为了庆祝建国10周年举办的，但对于我国民俗艺术是个大促进。

竞演大会的5天里，奖忠洞一带热闹非凡，参加比赛的和观看演出的都涌向奖忠洞体育馆。

最后获奖结果是，庆尚北道队获综合优胜奖，授予大总统奖；黄海道的凤山假面舞获国务总理奖；农乐、游乐、民谣获新闻部长官奖。现在是20世纪90年代，从那时到现在30多年过去了，民俗艺术竞演没有停止举办，从那时起一直延续下来，可以说，它对我国民俗艺术的发展起到不可忽视的作用。

通过这些活动，流传在民间的民俗艺术被挖掘整理出来，得到展示推广，不仅在民间得以进一步发展流传，而且得到国家保护，被视为重要无形文化财，而永久保存下去。

因此，我认为，1958年民俗艺术会演的意义，怎样估量都不为过分。

它的伟大之处，还有一点也是不容忽视的，这就是对它的研究，光复前，可以说是没有的。几乎没有哪一位学者把它作为一种学问去研究过，而在这之后，学界和艺术界，才对它给予关注，并组织了研究机构，正式开展研究活动。以前只是有个别学者对它有过关心，至于真正地进行研究还没有，社会上，以及学术界对它的认识很是不足。但是说研究它的人一个都没有，也有点夸张了。我就碰到过一位，就是民俗艺术界屈指可数的先驱人物宋锡夏先生。他和李钟泰先生是朋友，我在雅乐部的时候他们常来，两个人一坐下来就聊起来没完，一说就是假面舞，巫俗等有关民俗方面话题。我隐约感到宋先生对民俗艺术很有研究。后来证实宋先生还在20多岁的时候，就对民俗文化产生了兴趣，光复前就组织了"朝鲜民俗学会"，发行了刊物《俗　朝鲜民俗》，同时参与"震坛学会"的创立，是《震坛学报》主力，光复后他想以自己收集来的文物，建一个民族博物馆，并一直在努力着。

光复前对于民俗学，没有把它作为一门学问去研究整理，光复后社会不安定，一时顾及不到它。是"全国民俗艺术竞演大会"引起了人们对民俗艺术的兴趣与重视。以"竞演大会"为契机，在汉城以及全国各地，开始重视对民俗艺术的挖掘，保存，传承工作。

我有幸亲临了那次大会，下面是我在那次会上的点滴见闻。

全罗南道那次参赛的节目是《强羌水越来》（女孩子手拉手围成圆圈边唱边跳的舞，也是一种习俗，要在正月十五和八月十五月明的晚上跳），光州女高80名女生参加，总监和艺术指导是池春相教授。

80个女孩子披着长发，手拉着手，在运动场里，围成圆圈，嘴里唱着《强羌水越来》，边旋转跳起来，开始悠扬而缓慢，渐渐进入高潮，随着欢快的歌声，旋转速度加快，这时有的女孩胶鞋脱落了，当演出结束，场中到处是女孩子们跳舞时甩掉的鞋子，观众们都笑了。我当时正坐在评委席上。后来她们吸取教训，出演时鞋子都用绳子系上。"强羌水越来"已被指定为重要无形文化财第18号。

汉城出演的节目是木偶剧，人躲在帷帐后说唱，木偶在台上表演。可是体育场太大，听不清说的什么，看起来自然没了兴趣，观众大喊叫停，甚至还有人扔石头，会场一时混乱不堪。现在想起来，不是演员没演好，怪就怪在当时音响太差，致使演出效果受到影响。

八、设置国乐科和韩国假面剧研究会

1. 德成女大最初设立的国乐科

我一生从事国乐事业，关心着国乐事业的发展，对有关国乐的任何一件事，我都是非常敏感。记忆中德成女子大学是最初设置了国乐科的。令人没想到的是，当时聘请的国乐老师竟是搞西洋音乐作曲的罗运荣和一位国乐教授张师勋。当年的秋天就由德成女大办了第一届全国初、高中和大学生国乐竞演大会。在大学里设置国乐科，光复前不可能有，光复后德成女大是第一个，而且是在避难还都后的第二年，这是非常不容易的事，作为国乐人，我是心存感激的。只是令人十分遗憾的是国乐科未能坚持很久，就停办了，真是可惜了。

尽管如此，那一次的学生国乐竞演大会，我却没有忘记，是因为演出的节目中还包括了舞蹈部分，我们研究所的学生也参加了演出，还得了奖。现在想起来，如果他们把国乐科接着办下去，而且再开办一个舞蹈科，定会培养出很多人才的。

汉城大学设置国乐科，是在这之后的1959年，晚了整整5年时间。德成女大虽然没有坚持下去，但他们挑头创办国乐科，这本身就说明他们是有先见之明，对其他学校起到启迪作用。

记得是1956年春天，金白峰教授举办了他个人及其弟子的舞蹈发布会"我们村里的故事"，在明洞市民馆举行。国乐院的乐师们担当音乐伴奏，我也在其中。我当时担当哪一种乐器的演奏，一点也不记得了，但是却记得他们研究所有一个大型音乐厅，设备非常齐全，我们研究所与之绝对无法相比。

金教授的发布会非常成功，几乎轰动了汉城舞蹈界，可惜那个时候连录音机都没有，没能把精彩的演出留下来。

2. 汉城中央放送局培养女国乐研究生

原来的京城放送局光复后重新改建为汉城中央放送局。工作中他们感到在节目编成，特别是在传统音乐方面有一定的困难，决定培养国乐研究生。首先培养女研究生，从高等学校毕业生中选出30名。讲师有成锦鸢教授伽倻琴；池英熙教授筚篥、奚琴、雅筝；李昌培教授京西道民谣；我教授舞蹈。

当时中央放送局在朝鲜日报社后边胡同里，没有专门给研究生上课的地方，只能今天在这个摄影室，明天在那个播音室换来换去。公开招募女子学习传统器乐、声乐和舞蹈，在我们国家，还是1910年庚戌国耻后的第一次，所以国乐界对此非常重视。当时还没有电视，为什么要培养舞蹈人才呢？这是为现场广播做准备的。舞蹈研究生中黄玉仙比较突出，她是第一届学生，长得漂亮，舞跳得好，国立国乐院演出时她必不可少，文化新闻部向国外派艺术团时，她也总被选拔上，她跳的"春莺啭"远近驰名。现在她也有50岁了，如今想起来，我仍能记住她的样子。姜正秀是当时负责培养研究生事务的工作人员，在长期工作中，对民俗乐、正乐都有所了解，工作关系很融洽。

培养女子国乐研究生工作持续了4年，到1962年止，共招募了两批学生，取得良好效果，多次参加现场广播和演出活动。这些研究生出身的人中，有好几位一直坚守着这个专业，有的还在大学里担任国乐课的教授。

1961年原来隶属于文教部的国立国乐院，改为文化新闻部属下，这就扩大了活动范围，在国乐院的演出和现场广播中，屡屡出现女乐师的形象。1910年以后的50多年时间里第一次出现女乐师，而且在这之后的10年期间，国乐院在演出时，除舞蹈找学生来表演外，还有意聘请女乐师参加演出。但是在那之后，国乐院没有再招收女研究生，从1965年起录用过国乐院养成所出身的女乐人，同时废止了原来的研究生制度。

3. 创建韩国假面剧保存会

1958年"民俗艺术竞演大会"之后成立的第一个研究团体就是"韩国假面剧保存会"。发起人有任晳宰、柳致真、梁在渊、李杜铉、李珠焕、李保罗、李惠求、成庆麟、金振玉、李根成、金成大、崔满麟、崔贤、金千兴。1958年8月28日在国立国乐院的佾韶堂开会，"韩国假面剧保存会"正式成立，选任晳宰先生为会长，推选柳致真，成庆麟，李保罗，李杜铉，李惠求，金千兴为常务委员。

会上商定第一个阶段研究工作的重点为，黄海道的"凤山假面舞"，京畿道的"扬州别山台"，庆尚北道安东的"河回假面剧"，庆尚南道统营的"五广代假面剧"。计划是定下来了，经费却没有着落，靠我们这些国乐人和大学教授微薄的工资，是绝对办不到的。这事如果在现在就好办多了，那个时候伸手去讨的地方都没有。

正在大家一筹莫展之时，李杜铉先生通过反复交涉，亚细亚财团答应以事业补助金方式，5年期间，每年发给一定数额补助金。有了钱就有了活力，我们立刻按既定方针开始行动，台词的收集整理；假面、服装、道具的制作；

假面具原型的复制；举办实技讲习会等。

我们首先选择可以在汉城进行的工作开始，召开第一次凤山假面舞讲习会和有关凤山假面的研究调查工作。讲习会的会场仍然在国立国乐院的佾韶堂。国乐院为我们提供一切方便，以保证我们能在5年之内顺利完成任务。

参加假面剧保存会活动的这段时间，是我舞蹈生涯中最为重要的一段时期。假面舞对于我来说，完全是陌生的，要了解它，必须走进它的世界，甚至学会它的全部表演动作。我发现当我走近它时，我的舞蹈视野在扩大，而且为我后来的舞蹈创作，找到了很多好的素材。后来我还以学到的一些东西，开过凤山假面舞发布会，还以生涩的舞步，跳过凤山假面独舞。

假面舞保存会举办实技讲习会的目的和宗旨，是想让更多的专业舞蹈演员参加进来，学习掌握这些假面舞，从而使其得以传承和发展。可是讲习会一开，才发现，只有2~3名专业舞蹈人士来旁听，来学舞的只有几名助教。我们四处去动员，仍无效果，后来连那几位助教也不来了。我们良好的愿望就这样化为泡影。尽管如此，我并不灰心，我们的传统舞蹈经历曲折走到今天，我们必须让它继续走下去。艺术之涯无止境，绝非一朝一夕之事，活到老，学到老，假面舞是这样，其他任何艺术也是这样。跳舞不能单凭趣味，更不能把它当做是动作的模仿，以为学会了动作，就可以跳了，这是谬误。舞蹈者的一举手、一投足、一转身、一耸肩，都不是一个孤立的动作，跳的人投入的是全身心，"哦尔西咕早嗒！"（舞蹈时，发出的助兴词）它发自舞者内心，宣泄着心中的喜悦。舞者，观者感情交融，才有共鸣。这种土生土长的舞蹈，如经舞蹈艺术家去演绎，将进一步升华，只是我们需要认真去体会它，读懂它的舞蹈语言。我认为，借讲习会之机，既学习了一种舞蹈，又为保存传统艺术做了贡献，岂不是一举两得！

讲习场所在国立国乐院佾韶堂，时间1个月，公休日除外。具体工作是台词的采录，假面制作，服装和道具制作等，分工负责，5年期间，分项轮流进行。投入工作的一些专家是，凤山假面舞有，金振玉、李根成、尹昌锡、闵千植、金龙益、朴东信、金裕庆；扬州别山台有，金星泰、朴俊燮、朴相桓、金成大；北青戏狮子有，尹迎春、马厚燮、马义洙、董泰善、边永镐等。

假面制作时的情景我还记得，我看过尹迎春老先生制作北青狮子假面的过程。假面成型后，先用石膏制一原本，再用水泥制模型，有了模型就可以做假面了。

河回假面舞讲习会没有开成，好在假面原本做出来了。崔满麟教授亲临现场考察时，发现了河回假面。1960年代初，颁布了无形文化财保护法，假面剧保存会认为，可以把河回假面指定为民俗工艺方面的文化财，其假面可放在国立博物馆展览。这样就出现了前边的一幕，李斗炫教授为此颇费了一番周折，最后把河回假面具放进博物馆，复制品送回河回村。

假面剧保存会经过一番努力，做出来河回假面、扬州假面、北青狮子假面的石膏和水泥模型，只是凤山假面没做，原因是大多数会员认为，凤山假面的面具与原来的相比，变化太大。

假面剧的研究，1958年为起点到现在，逐渐引起学者关注，论文、著述不断涌现。

韩国假面剧的研究工作已遍及全国各地，韩国假面剧保存会改名为假面剧研究会，现在仍然在活跃着。

4. 舞蹈教育研修讲习会

光复后，一直呼吁舞蹈教育要纳入正规，这样就面临舞蹈教授先要接受培训的问题。20世纪40年代末，开始出现舞蹈讲习会，并日趋活跃，建国10周年大庆，进一步显示了它的作用。为适应发展需要，根据文教部的方针，在文化团体总联合会的主持下，由韩国舞蹈艺术人协会承办了全国舞蹈教师实技研修讲习会组织工作。参加讲习的是初中、高中、高等学校的老师，讲习会授课内容作为文教部实施研修的科目之一，要看成绩，记考核，所以，教课的人和学习的人都十分认真，学员出勤率非常好。

当时，在全国，汉城、京畿、江原、全罗南道四个地区设了讲习会。汉城讲习会设在国立国乐院讲堂，京畿道设在银川，江原道因距离远交通不便，设在了敦岩洞大韩民俗艺术学院，全罗南道设在光州守昌国民学校。出讲老师是金宝男、尹锡运和我，讲习会期为10天。

1942年，我去过一次光州是随京城日报社慰问团去的。1958年是舞蹈讲习会的关系，我再次去了光州。早春时节，天还有些冷，从汉城坐夜班车，天亮时就到了，到市里找到一汤屋准备先垫垫肚子。在汉城这种所谓解酒汤不是血豆腐就是牛骨头做的，而这里卖的是鳕鱼汤，买了一碗，味道果然不一般。一问才知，他们是将新鲜鳕鱼头和骨先熬开，再往汤中放牛肉，调料，反复熬煮而得。后来每当我想到光州的这段经历时，首先想起的，就是美味的鳕鱼汤。

30年前的往事了，参加讲习会的人也该60多岁了，如果能看到这段文字，也会想起年轻时的那段时光吧！

1958年，建国10周年，政府方面以及下属各单位都在为纪念活动而忙碌着，我们韩国舞蹈艺术人协会却同时进行着几件工作，一个是舞蹈教师的讲习会，一个是"3·1"纪念活动。31年前，在汉城钟路区塔骨公园的八角亭上，宣读了"3·1"独立宣言，今年我们准备在那里，举行舞蹈演出，以示纪念。由尹锡运、朴乙民、林乙波和我四个人负责。当时我的舞蹈研究所就在塔骨公园北门旁边的一个2层红砖楼，正好做了我们这次活动的办公室。我们准备的节目有，诗朗诵，由林乙波、朴乙民的弟子，以现代舞形式伴舞；我们舞蹈所的研究生出演韩国舞蹈"僧舞"、"哼啰舞"。

公演那天，按照预订时间演员们都聚集在八角亭旁。天公不作美，突然乌云密布，雷电交加，下起了瓢泼大雨，还夹杂着冰雹，观众躲进八角亭，演员们躲进我们的办公室，衣服都湿透了。万幸的是，雨很快就停了，演出开始晚了一些，但还是很成功的。

1959年末，我们舞蹈研究所举办了第二次舞蹈发布会，反应非常好，随后研究生更大大增加。1961年在乙支路1街的圆觉社，为我的弟子们举办了发布会，仍然取得辉煌成果。这些成果鼓舞了学员们的士气，研究所的名声大振。这时我就想借此士气，做点好事。想到以前曾有去煤矿，工厂慰问的经验，就有了去教导所慰问的想法。当时汉城有两个教导所，一个在西大门，一个在麻浦，准备先去西大门教导所。通过有关派出所取得法务部许可，才和教导所联系，征得了同意。有车来接，除学生外，还有乐师和学生家长们。在教导官引领下，通过戒备森严的大铁门，直接到了大礼堂，舞台前整整齐齐坐满服刑人。慰问犯人对我来说也是第一次，我默默观察着他们的表情，他们好像对小一点的孩子的表演更感兴趣，看到高兴处，他们也会大笑，鼓掌，但我同时看到有人低头抹眼泪。是在想念他们的孩子和亲人吗？或许是悔恨的眼泪吧！

走出教导所大门，我心中想着，对教导所的慰问演出，到此为止吧，不可再来。可是，1991年春天，国立国乐院又组织了一次到教导所的慰问演出。时隔30多年，头脑中又浮现当年情景，无限感慨！

九、成立大韩民俗艺术院

1. 辞退大韩国乐院理事职务

20世纪40年代末，我在大韩国乐院任舞蹈指导，工作尽心尽力，学员也比其他部门多，学员越多，我的工作也越来劲。可是几个月下来，拿酬金时，发现钱少得可怜。由于我的工作出色，才赢得学生的欢迎，而且放弃了其他赚钱的机会，全身心投入到这里的工作，却未得到应有的重视，心里很不快。我把工资袋当场原封不动退给当时的院长朴宪峰，就走了。这件事后来在釜山避难，与朴院长再次重逢时，也就化解了。

1953年回到汉城后，大韩国乐院又因补助金问题发生了纷争，群众对补助金的使用，产生疑问。最后竟闹得朴宪峰不得不退出院长职位，而由金演洙代替。事情闹成这样，我很寒心，最后决心离开大韩国乐院，我主动辞去理事职位。离开大韩国乐院后，再没有去过。后来知道，当时离开大韩国乐院的不光是我一人，还有人也离开了。

2. 成立大韩民俗艺术院

民俗艺术竞演大会之后，全国上下掀起一股民俗艺术热。在这股潮流冲击下，在大韩国乐院退出来的一些人商量再组织一个团体，名为大韩民俗艺术院。1959年2月，他们联络我参加。开始我有顾虑，怕两个目的相同的组织会产生矛盾。后来经多次劝说，就答应参加了。

"国乐界" 1959年7月号刊登了大韩民俗艺术院组织成员名单，转录如下：院长　郑弘巨、副院长　李根成、总务委员长　朴廷弘、计划委员长　朴晃、组织委员长　朴在敏、宣传委员长　李保罗、事务处处长　许铭、总务处处长　李泰鹤、院委员长　金光植、民俗乐器分科委员长　李忠善、民俗乐作曲分科委员长池英熙、民俗乐舞蹈委员长　金千兴、假面会分科委员长　金英奎、木偶剧分科委员长　赵重轩、民俗乐分科委员长　李龟永、民俗美术分科委员长　金瑞凤、民俗文学分科委员长　林秀逸、民俗演艺分科委员长　郑得晚、民俗声乐分科和农乐分科人选空缺。其中专业人员大部分是大韩国乐院会员，参加成立大会的也都是国乐院在籍人员。第一任院长郑弘巨是庆尚道人自由党时期当过青年部部长。他之所以加入，是因为他喜欢国乐，选他为院长，是考虑到财政后援和他有自由党这层关系。

民俗艺术院办公地点设在钟路区乐园洞塔骨公园东门旁。果然像我担心的那样，牌子一挂出去，就引出来自大韩国乐院方面的种种非议。一是，自己的会员不该又组织一个同类组织；二是，更不该的是，现有的会员也陆续去参加；三是，谴责尹炳瑢，作为国乐院事务局长，竟以民俗艺术院事情为重等等。

面对这些质疑，民俗艺术院只能以沉默相对，一步步，按计划做好自己的工作。

3. 半岛剧场开馆纪念演出时民俗艺术院遭遇的困境

民俗艺术院成立没有几个月，郑弘巨院长就退出了，曾努力让同是自由党的国会议员李存华继任，但李因忙，不能经常参与工作，而未成，最后让我以总会会议长名义，临时主持各项会议。这期间，钟路3街新建的半岛剧场和我们约好，一起为剧场开馆举办一场纪念演出。艺术院刚刚成立，让所属团体3个月时间把演出节目准备好，还是相当紧张的。但是我们还是准备好了，没想到在办理演出许可上遇到麻烦。

警察署规定，办理演出许可证，要有所属单位推荐和五者协议会（剧场人联合会、演艺团体联合会、演剧人协会、电影人协会、音乐人协会）的认可。这给我们出了难题，第一，大韩国乐院对我们本来就是仇视的，怎么能予以推荐，其二，和5个协会还没建立任何关系。

想来想去找不到好的解决办法，最后只好采取迂回战术，让我们的会员找到对方关系好的去做工作，先了解他们的想法，再想办法解决。他们竟提出让他们最反感的尹炳瑢总务理事辞职。我们的一些团员为准备节目，已经忙碌了3个月，如不能演出，工夫白费了不说，经济上也是不小的损失。大家讨论的结果，不得不让尹事务局长辞退，但仍保留联系。又经几番交涉，终于获准演出。

但是演出很失败，给出资者带来很大损失。演出不成功心中很不是滋味，但总算演完了，多少天以来压在我身上的一个大包袱，总可以卸下了。但是这之后，民俗艺术院演出的事，我是连想都不敢想了。

4. 大韩国乐院和民俗艺术院合并问题上的纠纷

大韩国乐院上边有新闻部、文化团体总联合会、五者协议会的支持，下边所属各团体也非常活跃，参加政府和各种组织活动的机会多。相反，民俗艺术院这边就冷清多了，民俗艺术院虽然也取得法人团体资格，但上边无可依靠，搞活动受各方制约，处境十分艰难，所能做的也就是，某个会员开个人作品发布会时，给予一点支持而已。我1959年第2次舞蹈发布会，就是以大韩民俗艺术院名义举办的。民俗艺术院成立1年多，没做出什么业绩，困难却没少经历。

经过一段时间，冷静地想一想，既然是目的相同，又何必互不相让，争执不休，特别是经历了半岛剧场演出之后，更深切体会到没有后援，没有关系的苦处。

正好这时主管当局也透露出希望两个组织联合的意愿。正好借坡下驴，两边都积极行动起来。但是在合并的形式上双方又顶起了牛。要合并不外两种办法，一是各自解散后，成立一新组织；一是一个将另一个吸收进来。国乐院主张后者，艺术院则认为我们也是具有法人资格的团体，双方为平等地位，要解散，两个团体都解散，才能对等走到一起。双方为此争执不休。

最后认为艺术院方面意见更恰当，即以同等立场实施合并。我在 1959 年，曾亲自参与过舞蹈艺术人协会和舞蹈家协会的合并工作，就依据那次的经验，提出一个方案，两个团体先召开全体会员大会通过解散决议，再选举出合并筹备委员会，然后关于合并的有关事宜，全部委托他们去办理。提案得到认可。

国乐院方面的筹委会成员，我不记得了，艺术院这边的是李根成、金光植、朴贵姬、池瑛熙、成锦鸢、金千兴等。

开会的那天除我们两方代表外，还有演艺团协议会，剧场联合会的干部，会议由演艺界出人主持。按预订计划，双方代表先向会议报告了选举合并筹委会和通过解散法人团体决议案的情况，接下来进入有关合并议案的讨论。可是，这时林和秀会长突然抢过主持人的话筒，表示有话要说。他发言的内容仍然是强调，大韩国乐院是有历史根基的，光复后到现在做过很多事，而民俗艺术院成立不过 1 年，不论从哪方面说，都应该是民俗艺术院归并进大韩国乐院里边来，而不是合并。他说他是站在中立的立场上提出这些意见的，会议应对其进行充分讨论，然后再谈合并之事。

瞬间局势起了变化，看来对方是有备而来，会场一时陷入沉默。我抢过发言权，我认为，双方均为同等的法人团体，无所谓成立的时间前后，都具有同等权力。解散各自的团体，再组合新的组织是双方商定，并已在今天会上宣布，怎么可以因为林会长一席话而改变。如果按林会长意见，那么双方不是合并，而是归并。这样原则的问题，我们筹委会委员无权作出决定，必须从新召开全体会员大会讨论。

我的发言合情合理，从国乐院方代表们的脸上可以看出他们有些慌了，会场上气氛有些紧张。这时候，我们这边代表如再有人站出来支持一下，局面说不定会有所扭转。可是，我焦急地等着，却没有人肯出来说句话。我失望之余按捺不住心中气愤，站起来，离开了会场。回到筹委会办公室，拿笔写下一辞呈放下，回了家。

那以后我再也没有去过民俗艺术院。后来听说我那天离开会场后，他们又讨论了一阵，没能做出决定。我听后，心里稍稍宽慰一些。

5. 经历 1960 年的动荡时期

与民俗艺术院断绝之后，我一心扑在国立国乐院和舞蹈研究所上。当时国内正经历一场动荡。由于 3·15 的不正当选举（1960 年韩国第四届大总统选举，李承晚当选大总统）引发全国游行示威。这时在庆尚南道马山海边，又打捞出金朱烈的尸体，群众情绪进一步激化。谴责不正当选举，要求新政府下台呼声强烈。4月18日，汉城一整天游行示威活动不断。傍晚时分，当高丽大学师生在回校路上，走到钟路4街时，遭遇事先埋伏在那里的李正宰和林和秀一派人的袭击，他们用木棒和铁管，对学生大打出手，当场就有数人死亡，众多人负伤。第二天，4月19日，即爆发了起义。接下来是李大总统集权下的自由党政权的崩溃，民主党政权的崛起。当我知道4月18日晚惨案的主谋是林和秀时，真是吃惊不小。到这时，我才明白了那天的会议上为什么我方的代表缄口无言了。

关于两个组织合并事，因为有上述种种事的发生，而搁浅。后来民俗艺术院由在野党国会议员金善太任院长。1961年，5·16革命之后（军事革命，掌握了首都，建立了军事革命委员会），共和党政权进入，按照文化艺术各团体要合并的方针，大韩国乐院和民俗艺术院各自解散后，从新成立一个新的大韩国乐院。

1962年，政府方面又提出艺总下属各团体均要改名为协会。大韩国乐院改名为大韩国乐协会，并一直沿用至今。民俗艺术院现由尹炳瑢理事长领导，以艺术研究团体重新注册，也是千辛万苦地维持到了今天。

第 四 部

一、第一次获汉城文化奖

1. 第二次舞蹈发布会

我的第一次舞蹈发布会1956年举办,当时兼职多,但对舞蹈研究所我一点不疏忽,教学十分认真。同时对舞蹈观摩机会从不放过,只要有演出,再怎么忙,也一定去看。我认为这可以扩大视野,是很好的学习机会。

第一次发布会演出的全部为舞蹈小品,第二次演出节目中,包括了我自己创作的舞剧《处容郎》。它取材于神话"处容郎",早在新罗时期以此为题材的"处容舞"就已存在,现在我把它编成3幕5场的舞剧,请竹轩金琪洙先生为舞剧谱曲。我们合作的方式采取先有舞蹈后配音乐,而不是根据乐曲编舞的方式。因为我觉得让金先生根据脚本去写曲子,不如我先把舞蹈编出来,双方经过沟通再写曲子的办法更好。我会把自己的构思和想法,节奏和速度以及变化的要求,提给金先生去思考。

我同时在舞台的设置、转换上,也动了一些脑筋。按照惯例,每一幕结束后,都必须拉下大幕,幕后舞台工作人员在忙碌着;幕前观众对着大幕呆呆地等。我想改变这一现象,换场时,演出不间断,舞台不留空白。我的做法是,一场完了,放下中幕,中幕前演出在继续,中幕后准备下面的场景。我的做法很成功,受到好评。

《处容郎》第一幕,新罗第49代王宪康王在东海岸蔚山海边观看宫女跳的"无碍舞",突然电闪雷鸣,狂风大作,原来是老龙王要求在这里给他建一寺庙。王答应后,立刻风平浪静。龙王率儿子为王献歌舞,王率龙王儿子处容和臣下退场,婚庆队伍舞蹈场面过场后;第二幕开始,在皎洁的月光下,村里的姑娘们在跳舞,处容上,和姑娘们一起跳舞后退下,姑娘们随下,独舞过场,处容郎家房前,处妻和一臣子共舞后进房间,处容窗前看到两人相互爱抚的情景。臣出来看到处容郎，向其赔罪，处未生气，接受赔罪，继续跳舞下场，众臣群舞过场；第三幕，为龙王建的望海寺建成，王亲临落成典礼，典礼上转塔、法鼓、蝶舞（僧舞之一）、打柱（蝶舞之一）、哼啰舞、轮番上场，大团圆结局。

舞剧全长 40 多分钟，音乐和舞蹈从序幕开始，其间几次幕起幕落，到最后结束，从未间断，没有空白。乐曲全部是新创作的，演奏员多达三十余人，这在韩国舞蹈史上是空前的。

当时的舞台装置，没法和现在相比，要做很多布景，我请了舞台设计师金贞桓氏。壮观、华丽的舞台背景让人惊叹。

第二次舞蹈发布会分上下两部分，上半场 11 个舞蹈小品；下半场舞剧《处容郎》。舞蹈演员 30 余人，全部是我们舞蹈研究所学员，有小学生、中学生和大学生。

2. 获汉城市文化奖

我的第二次舞蹈发布会举办时，正是我在大韩民俗艺术院期间，因此是由民俗艺术研究院名义举办的。但具体操作全是我一个人。

编写脚本、组织编曲、服装设计、小道具制作、舞台装置、场次安排、音响、照明、甚至演员化妆，全是我一个人去操持，这在今天几乎是不可想象的。

值得庆幸的是，演出取得非常好的效果，舞剧《处容郎》1959 年被推荐为汉城市文化奖获奖作品。1960 年正式颁奖。由于当时汉城市文化奖还没有把舞蹈包括进去，所以是戏剧文化奖。在舞蹈界得文化奖的人，我是第一个。

当时是没有奖金的，有一奖状和一个纯金奖章。受奖那天傍晚，在钟路区一个中国餐馆，大韩民俗艺术院为祝贺我获奖，举办了宴会，当然费用由我承担。

3. 对演出的评价

1959 年 12 月 9 日，《东亚日报》刊登了赵东华氏的一篇评论文章《十足的韵味，成熟的美》。文章中，对三幕五场舞剧《处容郎》给予充分肯定，认为舞剧给过去的 1 年划了一个圆满的句号，预示一个新起点的开始。处容的扮演者更是给人留下难忘印象。洗练的舞姿把我们韩国舞蹈的韵味，即兴的美表现得淋漓尽致。音乐效果得到充分发挥，在它的衬托下，舞蹈更为辉煌华丽。文章中对孩子们参加演出，会不会影响演出的品位，增长孩子们虚荣心等，提出了个人看法。

衷心感谢他给予充分肯定和过高的评价，也感谢他率直的忠告。

4. 举办古典舞剧发布会

第二次舞蹈发布会后，仍然要为还清债务等事，伤一番脑筋，但演出受到好评，又得了大奖，心情还是非常好的。紧接着又开始计划专为学员们准备一场发布会。准备演出两个古典舞剧，一个是演出反应不错的《处容郎》，一个是《春香传》。仍然像上次发布会时一样，换幕时，不留时间空白，另准备两个舞蹈小品。《处容郎》由高等学校学生演出；《春香传》由低年级学生演出。

《春香传》也是三幕五场：

1. 广寒楼前，李梦龙与成春香相遇；
2. 春香家里，两人深情相爱；
3. 五里亭，两人话别；
4. 新官上任，春香投狱受刑；
5. 李御史与书童房子途中相遇；
6. 御史出面救出春香。

演出场所在圆觉社。这是新闻部 1958 年新建的剧场，地址在乙支路 2 街，圆觉社是我国最初的一个剧场的名字。那个时候除明洞市立剧场外，还没有其他大剧院。圆觉社只有不到 300 个座位，但设施完备，剧院该有的设施，应有尽有，是舞蹈演出的理想场所。

可惜的是 20 世纪 60 年代初，因电器事故，整个毁掉了，只剩下高高的大门。后来把门移到位于秘苑前的国立国乐院正门的地方，竟然十分协调。有好几年时间，我上下班都是在它下边走过，1968 年国乐院搬到奖忠洞，可是它的样子，留在了我脑海里。

这一次的演出是 3 天，参加演出的学员，高等学校的学生 21 名，小学生 34 名。音乐伴奏请的是海磐乐会和民俗乐团。

这次演出期间，我因过累晕倒了。那是圆觉寺演出的第二天早上，起床正洗漱时，突然晕倒，醒来时已在医院，诊断结果是，贫血加上过度疲劳。因为演出未结束，当天下午就又去了剧场。3 天演出圆满结束。

5. 东亚日报社主办的新人舞蹈发布会和全国舞蹈会演

1959 年我在梨花女子大学讲课期间，每年春天毕业生毕业前，舞蹈专科的学生都要经过舞蹈表演考试。四年级学生从学期开始就开始准备。考试中优秀的作品，还会被推荐到毕业生作品发布会上去演出。

当时，应朴外仙教授委托，为她的学生金英玉编一个舞蹈，叫《烛光》。舞者身着白衣，头上一朵红花，象征火花，随优美的音乐，烛火点燃，慢慢变成一朵盛开的火花，舞者被陶醉，忘情地跳着，突然一阵风，烛火摇摇晃晃，经奋勇抢救，重新闪亮，舞蹈在欢乐中结束。

舞蹈被推选到毕业生作品发布会上演出，我很欣慰。

这时东亚日报社正准备举办"新人舞蹈发布会"。那时候大学里还没有单独的舞蹈专科，舞蹈专业包括在体育系里，每年都培养出相当数量的舞蹈人才。这些学生在学校时就开始在校外跟随导师学习并参加演出。所以虽然是学生，都已具有相当实力和演出经验。我的学生中被选出参加"新人舞蹈发布会"的有，表演"烛光"的金英玉等多名。发布会上金白峰和我跳了僧舞，宋范和林成南也分别表演了舞蹈，算是特别出演，以示声援。

6. 第一届儿童舞蹈发布会

1960年"新人舞蹈发布会"后，又连续举办了几年，对舞蹈界起了很好的推动作用，发布会上推出的一些优秀舞蹈家，现在是韩国舞蹈界最活跃的中坚力量。更应该提起注意的是，1964年开始，东亚日报社还举办了"全国舞蹈会演"，到1994年，已经举办了24届。这一活动更是极大地推动了我国舞蹈事业的发展，从舞蹈会演中走出来的年轻演员正活跃在我国舞蹈界的第一线上。

30多年来东亚日报社为我国舞蹈事业所做的努力，作为舞蹈界的成员的我们对此深怀敬意，同时希望"全国舞蹈会演"能永远继续下去。

组织演出不是一件容易的事，但是看到每经一次演出，学生都会有一次飞跃的进步，就觉得再苦再累也是值得的。正是基于这一点，1961年我组织了"第一届儿童舞蹈发布会"，尽管我知道，演出后总有一个艰难的收尾工作等着我，这是一个炼狱之门，只要打开就是无尽的辛苦与劳累，可是我还是毅然地打开了。

演出分两部，前半部有"舞鼓"等9个舞蹈小品；后半部是5幕15场舞蹈剧《春香传》。演出场所在进明女高讲堂——三一堂，30名学生参加。音乐由民俗合奏团担当。

7. 第二届儿童舞蹈发布会

圆觉社和三一堂的演出都非常成功，来研究所学舞的学员不断增加，学习气氛非常活跃。我又把苦和累全忘光，又筹划举办了"第二届儿童舞蹈发布会"。

这一次的节目编排，注意到符合儿童情趣。第一部分14个节目中，有10个是描写儿童生活的；第二部分是由15个舞蹈组成的三幕十五场儿童剧《黄菊、红菊》。演出在1962年4月25、26日举行，每天日、晚2场。地点是国民会堂（前国会议事堂，现市民会馆别馆）。国民会堂作为演出场所，我记忆中这是第一次，能在那里演，多亏了韩国国乐协会大力协助。有20余名孩子参加了演出。演出依然大获成功。那次参加演出的孩子中，只有金香今仍在国立舞蹈团从事舞蹈活动，我想可能正是有了那次的演出，才促使她走上了舞蹈之路吧！

演出结束后，有来自各方称赞，我对这几年举办的由我的弟子们出演的舞蹈发布会也感到很满意。

可是在演出后的一些评论中，对以我的名义举办的演出却把孩子们推到前台去表演，有议论。其实我这样做，是有自己的想法的。那个时候还没有早期教育的说法，但是要想培养出优秀的舞蹈人才，必须从小抓起，所以分别为我的研究生学员和儿童班学生举办发布会，以引起重视。

二、第一次美国之行

1. 韩国民谣研究会——为在日侨胞慰问演出

20世纪50年代初，以京畿西道唱的女艺人为主要发起人的"民谣研究会"成立。当时，京畿道唱的男艺人们经常借用李昌培经营的"青丘声乐研究所"进行活动，那里成为他们活动的据点。而韩国民谣研究所却一直没有一个像样的地方进行活动，因此所谓成立，也仅是挂了一个名。她们的会员阵容很强大，有李小香、墨桂月、李银珠、安翡翠、金玉心、沈明花、卢银花、韩贞子、池莲花、梁玉、池花子、崔爱子等。

1962年末，在安翡翠的好友，在日侨胞郑云井氏的斡旋下，组成了一个演出团赴日本，为在日侨胞做慰问演出，我也随团去了。参加演出团女演员是墨桂月、李银珠、安翡翠、金玉心、沈明花、朴贞淑、李银美、闻明花、柳善女、白今女、全金子、郑在嬉；男演员是，李忠善、徐公哲、金恩山、许浩永、张笑八、金千兴等。最初有一个节目是朴楚善和张笑八合演的，盘索里和唱剧《春香传》中春香和李公子唱《爱情歌》的一个场面，可惜中间朴氏退出而取消了。

光复后和日本多年没有往来，对在日侨胞和日本人民的爱好和口味，已不了解，给我们选定节目带来一些困难。想来想去，想到了"八道民谣祭典"，从那里边找到那些引起难忘的记忆的地方民谣，广泛流传过的舞蹈，同时，还特别注意到京畿道民谣。舞台演出方面交由张笑八和白今女负责。节目中间以单、双口相声串联，以活跃气氛。

按照计划开始准备，在准备过程中，最受累的，恐怕就是我了。要教会年幼学生跳僧舞和杖鼓舞，教那些对舞蹈一窍不通的歌唱艺人跳煞儿铺里（民俗舞一种，驱邪巫舞）、剑舞、小鼓舞、假面舞。我教了这么多学生，从没感到这么吃力过。多少年后我和她们再相逢时，总会讲起那一段的经历，每次都是捧腹大笑。

这次去日本，我还是第一次乘飞机，从金浦机场起飞，羽田机场下，再乘车到东京市内。40年前我为录制唱片来过，现在有了奇迹般变化。汉城经历"6·25"后，到现在都未能完全恢复，而日本战败仅17年之后，其恢复之快，变化之大，简直到了令人吃惊的程度，看不到一点战争痕迹，街道上干干净净，一切井然有序。不光是东京如此，我们逗留期间到过的其他城市也一样，高层建筑林立，高速列车四通八达。东京的地铁如蜘蛛网般，还有高架城铁和高架道路，把整个城市连接了起来。可是在韩国不要说地铁，通向南大门的太平路的地下通道，修起来就那么困难，对比之下，心中很不平静。路过"银座"，今天的"银座"和40年前的"银座"相比，也大大改观。去了火车站，排队买票的人秩序井然，公共汽车站上也如此，人人遵守秩序，对日本人思想意识之高，不能不佩服。

一次去了福冈市，第二次世界大战末期，那里曾遭遇原子弹，一片火海，死人无数。我们去时，现场周边用铁栅栏围了起来。曾经给我们民族带去不可磨灭的苦痛的他们，对因为历史的错误而遭受的惩罚，并没有想掩盖，而且要恢复重建，对他们那种顽强的意志，还真不能不佩服。

我们演出团所到之处，无不受到热烈欢迎。我们到冈山时，那里侨民团的干部们出来迎接我们，并嘱咐我们说，这里有侨民团和朝总联，在演出前，最好能到朝总联那边的侨民居住点去转一转，亲自请他们去看演出。我们的团员们都正式穿上韩服，到那边的居民区，主动向他们介绍说，我们是从"南韩"来的侨胞慰问团，并邀请他们来看演出。他们除了接受我们问候外，对我们的话没有任何反应，面无任何表情。我们对他们的反应尽管心里不高兴，但还是挨家挨户去请了。我们发现，与"南韩"那边的侨民比，不论他们的房屋还是居住环境都相差太多，看上去很是简陋而贫困。没想到的是，演出时，不管是侨民团方面，还是朝总联方面，据说能来的都来了。看来我们白天的功夫没白费。看上去大家都很高兴，特别是侨民团方面看到朝总联来了这么多人，都很满意的。

2. 慰问演出中的几件小事

民谣团在东京演出期间，来来往往都是乘汽车，一次是东京邀请方的一位公司社长亲自前面带路，他的车走最前边，演员乘的大面包车，装道具的卡车等随后，他车子开得飞快，突然响起警笛声，一辆警车横在我们前边。原来他们是巡警，带着速度测定器，躲在路边树丛中，专等开快车的来上钩。那个时候我们国家还没有这个，感到很新鲜，所以记忆犹新。

再一件有趣的事是，20世纪60年代初，在我们国家高层建筑还不多，所以几乎没见过电梯。我们在东京投宿的旅馆是高层建筑，上上下下都需乘电梯。我们团里有两个年幼的学生，她们趁着晚上乘电梯人少的时候，不睡觉，在那里上上下下没完没了。大人们发现了，才制止了她们。还有一可笑事，团里的白今女，动作不是十分麻利，上下电梯时总是落在最后，结果每每她最后上电梯时，电梯已超重就吱吱叫个不停。都是陈年往事了，可现在想起，还想笑。

一次演出，去了新潟，这是个温泉城。放下行装，泡一个温泉澡，别提多舒服了。许浩永先跑到街上转了一圈，他认为这里是一个小城市，小城有小城的特色，不可错过。转了一圈回来说他发现了一个跳脱衣舞的小剧场。大家叽叽喳喳一番之后，男演员们一个一个跟随许后，走出旅馆。大家都抢在最前排落座。女子登上舞台，随着音乐跳了一通之后，开始一件件地脱衣服，边脱边跳，跳到尽兴时，随最后一件衣服脱落的同时，灯灭了，演出完毕。回到旅馆，大家聚在一个房间里，嬉闹了一番说，都怪这个许打令（许外号），伤了我们的眼睛，许于是挨了一顿拳头，玩闹后散去。

在温泉演出效果比预想的好，大家心情也舒畅。本来下一个演出地是北海道，但是电话联系的结果情况似乎不那么妙，最后决定取消北海道演出，在温泉这里好好休息后回东京。第二天听广播说我们原定去北海道的列车遇山崩，很多人遇难。听了这消息，我们都欢呼起来，如果不是演出取消，我们今天就都不在了。

回到东京，最后一场是慈善演出，是旅日侨胞河石岩氏运筹，出狱人救援团体"善邻厚生会"主办的。演出非常成功，赠与感谢状，至此，在日本演出圆满完成。

东京邀请方尽管在经费方面有些损失，但像这种形式的演出，却是第一次，而且之后也再没有过，因此意义是深刻的。

3. 接受夏威夷裴汉拏舞蹈研究所的邀请

20世纪60年代，我的舞蹈研究所在塔骨公园后2层红砖小楼时，在

KBC 放送局工作的李相万氏的带领下，裴汉拏先生来访过我的舞蹈所。裴当时在夏威夷火奴鲁鲁开办了一个韩国舞蹈研究所。那一次我们相识后，每次来韩国，都要和李相万一起来我的舞蹈所。大家交谈总是很愉快，他常说，有一天一定请我去夏威夷参观他的舞蹈所。他的话我并未当真，没想到1963年春，他真的给我寄来邀请函，去做舞蹈指导。我有生以来没去过美国，夏威夷那美丽的盛夏之岛，是我梦中都想寻访的地方，当然不能错过这个机会。

我从金浦机场登机途径羽田，十几个小时飞行后，来到夏威夷的上空，从舷窗下望，蔚蓝的水面上，滚动着白色的浪花，不停地涌向岸边，又消散开去，不留一丝痕迹。

飞机在火奴鲁鲁着地后，走出机舱，进入眼帘的首先是芬芳的椰子树和海面上成群飞舞的水鸟。景色美极了，空气非常的柔和，阵阵吹过来的海风，把乘机的疲劳一扫而光。裴先生带着研究所的学生和学生家长们在出口处等我，一见面，先给我脖子上套上一个花环。和他们语言虽然不通，但能感受得到他们的热情，心中暖融融的。

我住在一位韩国侨胞的公寓里。公寓大嫂姓金，庆尚道人，她是仅凭一张照片，就和早年移民夏威夷的韩国人定了亲嫁过来的。大嫂为人豪放豁达，类似男人性格，是位忠实的信教徒，他们一家人都信教。大嫂告诉我，她当年来到了这里，第一次见到老朽的丈夫后，曾几天不吃不喝，光是哭。后来在菠萝园，香蕉园里打短工，受尽辛苦。现在子女已长大成人，都生活在附近，虽在他乡，并不感到孤独，靠几幢公寓的租金收入生活。

休息几天后，开始工作。裴先生计划，先教授学员韩国舞，然后在夏威夷举办一场韩国舞蹈发布会。我们先商定了学生授课的时间，每周三天，周六，周日，另外的一天利用学生放学后的时间。要制定节目内容，安排好每天教授的科目，任务竟十分繁重。

研究所有学员60名，有小学生、中学生、高中生、大学学生，和几位教师。夏威夷是一个很特殊的地方，很早以前就开始有各个国家，不同种族的人来到这里。研究所的学生中，就有白人、韩人、日本人、中国人、芬兰人、冲绳人等不同种族系统的，和经过了3代4代的混血人种，他们的容貌，体格不一样，皮肤颜色也不同。好在没有黑色人种。我必须分别为儿童、中学生、大学生和成人制定教课内容，编排不同的节目。我先选择了农乐舞，在教学过程中，和他们越来越亲近，相互之间非常和谐融洽。

4. 为肯尼迪大总统街头演出

1963年末，在我即将离开夏威夷前，竟为肯尼迪大总统做了一次演出。

当时在美国南部黑人和白人因种族问题引起纷争,到处有纵火和枪击事件发生。特别是限制黑人孩子出入学校,最后导致南部地方一些学校不得不停课。本来这是别人国家的事情,与我本不相干,没想到的是,我和这事竟发生了一点关系。裴先生接到电话,为解决日趋尖锐的黑人、白人间的矛盾,将在夏威夷召开一个全国各州的州知事会议,届时肯尼迪大总统将来参加,要求我们准备街头的欢迎演出。

街头欢迎演出的不光是我们韩国人,还有其他国家在这里的艺术团体。我和裴先生商议的结果是演农乐舞。所幸的是,研究所内所需道具齐全,旗、鼓、杖鼓、锣、小锣、小鼓、12发祥帽、三角笠以及服装,样样俱全。我们全力以赴投入排练。

终于到了演出那一天,各个国家的演出队伍集聚在路边,等候肯尼迪总统的光临。我和裴先生参加在内的我们的表演团,仅吹奏乐器稍欠缺外,应该说是相当齐备的。全部身着白衫,外罩彩色坎肩,肩上垂下两条蓝色飘带,举农旗人走在最前边,农旗上是"农者天下之大本"7个大字。当我们的队伍伴随乐曲走出来时,立刻引来所有人的注目。

我们成功的亮相,抢尽风头。小鼓舞,杖鼓舞轮番演罢,最后是12发祥和群乐舞。我们的演出最为突出,这是不争的事实。后来听说肯尼迪大总统沿路乘车经过时,只有路过我们队伍时停下车,面带满意的笑容,观看了一会儿。

三、夏威夷演出

1. 夏威夷舞蹈发布会和夏威夷大学演出

为肯尼迪大总统演出之后,立刻进入舞蹈发布会的准备工作。经商定,作品以民俗,宫中佛教仪式舞蹈为主;选择演员时,注意发挥其特长和能力;年幼学员选择适合他们的舞蹈;根据裴先生意见加上器乐合奏打令一首。其具体如下:

时间:1963年7月27日　土曜日　晚7:30
场所:灵顿高等学校礼堂
节目:第一部
1. 观灯
2. 僧舞
3. 哱啰舞

4. 天安三巨里
5. 打令合奏
6. 响钹舞
7. 抛球乐
8. 假面舞
9. 强羌水越来

第二部
1. 壁画
2. 佳人剪牡丹
3. 农村风景
4. 剑舞
5. 草笠童
6. 舞鼓
7. 扇舞
8. 凤山假面舞
9. 农乐

共18个节目,分上下两部演出。我和裴先生各表演一个独舞。我当年已54岁,从10岁开始跳舞,跳到50多岁,可以说是跳过了三代人了。裴先生的研究所开了20多年,韩国舞蹈专场演出是第一次。这里的居民有些舞蹈还没接触过,另外知道从韩国请了一位舞蹈先生来教舞,那么教的到底如何呢?可能由于这些原因,那天观众特别踊跃。演出获得成功,裴先生和学员家长们都十分满意,领事馆也表示了感谢,我自然非常欣慰。

在我欣赏着海洋的风光,静等着归国日期的时候,却又接到夏威夷大学的演出邀请,演出酬金是300美元。我没有个人演出的想法,于是就和学校方面商量,如果学校愿意,我可以不要酬金,但要和裴先生以及舞蹈所的学生一起去举行一次演出。学校方面表示同意。于是我们在夏威夷大学又演出了一次,演了哪些节目记不清了,只记得没有儿童班,演员全部是成人。可能因为有这次演出的关系,1974年邀请我作为暑假讲习班教师,教授学生演奏乐曲,并和学生一起举行了音乐演出。

夏威夷大学的演出也相当成功,在大学里也是各色人种齐聚,高鼻子的,蓝眼睛的,皮肤白的,黄的各不相同,但我们可以一起参加演出。玛丽(Mary Jo Freshley)就是一位美国人,热爱韩国舞蹈,她到研究所学舞蹈,和我同台演出过,听说现在仍和裴先生的舞蹈研究所有密切联系,对韩国舞蹈的热爱丝毫未减,我听后,由衷地高兴。

第四部

　　夏威夷大学的演出也圆满结束，带着胜利完成任务后的喜悦，于8月10日，乘美国航班，离开火奴鲁鲁。飞机徐徐升起，窗外景色还是那么美丽，可是很快窗外就只剩白云了。飞机上升到一定高度之后，开始平稳飞行，机舱内的气氛开始活跃起来，一切都显得很正常。可是谁也没想到开过饭后，竟出现了一点小麻烦。

　　吃过饭，正想闭上眼睛休息，扩音机里传出声音，说的是英语，我听不懂，问邻座一位日本人，原来是我们乘的这架飞机一支引擎出了故障，要在米尔沃克德岛（Mill Warked）临时着陆，引擎修好后，继续起飞。引擎可是飞机的生命，这可不是小事，可是我观察周围的人，他们依然悠然自得的，好像根本没当一回事。看到他们这样，我心里也放松了一些，同时心里想，反正就是死，也是大家一块死，你们不怕，我怕什么呢，尽量也显得泰然一些。这时广播通知，飞机顺利离开临时着陆点将正点到达金浦机场。真佩服他们时间观念之强。

2. 在夏威夷与"5·16奖学会"派遣的艺术团相逢

　　我到夏威夷时，韩国"5·16奖学会"派遣的艺术团也正在那里。有很多乐师和舞蹈演员都是我熟悉的。异国他乡熟人相遇，自然十分高兴。其中几位还是国立国乐院同事，大家碰到一起真是无话不谈。"5·16奖学会"派艺术团是为了慰问在美侨胞。他们的演出活动主要集中在洛杉矶，现在演出任务已结束，正准备回国，但是却因为机票费不够，正筹划再进行一次演出。他们食宿在侨胞家里，时间长了，心中很是不安。可是不知道的，还以为到了美国，就怎么样了似的。

　　一位记者了解了情况后，在报上揭露了实情。这时国内那边才着了急，舞蹈界方面认为奖学会应负责，奖学会不敢怠慢，立刻把钱汇到夏威夷领事馆。

　　艺术团原来准备的第二次演出也按预定日期举行了，那天我和裴先生都去帮忙，在后台忙碌着。演员们因为回程机票有了着落，心里踏实，演出时心情愉快。观众也非常热情。

　　可是没想到，在本该回国的那天晚上，他们中的郑在国和李东烨两个人突然出现在我的房间里。他们的到来让我吃惊不小。原来在洛杉矶演出时，一个牧师跟他们说，夏威夷演出结束，别回韩国，到洛杉矶来，可以帮他们在美国安排工作。于是在回国前一天，他们悄悄离开住地，和牧师取得联系，但是要去，总要乘飞机，一去机场就会被发现，而且这事已上新闻，引起领事馆注意。而在我这里也担心警察随时会找来，最后两人提心吊胆地离开了

115

我住的地方。我当时想,他们应该老老实实先回国,然后办理正当的移民手续再来,可是看到他们焦急的样子,没有说出口。

第二天才知道,他们那天晚上在大海边的椅子坐了一夜,想来想去没有办法,最后还是和艺术团取得联系。因为他们两个人,延误了全团人的归期,为此向团里和领馆道歉后,随团回去了。

听说后来李东烨和李东亨兄弟俩还是移居了美国,又因有了他们俩的关系,又有好几位国乐乐师也移居过去了。后来还在那里成立了美洲国乐院。

3. 汉城大学音乐学院设立国乐科

1959年,汉城大学音乐学院新设了国乐科,把国乐作为大学里一个独立的学科,在我国还是首次。音乐学院大楼当时在中区乙支路7街,那里光复前是汉城师大和它的附属中、高等学校,光复后一度被美军占据,退出后,开始是汉城大学药学院,后来是音乐学院,新设的国乐科就在里面。当时国乐科主任是晚堂李惠求博士。新成立一个学科,记得因为教室不够用,遇到过很多麻烦。

我是1960年9月第二学期开始被任命为国乐科讲师,担任的科目是奚琴演奏。学奚琴的学生,一个是方德寿,一个是朴成源。方德寿后来入伍,而中断学业,朴成源现在是国立歌剧团团长,朴开始的确是国乐科学生,后来转到声乐专业,并且成绩突出。

1961年新学期开始,汉城大学国乐科招收的学生中,有几名并非正规高等学校毕业的学生,而是国立国乐院附属国乐社养成所毕业的学生。这是培养人才快速简洁的好方法。在国乐社养成所专攻国乐6年后,再进入大学深造,我认为这是非常好的措施,说明国乐院和学校以及文教部对国乐的未来的关心与重视。这之后,韩国国乐艺术学校毕业生,也受惠于这项措施,取得进入大学的资格。

更有令人高兴的事,1972年明令规定设立国乐高等学校,废止国乐社养成所和汉城国乐艺术学校中学课程,成为名副其实的国乐教育基地。今天,国立国乐高等学校和汉城国乐艺术高等学校,为培养国乐人才,发挥着积极作用。前面谈到,1961年国乐社养成所毕业的学生和其他高等学校(高中)毕业学生一样,获得进入大学的资格,那年考入的学生中,有两个人跟我学奚琴。一个是李圭石,他在养成所时学的大笒,一个是金德焕,养成所时学的是伽倻琴,到大学后,都改学奚琴。他们两个人都是我在国乐社养成所最熟悉的学生,学习进展很顺利。只可惜,那段时间我实在是太忙了,我只教他们到1963年,就把汉城大学音乐学院讲师工作辞退了,没能看到他们最后毕业。

　　1963年，汉城大学国乐科有一个旁听生叫许京子，是首都女高毕业的。她是金白峰的得意门生，舞跳得好，已小有名气。金白峰在音乐学院国乐科教学计划中，有一次舞蹈发布会，其中一个节目是舞蹈《春莺啭》，委托我作指导。国乐科设置时间不长，就要举行发布会，我不能不认真对待。许也非常努力，很快就把舞蹈动作掌握了，剩下来的就是深入领会和动作熟练了。

　　彩排的那天没想到竟出现了问题。她站在花席上，开始的几个动作本来做得很漂亮，甩袖抬头向前望时，看到台下的老师正注目看她，她人像是被定住一样，这时音乐一停，本该念唱词，可她嘴巴再也张不开了。我赶忙向李惠求博士做解释说，唱词还不够熟练，先看她跳吧。没想到她却更紧张，手也动不得了。李博士气得大吼一声，"你唱词不会，走下舞台总会吧！"说罢，站起来走了。许一屁股坐到地上大哭起来。

　　经历这一挫折，她练的更是勤奋了。正式演出那天表现得非常好，包括让她吃过苦头的唱词，一切都很圆满，受到一致好评。但是她后来并没有在汉城大学正式入学，去了日本留学，后来又转去美国，而且还听说她不幸英年早逝，大家都感到十分惋惜。

　　现在跳宫中舞时，为了保证唱词的演出效果，可以利用诸如扩音等多种手段，绝不会再出现以前那种尴尬场面。汉大国乐科那次发布会具体节目已记不清，但却记得除学生的演出外，还有国乐院赞助出演的节目。

　　这就是我们国家在大学里最初设置国乐科的情景，从此后国乐正式进入了大学课堂，而且国乐科设立不久，还举行了发布会，其节目中还有舞蹈，这些在当时都是不同寻常的事情。在那之后还有一些大学设了国乐科，也举办过发布会，但记忆中未见有舞蹈出演，所以《春莺啭》的那次演出，竟是空前第一次。

4. 汉城市立国乐管弦乐团成立的背景

　　前边谈过，一个叫李圭石的学生，他是首批从国乐社养成所进入汉城大学音乐学院国乐科的学生之一，跟我学过奚琴。一天他来找我，他毕业后正在找工作，汉城市立管弦乐团正在招募演员，来征求我的意见。当时我们国家，除国立国乐院外，还没有其他的专业团体，市立国乐管弦乐团刚刚成立，这是一个好机会，劝他不要犹豫，立刻去报名。李君说，他最近正为这事伤透脑筋，因为他在国乐科的老师叫他绝对不要去，所以才来找国乐院这边的几位老师商量的。我认为大学4年毕业后，尽快找工作挣钱才是正事，就劝他还是先去，如感到不好，可再找合适的。为创建管弦乐团而废寝忘食的歧山朴宪峰也是我的熟人，对他为人有所了解。

李君果然听我劝告，去了管弦乐团。听说他的国乐科老师很不满意。后来李去服兵役，退役后回到市立国乐管弦乐团工作了15年后，1979年又调到国立国乐院，现在和我一起工作。

谈一下市立国乐管弦乐团成立背景。当时国乐界正乐和民俗乐两个系统是分开的，1951年釜山避难时，国立国乐院成立后，正乐就由国家机关管理了；民俗乐部分，则由作为民间团体的大韩国乐院采取自救办法，组织不同类别的演出团体来勉强维持。大韩国乐院面对这种困难局面，一直在寻找对策。议论的结果是，既然正乐由国家保护管理，民俗乐也应该有一个相应的机构保护管理才对，这个机构就是市立国乐管弦乐团。就由当时的韩国乐院院长，韩国国乐艺术学校校长朴宪峰具体负责。最后在朴先生努力下，市立国乐管弦乐团成立，吸收了民俗乐界大部分乐师参加，录用了池瑛熙，金光植等干部。

四、三千里歌舞团赴美演出

1. 组建三千里歌舞团

埃伦·海曼是美国人，"8·15"光复后，他作为军人到过我国，听过我们的国乐，非常喜欢，退伍后，他又来我国，潜心钻研我国国乐，几年间他去过很多地方，往返于汉城与乡间，国乐界人士几乎没有他不熟悉的。他和一韩国女子结了婚，在韩国安了家。在海曼的斡旋下，1962年初，美国的一个文化团体亚细亚学会邀请我们到美国做了一次演出。按签约规定，演出时付酬金，演出场次有所增加时，按其增加次数，另付酬金；往返机票以及准备期间所需一切费用由邀请方承担；食宿费用我方自理。

演出的内容，对方提出要求，全部要韩国固有的传统艺术。

1. 民俗乐：声乐、器乐、弹唱、农乐；
2. 正乐：声乐、器乐、管弦乐合奏；
3. 舞蹈：处容舞、鹤舞、春莺啭、僧舞、煞儿铺里、蝶舞、�啰舞、法鼓、凤山假面、鼓舞、莲花台舞、宝相舞。

男团员有，申快童、全四钟、全四燮、郑五同、奉海龙、金星振、洪元基、赵元庚、金千兴、金泰燮；

女团员有，金素姬、朴素君、韩英淑

海曼随行，共14人。

第 四 部

　　准备舞蹈服装、乐器、舞蹈用道具的经费，决定向新闻部文化科申请补助金，三千里歌舞团美国演出结束后，用补助金制作的乐器，服装，道具全部捐赠给驻美韩国新闻处。对我们上述提议新闻部予以同意。剩下的事情就是乐曲和舞蹈的选定，排练和办理手续等问题了。

　　我因为事前有约，应裴汉拏邀请去夏威夷，在赴美演出合同签字后，就去了夏威夷。8月我完成任务回来，发现赴美团并没像我走前约好的那样，认真投入排练，很多准备工作没有做，原来是洪元基退出了。洪的退出，不得不把原定的正乐部分的一些歌曲、歌词、时调删去，改换别的节目。当务之急必须立刻投入排练，大家同意了我的意见，并把排练地点定在我们的舞蹈研究所。

　　节目中有的是属于佛教系统的舞蹈，而我们没有这方面老师。和海曼商量，他去找了奉元寺朴松岩师傅，经老师傅介绍，找到林俊东。林氏很小就出家成为佛门弟子，学习了佛道、佛经、法音和祭祀仪式的各种舞蹈，并自成一家。后来他又还俗，脱离佛门，但与佛教因缘未尽，继续潜心于仪式舞蹈，并小有名气，各寺庙有祭祀活动时，都会请他去跳舞，用现在的话说，他是寺庙圈职业舞蹈家。

　　我们把他请到研究所来教授法鼓舞、蝶舞、哼啰舞和打柱舞。这机会太难得了，绝不可错过，我和韩英淑也一起跟着学了，受益匪浅，对我未来的舞蹈事业起了很大作用。

　　正当我们埋头排练时，却又出现了新问题。原来说好同我们一起演出的团员之一的赵元庚，他住在美国，他参加演的节目是《春莺啭》和《盘索里》《春香传》片段，《春香传》演的是春香和李公子相爱的场面，伴有舞蹈。他来信给海曼说，这段舞蹈想以新创新的舞蹈来表现。对他的想法，我们有不同意见。我们认为，这违背了我们签约时以传统为主的初衷，同时与我们整体风格也不协调。接到我们意见后，他来信说退出演出团，并将直接和亚细亚协会联系，解除合约。我们对他的行为都很反感，立刻采取补救办法，节目做了调整，退出的洪元基和赵元庚，以金鹤和池成子顶上。

　　三千里歌舞团预订演出三个半月，演出地点是纽约林肯中心等30多个地方，场次30余次。我们准备了25个节目，不同地点不同场次可以选择安排。仅14名演员，演25个节目，要演30多场次，每一场演出，演员都要反复数次登场。

　　最后确定下来的节目是，舞蹈14，乐器4，声乐2，合乐2，舞蹈占半数以上。这22个节目中，有5个节目是作为备用的。其具体节目是：

1. 舞蹈：处容舞、鹤莲花台舞、春莺啭、宝相舞、剑舞、僧舞、煞儿铺

119

里、巫堂舞、高句丽舞、法鼓、蝶舞、哞啰舞、假面舞、观灯；

  2. 器乐：玄鹤琴散调、伽倻琴散调、大筝独奏、短箫独奏；

  3. 声乐：盘索里，玄鹤琴弹唱；

  4. 合乐：寿齐天等。

 2. 排练中的小插曲

  讲一个排练中的小插曲，那是我们排练最紧张的时候，上下午连轴转。一天后面房间里正在排练凤山假面舞，其中人物之一"醉八里（音泽）"有一段台词，"……你这个X和尚，不在寺里念佛，跑到这间巷人家，莫非想找个漂亮女人做媳妇……"，正巧这时林东俊氏推门进来，只听他大声喊道"你们说和尚怎么啦"，我们意识到惹了祸，林氏原来是做过和尚的，很是尴尬，一时不知如何是好。冷静之后我先向林氏道了歉，并做了解释，说这不过是假面舞剧中一句台词，事情总算平息下去。从那以后，我特别注意，并嘱咐年轻演员，一定注意避免这样的事情再发生。

  1968年，为无形文化财的指定项目，我和洪润植教授曾对寺刹系统舞蹈"作法舞"做过考查，后来未被文化财委员会通过。如果通过了，那么林氏就成为重要文化财技能保有者了。我们只能遗憾了，后来林氏故去，更是令人十分惋惜。1969年，"梵呗"和"作法"被指定为重要无形文化财第50号，得到国家保护。"作法"包括蝶舞、哞啰舞、打柱、法鼓、现在看到的机会多了，可是以前像林氏那样专业的人不多见。我不是他正式门下弟子，只是跟他学习了作法舞，他高超的技艺，独特的艺术风格，令我叹服，如今人已不在，再难见那么精湛的技艺了。

  我1963年7月下旬结束了夏威夷演出，8月10日回国后，立刻投入赴美歌舞团的准备工作。整整忙乎了四个多月，1964年1月16日终于出发了。我们是乘去纽约的西北航空公司飞机，第一个着陆点是阿拉斯加，在那里办理入境手续，观赏了阿拉斯加雪景，重新登机飞往纽约。

  亚细亚学会会长和负责接待我们的工作人员迎接了我们，会长是位中年妇女，个子不高，给我的印象很好。我们在纽约市内旅馆住下，还没来得及喘口气，就要与照明、舞美等有关人员接触，商量有关事宜。他们是一个世界级著名舞蹈团的舞台工作人员，有他们帮助，心里很踏实。后来他们舞蹈团到韩国演出过，在汉城世宗会馆我第一次看到他们演出的现代舞，不能不为之叹服，感到当时我们国家的现代舞，简直无法与之相比，相差太悬殊了。19日在亚细亚学会主持下，举行了国乐演讲会，24日演出在华盛顿大学正式拉开序幕，接下来在20多个州，30个场地，进行了30多场次的演出，最后回到纽约，4月26~27日在林肯中心连续两天演出后，最后落下帷幕。

有关这次演出，在美国各地的报纸以及韩国国内报纸上均有登载，以后再介绍这方面情况。长达100多天的演出，辗转美国各地，的确十分辛苦，但是其中也经历了很多有趣的事。

我们刚到纽约时，碰到的第一个难题是洋饭吃不惯，我们从小到大一日三餐吃米饭，可到这里吃的是西餐，总好像吃了跟没吃一样。没有米饭，没有可口的泡菜，肚子里空落落的，没办法就出去找中国餐馆和韩国餐馆吃上一顿，但不能总去，价格太贵。有人提议自己做，立刻全体通过。本来旅馆就备有厨房，餐具一应俱全。到了美国索性入乡随俗，变为女尊男卑，团里男士包揽了做饭任务。这样一来，不仅吃得可口，还省了钱，可谓一举两得。团员中郑五同厨艺最佳，往往受到称赞。开始我们还担心，在纽约可以自己做饭吃，到外地可怎么办，没想到美国各地的旅馆都备有厨房和餐具。吃饭问题解决的好，演出时也别无牵挂。当然其中也生出很多可笑的事，成为日后有趣的回忆，这些有趣的回忆还包括那些在漫长旅途中发生的一些事，今天想起来依然感到是那么亲切。

3. 参加纽约博览会韩国馆开幕仪式

我们去美国，先乘飞机，又换乘火车，一路上饱览美丽风光。在我们到达纽约大约一周后，接到驻纽约韩国领事馆电话，让我们参加纽约博览会韩国馆开馆仪式。女士们穿上韩国民族服装，我们一行乘地铁去的，当然是海曼带路。只有韩国馆和日本馆是穿着自己民族正式服装，仪式很有特色，引来很多人注目。领事馆以及韩国博物馆负责人均向我们表示感谢，我们心里也为能尽了力而高兴。回去仍要乘地铁，可是我们的带路人海曼却有事，让我们自己回。虽然他引导我们上了地铁，并告诉我们如何下，可是我们依然十分紧张，生怕下错了车站。万幸的是我们不仅没有下错站，还自己找回到了旅馆。心中喜悦的同时也后怕，万一找不回来，我们岂不失踪在纽约街头。

4. 美国观众的反应

俗话说百闻不如一见，没有见过三千里歌舞团的演出，怎么知道其好还是不好呢？还是听听报纸上是怎么说的吧。

《华盛顿邮报》、《纽约时报》、《纽约先驱论坛报》、《西雅图邮政情报》、《西雅图时报》、《旧金山日报》等对我们歌舞团各地演出情况，并对国外的一些报导做了转载，整理摘录如下：

（1）动向新闻（1964年2月6日）报导，1月25日的华盛顿邮报，对我三千里歌舞团做了报导说,"场场获喝彩","说不尽的感谢之情","灵动绚丽的舞台","服装的搭配,调和的颜色无不令人耳目一新,宫中舞、器乐独奏、农乐、场面之壮观,令人惊叹。"

(2) 东亚日报(1964年1月27日)报导,华盛顿邮报1·25AP通讯,以"三千里歌舞团在美国一片喝彩声中,于华盛顿华丽登场"为标题报导说,新崛起的韩国舞蹈团,于24日晚,在李斯诺大讲堂拉开帷幕,他们怀着友好之情,以其特有的幽默和精湛的技艺震撼了观众。古典舞蹈优美的舞姿,雅乐师精湛的表演,显示了韩国艺术之魅力。

(3) 韩国日报(1964年3月17日),根据L.A报导,三千里歌舞团在以华盛顿为首的19个大小城市,进行了巡回演出,3月10日在加利福尼亚大学大讲堂演出。可容纳1200人的大厅里,人多得几乎无立足之地,整个演出过程中掌声不断。那里的侨胞说,要多组织这样艺术团来宣扬韩国文化。

(4) 东亚日报(1964年3月18日),纽约时报1月27日文章说,舞蹈中可见道、儒、佛三大教派对其的影响,其音乐和舞蹈,对年轻人可能会感到陌生,但优雅感人,魅力十足。

(5) 西雅图时报汤姆劳宾斯文章中说,中国、日本、印度、泰国、菲律宾等很多国家都有演出团体来过,但没有能与其相比的。看三千里歌舞团的演出,它的情趣,色彩和色调,使人感到十分亲切,没有丝毫异国的感觉。

(6) 汉城新闻(1964年3月21日),在美国人气最旺的三千里歌舞团,4月27~28日两天在纽约林肯中心举行了人们期待已久的演出,为纽约正在举办的世界博览会增势助威。歌舞团所到之处,无不受到热烈欢迎。这是1月25日华盛顿时报对三千里歌舞团的赞誉。

以上是国内外报刊对歌舞团演出的反应,下面想说说在美演出期间,留在记忆中的几件小事。我们对美国的人情世故一无所知,所以一切听从海曼的。按照他的话,在旅馆里,每天离开房间,一定要把小费放在枕头下边,去餐厅就餐,饭毕将小费放桌上,小费数额按消费的百分之十计算。乘出租车也要付小费,下车时不付小费是要惹麻烦的,我们就遇到过。据说在美国付小费已是不成文的规则,现在依然如此,而且额度提高了。

在我们韩国不是这样,上大饭店吃饭加收服务费,在账单上明码实价的写着。美国还有一些和我们不同的地方,如,喝咖啡可以续杯;出租车车停,计时器不停等等。

5. 访玛莎·格蕾依艾姆舞蹈研究所

在西雅图演出时的几件事。

第 四 部

　　我是听到了研究所的名字想到去访问的。之所以想访问，是因为我很好奇，想知道他们这里是怎么教舞蹈的，又是怎么进行练习的。我进去的时候，学员们都穿着练功服，各自做着基本动作的练习，躺着、坐着、站着练的都有。向那里的教师请教他们授课的方法，回答说，基本动作的训练3～4个小时之后，才进入对作品的学习。说完，耸耸肩，意思是，要想学舞，得先下苦功。我心中暗想，我们那里从来是，一上来就是按照顺序教舞蹈动作，把舞蹈动作记熟了，再跟着节拍反复练习，没有基本功训练，这到底对不对呢？他们基本动作训练没完没了，想看的舞蹈教学，是等不到了，就离开了舞蹈研究所。

　　歌舞团顺利地结束了西雅图在华盛顿大学剧场的演出，当地的韩国留学生请我们在一个叫"高丽亭"的韩国人开的餐厅吃饭。1960年西雅图举办国际博览会时，韩国也来参加，"高丽亭"就是当时开在韩国馆里的韩国餐厅，博物馆结束后，他们没有撤，就继续留在了这里。那次吃饭时看到了郑京和与郑明和俩姐妹，她们当时是高等学校的学生，今天已经是世界级音乐家，演出的足迹遍布世界各地。

　　演出时也遇到过一些惊险，一次刚开始演出，团员中的申氏突然喊胸痛，他双手紧捂胸口，痛苦不堪的样子，我们心如火燎，可演出不能停，而且下边的节目里还有申的玄鹤琴演出。节目可以调整，可是不能立刻送病人去医院，只能等到演出结束。医院大夫说是胆石症，给了吃的药，却没有给打止痛针。这种情况在我们国内，首先要减轻病人痛苦，打镇痛剂，可是在美国认为镇痛剂会有副作用，对打这种针非常慎重。

　　申氏身体瘦弱，但他玄鹤琴演唱的技巧可不一般，到现在还没有一人能超越过他。他突出业绩之一是，在他之前玄鹤琴只弹不唱，玄鹤琴弹唱是他首创。他唱的《赤壁歌》堪称一绝，歌中唱的是曹操的士兵们思念故乡的情怀，第一句是"山川险峻"，后来大家给他起了个别名，就叫"山川"。有时，因为时间关系，在他上台时，嘱咐他，今天只弹不要唱了，他点头答应，可到了台上，一演起来，他全忘了，一定唱出来才尽兴。

　　后来他到韩国国乐艺术学校任职，全副精力投入教学工作，为玄鹤琴散调的传播做出卓越贡献，因此1966年，被指定为重要无形文化财第16号。他的学生金永宰被指定为候补保有者。他培养的学生中，很多有成就者，如金武吉等。多么希望他那铿锵有力又节奏鲜明，清新明快又优美含蓄的声音能得到永久保留传承。

6. 在美国遇到的日本学生

　　早就听说美国南方种族差别意识强，到了这里，果然如此。一天演出后回到后台，来了一东洋人学生，一进来就自我介绍说，自己是来自日本的留学生，看了演出太兴奋了，说着抓住我们女演员的手，流下眼泪。我们的女演员们亲切的地拥抱了她。在这异国他乡，我们虽不同国籍，但同为东方人，以东方人特有的情怀，相拥在一起，这场景深深刻在我的心中。艺术的魅力是没有国界的，好的艺术作品，可以被不同的人欣赏，也可以震撼不同人的心。

据那位学生说，这里只有她一个日本人，非常的孤独，这里人不喜欢外来的人，不要说是从其他国家来的，就是从美国其他地方来的人，也不欢迎，外地人在这里留住的很少。她说一旦学业结束，会立刻离开这里。人生就像叶片上的露珠，闪亮过、炫耀过，一旦消失，就无影无踪了。1963年我去夏威夷时，在火奴鲁鲁广场，在不算太远的距离内，看到过威风显赫的肯尼迪，可谁又能料到，在那之后的1963年的秋天，即遭到暗杀死于非命。他现在安静地躺在华盛顿阿尔灵顿国家公墓里，看着他墓旁摇曳的烽火，心中错综复杂，昨天的他叱咤风云，呼风唤雨，今天他无声无息静静躺在这里，世上的事真是复杂。

7. 纽约林肯中心的演出

三千里歌舞团在美国最后告别演出是在纽约林肯中心举行的。林肯艺术中心是所高雅的艺术殿堂，对演出团体要求很高，低俗的，艺术水准不高的，不接纳。接受三千里艺术团去演出，这本身就说明，他们认定这是一个具有传统的高品位的演出团体。

我国日政末期，曾有一个很活跃的OK乐剧团，团长金海松后来去了北方，母亲李兰香带领三兄弟，"6·25"后辗转到了美国，以'金氏斯特兹'为名，组成乐团。在纽约时，他们来拜访，关于林肯中心情况是他们介绍的。

林肯中心设施完备，对我们来说这是离开美国前的最后的演出，大家都以最佳状态投入演出中去，演出获圆满成功，看到主办方满意的笑容，我们也十分欣慰。

演出完毕，金氏三兄弟到后台称赞演出成功时说，这么好的舞台效果，还是第一次看到。演出时，精力全放在演出上，没有注意到观众的反应，听了金氏三兄弟的话，心里踏实了。

8. 乐器，服装和道具处理上遇到的难题

结束了林肯中心的演出，演出报酬也结算清了，准备回国了。还有一件需要处理的事，就是演出用的服装、道具、乐器的处理，按原来约定，要移交驻美韩国新闻处。海曼因有事要处理，要留下来，先不走，就把这任务委

托给他了。我们乘的仍然是美国西北航空公司的飞机,坐上了飞机,大家都很高兴,可是,为一些未尽事宜,把海曼一人留下了,心里总有些不安。

这次乘飞机,又经历了一次惊险,飞机起飞没多久,广播里又有通知,看乘客脸色,像是发生了事故,环顾周围,找到一个日本人,一问才知,又是一侧引擎出了故障,要临时着陆,4个小时后再起飞。飞机着陆的机场,非常简陋,也是问了一个日本人才知道,阿拉斯加遭遇地震,机场遭破坏,这是临时修建的。

飞机晚点5个小时途经日本羽田机场后到达金浦机场。回家见到家人,告诉他们我又闯过一道鬼门关,大家听后很是后怕说,多亏引擎只坏了一个,如果都坏了,可就回不了家了。

海曼回来后,讲到他为处理那些乐器,服装的情况。原来我们驻美新闻处根本就没有能够存放那批东西的地方,没有办法,找到我们刚到美国时,排练节目的那个舞蹈所,请求他们代为保管一段时间,等待新闻处去取。

几个月后,海曼找到我说,美国舞蹈所反映,新闻处一直没去,他们很着急。海曼为这事,数次去信联系,伤透了脑筋。正在这时,夏威夷的裴汉拏先生来了。看到裴,我脑中闪过一个念头,如果把这批东西给了裴先生,岂不是两全其美、皆大欢喜的好事。经过一番联系之后,这事果然圆满解决。

五、再现木偶剧

1. 第三次儿童班学员舞蹈发布会

我有4个月时间没有在舞蹈研究所,学生的教导工作由助教去做。尽管他们很努力,但对学员的情绪总会有一些影响。我心中盘算着,首先要让学员们的精神振奋起来,想到举办舞蹈发布会是调动孩子们情绪的最好办法。

冥思苦想之后,准备以我们国家古典民间故事《木偶新娘》为题材,编一个舞剧。这个选择还隐藏着我的一个小小的想法,这就是看到我们国家自古流传下来的一些民间艺术,正在我们身边不断地消失,而感到十分惋惜。

发布会的第一部分为舞蹈小品,第二部分是改编的舞剧。24名小演员,舞蹈小品11个,舞剧8场20个舞蹈场面。出演的小演员是幼儿园和国民学校(小学)的学生。发布会内容如下:

第三次儿童舞蹈发布会

时间:1964年11月14~15日(日场:4时 晚场:7时)2天

场所：汉城南山戏剧中心
主办：金千兴古典舞蹈研究所
编舞、指导：金千兴
美术：洪宗仁
照明：郑月
音乐：李忠善、金恩山、成锦莲、朴贞淑

第一部分　小品集
(1) 舞鼓（8名）
(2) 木偶舞（2名）
(3) 习作（8名）
(4) 即兴舞（1名）
(5) 彩球戏（8名）
(6) 云（1名）
(7) 官女图（10名）
(8) 响钹舞（8名）
(9) 扇舞（1名）
(10) 花儿与少女（1名）
(11) 强羌水越来（15名）

第二部分　舞剧《木偶新娘》
第一场　男寺党——男寺党在广场演出 朴佥知舞（传统木偶剧中木偶人物之一，白须、白发、白衣老人）
第二场　寺院——村里少女舞，上座僧和小巫舞，朴佥知和小巫，上座舞，洪同知（木偶剧人物之一）舞
第三场　崔英老家——二十二和崔英老舞，朴佥知和二十二舞，洪同知和二十二舞
第四场　东方朔——东方朔舞
第五场　表生员——表生员和木偶新娘舞
第六场　猎鹰人——艺伎群舞，猎鹰人告别舞
第七场　丧舆队伍——杠夫群舞，洪同知舞
第八场　建寺——建寺舞，寺庙建成后佛教仪式舞

从编舞到指导孩子们跳舞，仅用了 6 个月时间。俗话说有志者事竟成，肯下功夫，没有做不到的事。我们如期将这些节目搬上了舞台，演出后，一片赞扬之声。称赞说，演出让观众看到的不光是孩子们的伶俐可爱，更主要的是高水平的舞蹈艺术。听到这些反应，觉得没有白白付出辛苦，心里很

安慰。

还有一点值得骄傲的是，那个时候我们国家还看不到儿童舞剧的演出。

2. 江陵端午的官奴假面戏

大约是 1963 年，江原道江陵文化科的一位职员和春川女高舞蹈教师找到我，他们说，江原道江陵地区，自古以来就流传着一种祭祀活动，每年端午节时举行。江陵戴冠岭上有一个城隍庙，仪式从那里开始，先是举行山神祭，祭祀后抬着山神下山，来到市内的娘娘庙，又是一番祭祀之后，最后来到南大川沙滩，在那里演"官奴假面"。可是这"官奴假面"已经没有人会演了，他们来就是想请我将其恢复再现。江陵市文化科，也曾为此做过一番调查采访，演过的人是没有了，看过表演的人虽有，但也只是说出大概的表演过程，登场的人物，假面的种类。他们把整理的材料拿给我看了。对他们的恳切要求，实在没有办法拒绝，就让他们把材料留下让我研究一下，同时提出要求，最好能有机会让我亲眼看一看当地巫师或农民的一些活动场面以及土俗舞蹈。他们说正好在 5 月端午时，有江陵戴冠岭祭，约我到时候去，我答应了。

端午节时，我去了江陵，戴冠岭山神祭没赶上，江陵市内的活动看到了。祭祀活动的队伍庄严，华丽，到娘娘庙仪式毕，转到南大川沙滩。南沙滩热闹非凡，戏台子早已搭好，周边插上五色彩旗，中间已备好祭台，场子四周用幕布围起，台前农乐队吹奏得正欢，散发着江原道特有的风味。农乐之后，巫法活动开始，我瞪大眼睛，想从中找到一些江原官奴假面的痕迹。

但是，据表演者称，他们跳的官奴假面，其节奏，动作，举止都是庆尚道的，庆尚道属于东海岸，与江原道截然不同。我非常失望，但仍不甘心，就东转转西转转，想从人们的活动中，发现一些当地人特有的举止行为来。找不到任何线索，心中有些焦躁，就和文化科的职员商量，想去寻访江陵地区的巫师和金东夏等一些老人。那时我到江陵已有 3~4 天了，还一无所获。

到处寻访中，有幸参观了粟谷李珥先生的遗迹和遗物，还参观了作为民俗资料，被指定为无形文化财的李起载的房屋，感触颇深。后来我每到江陵，这两个地方，都是我必去之处。

实地考察之后，我明确了一点，这就是，要想让这一假面戏再现，首先要做的是，让江原道的江陵市参加全国民俗艺术竞演大会。

我回到汉城，对那个调查材料又认真看过，一共有 6 种假面：两班（贵族）1，新娘小梅 1，挂长杆者 2，上佐艺人 2，一共 6 人。

4 个过场：

(1) 挂长杆者 2 人执长杆出场，舞蹈后，整顿场内秩序，和观众互动

交流;

(2) 两班和新娘小梅舞;

(3) 两班和小梅跳舞高潮时,2名上佐登场,干扰两人相爱,小梅上吊自尽;

(4) 小梅复活,小梅、两班、拄长杆者、上佐共舞。

框架有了,在进入舞蹈创作之前,我必须深入分析每个登场的假面人物的性格和个性,弄清楚每个过场的剧情,才能够按照剧情的发展,人物的内心活动,来进行舞蹈动作的创作。首先,舞蹈语言、体态、行走姿势要简易平凡,纯朴并富乡土气,抓住农民,渔民日常生活中行动特色,不虚假,不矫揉造作,多一些即兴动作,举手投足舒展自如;其次,注意对每一个过场的内容,认真领会,忠实表达。

1965年,利用暑假时间,我去了春川,指导春川女高学生学习这个舞蹈。那年秋天,全国民俗艺术竞演大会上,"官奴假面戏"由江陵代表队演出了。一个只有6个人物,4个过场组成的小戏,没法和其他队相比,而没能入选领奖,但是,1967年,江陵端午祭和官奴假面剧却被指定为重要无形文化财第13号,而一直流传至今。

之后每年的民俗竞演大会,他们都来参加。开始是我去指导,后来就出现了问题。原因是学生们毕业后,纷纷离去,技能传授受到阻碍,每年选拔新手,又要重新学起,学校方面感到困难太多,表示无力再承担这个任务,而不得不终止。后来江陵文化科和女高老师又找我,我又到江陵关东大学讲学,教授过这个假面剧。

江陵官奴能够保留下来,非常不容易,听说现在由关东大学毕业的学生和当地的居民们在传承保护着。

我还有一个愿望就是,将江陵端午祭也能搬上全国民俗艺术竞演大会,向全国人民展示它的魅力。

3. 邀请日本人来学习舞蹈

1965年,在文总工作时认识的金景锡来找我说,有一个叫吉村仁的日本人,要来学习舞蹈,没有人邀请来不了,想请我为他出具邀请函。我知道出邀请函,是要为被邀请人负担往返旅费和滞留期间一切费用的,但是金氏却说,不承担任何经济方面责任,只要一个舞蹈研究所所长签名的邀请信。这当然没问题了。

通过这件事,我知道了,日本人出入我国已没有那么自由了。9月办理完一切手续,10月中旬吉村就来了。他原来学过舞蹈,跟郑寅芳氏也学过,他学习很热心，但是学了一个月却不来了，听说是因为他的钱全部被盗，不得已回国了。后来他有机会来韩国，都会来看我。过年也总会收到他的贺卡。

六、国乐院海外演出

1. 国乐院第二次赴日演出

1966年秋末，受在日侨民团邀请，为庆祝韩日交流正常化，国立国乐院第二次组团赴日，为侨胞慰问演出。成庆麟为团长，团员共23人，新闻部文化科科长金昌久负责全团事务。时间为20天，演出地点为，东京、仙台、横滨、名古屋、神户、大阪、京都、福冈、下关、札幌等主要城市，共10余场。

第一部分节目有，颂光复（金琪洙作曲）、春莺啭、伽倻琴弹唱、鸟打令、假面舞、村姑、舞女图、伽倻琴散调、高句丽舞；

第二部分节目有，抛球乐、大笒独奏、新郎新妇、哼啰舞、煞儿铺里、各道民谣、盘索里、农乐。

从内容上看，有民俗和宫中系列舞蹈，有器乐和声乐，有新创作的音乐作品和舞蹈新作。

访问团成员：

男团员有金琪洙、金星振、朴东镇、金炳昊、金泰燮、金钟熙、李康德、郑在国、金千兴等9名。

女团员有金文淑、陈光子、安春子、朴英爱、李京子、曹淳子、金津野子、柳春子、黄玉仙、权五协、朴明子、韩镇顺等12名。

我们是从釜山乘船到神户，再换乘火车到东京。光复前我为了录制唱片，乘船去过日本，就是在釜山码头上的船，现在我又一次站在釜山码头上，面对一望无边的海水，感慨万千！

九月末的傍晚，很是凉爽，船已启动，感觉走得很慢，问船员才知，船的一个发动机出了故障，正在修理中，所以无法全速行驶，不能准时到达神户港。我心中暗想万一遇到风浪，可怎么办呢！万幸的是，并没有遇到风浪，经过10多小时的航行，我们平安到达了神户港。成院长乘飞机，比我们先到。按预先约定，30日在东京举行首场演出。扣除来和去的2天时间，其余的15天里，要走10个地方，演出11场。15天里，我们不是汽车就是火车，到了地方就演，有时演完，立刻赶往下一站，有时住一夜，第二天一大早就出发。我们虽十分紧张，倒也非常愉快。每到一处，都会受到侨胞们热烈的欢迎，场场爆满。这不仅仅是出于对演出节目的喜爱，更主要的是，表达了他们的一种心情。光复后，他们经历了无数的混乱和苦难，他们思念故乡和祖国，现在祖国的亲人来了，他们怎么能不来表示一下自己的心意呢！

演出一场赶一场地进行着，一场演出完毕，立刻打包装箱，赶往下一站，到了地方，又是一番折腾。道具中金文淑九鼓舞的鼓架最麻烦，门字形鼓架，一边挂三面鼓，每次拆装都费一番工夫。

我们就这样马不停蹄地一路走下来，虽然十分辛苦，但心情一直非常兴奋，最后圆满地完成了预定的演出任务，如期回国。在金浦机场，大家怀着愉快的心情分手。

我的舞蹈研究所当时在秘苑敦化门卧龙洞一个小楼的2层，是租的房子。我不在的时候，研究所由我的二女儿贞元和朴贞淑（艺名美花）两个人留守。

朴贞淑与我们1940年在朝鲜乐部时就认识了，光复后，她也是大韩国乐院会员。"6·25"使她失去双亲，一个弟弟也失去了行踪，就剩下她孤单一人。1956年我开办舞蹈研究所后，她帮了很多忙。朴多才多艺，唱、跳、杖鼓、鼓、样样出色，是演出时一人可多用的角色。我们舞蹈研究所演出发布会时，她常担当杖鼓。1962年韩国民谣团赴日演出时，她也参加了。这次我去日本正好贞元大学毕业在家，就由她们两个人帮助照看研究所。

我在日本时，就开始牙痛，忙于奔波，顾不上看医生，回来后，疼得厉害，不能吃饭，才去看了医生。医生说我的牙全部衰老，需要整理，然后包金，全部做完要30万元。30万元实在拿不出，只好作罢。后来常来研究所练习杖鼓的一位年轻人，给我拿来一剂（20副）药，让我试试。我吃完药，果然好了。我如今80岁，什么都还可以吃。遗憾的是给我拿药来的年轻人，以及年轻人找的那位开药的医生，我竟然忘记了他们的姓名，但是我从内心里感激他们。

2. 去台湾演出

1967年秋，国立国乐院接到"中华民国"孔孟学会和中华国乐院学会的邀请，到中国台湾去演出。追溯历史，我们的传统音乐和舞蹈还从来没有在中国特别是台湾正式演出过。所以我们这次的演出，应该是有生以来第一次。这次去台湾与以往的出国演出不同，我是带着很大的期望去的。我自年幼起，进入宫中乐界，起步学的就是孔子庙祭享中的文庙乐，我现在要去的地方正是这个音乐的发祥地，迫切希望能领略一下那里的祭礼乐和佾舞。

9月20日出发，10月1日回国，全程12天期间内，将在台北、台南、台中和新竹4个地方演出5场。要在文庙乐的发祥地演出文庙乐，我们不能不加十二分小心,认真做准备。

全团 25 人,团长成庆麟,事务主管车宗浩,翻译朱英姬。

男团员:金琪洙(指挥)、金星振(大筝)、金泰燮(筚篥)、金钟熙(奚琴)、李康德(杖鼓)、黄圭男(筚篥)、具润国(玄鹤琴)、赵昌勋(大筝)、李熙明(筚篥)、朴贞洙(伽倻琴)、金龙(座鼓)、金千兴(奚琴)、朴东镇(盘索里)、金炳昊(伽倻琴)。

女团员:金津野子、柳春子、韩镇顺、朴明子、李京子、曹淳子、丁花子、赵敬现。

演出节目第一部分:

洛阳春,春莺啭,伽倻琴弹唱——鸟打令,剑舞,男女唱——太平歌,大筝独奏——柳初新之曲,抛球乐。

演出节目第二部分:

寿齐天,舞鼓,伽倻琴散调,哼啰舞,文庙祭礼乐——凝安之乐,各道民谣,农乐舞共 14 个。

演出时我注意了观众的反应,他们看得很认真,像是第一次看到这样的表演,很新奇的样子,特别是演奏文庙祭礼乐凝安之乐时,他们全神贯注,表现出极大的关心。原来他们的民族性格即如此,从容而稳重,他们坐在那里很安静,表情很庄重。

4 个城市 5 场演出,就是在这样一种安静又严肃的气氛中圆满结束。我们从到达台北开始,一直受到亲切的接待和细心的照顾,不论是演出,还是行程安排都是那么周到细致,准确无误。

至于我前边说过的我们离开韩国时,曾怀着一个期望,参观孔子诞辰祭祀,亲眼看看这里的文庙祭乐和佾舞,关于这点,我想先略过。

先说说我们走马观灯般转过的 4 个城市给我的印象是,规模并不小,建筑物也很宏伟,路很宽广,给人以非常舒适的感觉。

如果要说说我们看到的佾舞,当然作为今天的我们,无法说出它到底该是怎么个样子,但是他们演奏的乐曲和乐器和我们的绝不相同。不仅如此,除去据说是从中国传入我国的编钟、编磬外,他们所用的乐器,与我们明伦洞成均馆文庙祭祀时使用的乐器比较,明显不足,这些令我很失望。

我们回国后,国立国乐院举办了学术研讨会,邀请了孔孟学会梁在平会长和那里的教授、学者们。那时,中央研究院庄本立教授也来了,他对我们文庙乐的所有乐器做了调查,回去后来信说,台湾"政府"全部制作了。我的一个同僚去过台湾,他看到了台湾文庙乐的乐器完整无缺,听了他的话,我感到很自豪。

现在，文庙祭仪被指定为重要无形文化财，受到国家保护，每年春、秋两次举办祭享活动，佾舞由国立国乐高等学校学生来担当，舞蹈动作完全依据《伴宫礼乐书》上的舞谱。

3. 成立韩国舞蹈教师协会

1969年春天，我们组成了"韩国舞蹈教师协会"。所以要成立协会，也是出于无奈，当时汉城正式领取执照的舞蹈研究所非常多，后来又出现很多人文学院，办各种舞蹈班，其中还有几个是教授芭蕾舞和现代舞的。收费标准不一致，使得我们这样一些研究所，非常吃力，俗话说得好，麻雀不能跟着燕子飞，这是我们当时面临问题之一。

舞蹈所尽管经营上困难重重，可是各个研究所又都千方百计举办发布会，你的研究所举办了，我的研究所就不能不办，因为这是生存发展的需要，要生存就要有竞争，要发展就要有创新。但是举办发布会后，就要面对一系列的债务处理，这是最头痛的事。想来想去，联合起来力量大，决定成立舞蹈教师协会。其作用是，可以联合举办发布会，相对节省了用费；各个所选派最好的节目演出，无形中提高了竞争意识，相互比较切磋，交流学习，无异于现场观摩课；因为是各所选出的优秀节目，演出质量高，观众踊跃。所以说这是一举几得的好办法。

我们向有关部门申请注册后，协会正式成立。为庆祝协会成立，在明洞市民会馆，举办了第一届舞蹈发布会。每个所推出1~2个节目，一切进展顺利。大家齐心协力的结果是，再没有受到债务困扰，也不用为观众问题伤脑筋。演出以学员为主，虽艺术层次谈不上很高，但是观众很热情，学生的士气冲天，我们心里也很安慰。

庆祝协会成立的演出圆满结束后，人文学院那边反应也不错，新生入所费，学费也做了调整。秋天本来准备举办第二届发布会，但是各所表现不积极，愿意参加演出的不多，最后只好作罢。1969年末是我的花甲之年，举办了我们所的第四届创作舞蹈发布会，有意用了韩国舞蹈教师协会的名义，我之所以把它推出来，希望它能够发挥作用，但可惜它最后还是成为有名无实的虚设组织。

第 五 部

一、花甲纪念演出《万波息笛》

1. 花甲纪念演出

回顾过去的岁月,我发现1969年是我最忙碌的一年。从年初就开始忙,一直没有消停过。3月中旬韩国民谣研究会成立,我是积极参与者之一。紧接着是研究会成立纪念演出活动,在明洞市民会馆举行。我们依据李忠善老人口述,同时进行了考证,将50年前在汉城盛行过的一种民俗活动重新复活。这就是在旧历正月15前后举行的"踏桥"。居民们集聚在桥上,边踏着步,边唱着歌(京畿山打令),仰望着明月,忘情地唱着踏着,据说这样一年不会生病,不会腿痛。这是汉城内外老人们都熟知的,所以感到很亲切,连续几天,纪念活动大获成功,受到好评。

3月是我的六十大寿,生日宴摆在了神兴寺佛堂。接下来就是上边说过的,成立"韩国舞蹈教师协会"和创立后的纪念演出活动。这两件事完成后,才投入到我的庆花甲纪念演出活动的筹备中去。

其实这项活动,我1967年就开始筹划了,选素材,定脚本,选择用哪种舞蹈去表演,编舞的构思,整体的构成,以及随之而来的服装、道具、舞台装置等等。

如果说,1967年是设计构思阶段,1968年则是进入实质性运作了。首先是舞蹈作品的创作。舞蹈创作的惯例,都是先有乐曲,然后再依据乐曲,编舞蹈动作,过去和现在都是这样。可是我却偏偏反其道而行之。我是先有舞,再依据舞蹈动作配音乐。1959年我的第二次作品发布会演出的舞剧《处容郎》,就是这么完成的。

我认为这样做的好处是,我可以不受任何束缚地,任我的舞思自由驰骋,充分发挥我的想象力,对于编曲人来说,则免去了凭空构思的负担。当然,我在委托作曲人作曲前，要把每一舞蹈需要多少小节，段与段之间韵律的变化、速度以及舞蹈所要表达的精神内容，要都一一交代清楚。当时文化新闻部有一项对出演的艺术家发放创作赞助费的制度。我申请并获得了批准，这给我解决了一大难题。

这次，也就是第四次舞蹈发布会，是1964年第三次舞蹈发布会整整5年后举办的。第二次发布会上演出的《处容郎》，是我把处容舞中蕴含的一个神话故事改编成舞剧；这一次我则是将蕴含在乐器里的一段神话故事舞蹈化。乐和舞历来不可分，特别是我要编的这个舞剧，是有关大笒的一段传说，大笒在我国乐器中可是具有代表性的，我认为这一定很有意义。

大笒又名笛，它音色独特，又是一个吉祥的乐器，传说中它可以为百姓祈福消灾，史书中有记载。

发布会仍分两个部分，需要40名演员，我们研究所没有那么多学员，征得国立国乐院同意，请院里女演员协助演出。

2. 舞蹈发布会内容

名称：《万波息笛》金千兴花甲纪念演出（节目经新闻部审批，并给予创作赞助）

时间：1969年12月6～7日下午3时、7时

地点：国立剧场

主办：韩国舞蹈教师协会

赞助：文化新闻部

节目内容

第一部分：1. 抛球乐，2. 云，3. 仙桃戏，4. 舞山香，5. 献天花，6. 即兴舞，7. 戏球

第二部分：舞剧《万波息笛》5幕21场

音乐 伴奏：金琪洙作曲 演奏：30余名演奏师

《万波息笛》故事梗概：新罗第31代王神文王（681～691），一年的5月，东海中的一个小岛飘向感恩寺，王听到报告，感到很奇怪，就问谏吉官金春吉，金占卜后，回王说，托先王和金儒臣两位圣人的福，有一件护卫新罗之宝，只要王亲自到东海岸边，就能得到这一无价之宝。

王听后非常高兴，就在那个月的7日亲临利见台，派狮子去调查真相。狮子到山里转了一圈，回来报告说：山势如乌龟头，上边有一棵竹子，这棵竹，白天分成两株，到了夜晚合并为一株。王想亲自去看看。他离开感恩寺，

正要向山里走，这时正好是5点钟，眼见那棵竹合并在一起，突然之间地动山摇，狂风大作，暴雨整整下了7天7夜，才风平浪静。王乘船正要进山，老龙来迎接，献上一条黑色玉带。王问龙关于竹的故事，龙回答说：打个比方说，这手是一只的时候，发不出任何声音，可要是两只手一拍，声音就出来了。竹子就是这个道理。大王不妨取竹一段做一支笛，必要时一吹，天下就太平了。

王果然派狮子去取竹回来。不觉间山没了，龙也不见了。神文王按龙说的，做了一支笛子。这笛果真神奇，作战时，笛一吹，敌兵就败下阵去；疾病蔓延时，笛一吹，病全好了；大旱时，笛一吹，就下雨；阴雨天，笛一吹，天就晴了；刮大风时，笛一吹，风也不刮了。

这故事出自《三国遗史》。

舞剧简介

第一幕 宫中飨宴

序舞 在讴歌新罗太平盛世的乐曲声中，大幕缓缓拉开

船游戏（舞伎围绕彩船跳华丽的宫中舞），使者舞（使者来报东海边出奇事），线舞（宫女们煽动国王去看奇事）

第二幕 利见台奇迹

仙女舞（仙女群舞暗示出现祥瑞之兆），阴阳调和之舞（双人舞，表现竹之开合）

第三幕 王驾临感恩寺

佛教仪式舞（蝶舞、哼啰舞、打柱舞、木鱼、法鼓），龙舞（龙献玉带），使者舞（使者扛竹上）

第四幕 神器——笛

受苦受难者之舞（一群被贫穷、饥饿、疾病折磨的百姓），巫女舞（努力减轻百姓苦痛），神器舞（笛的出现解救了百姓），战胜舞（兵卒庆胜利跳刀舞、弓舞）

第五幕 宫中大团圆

宫中设宴唱"击壤鼓"（农民歌颂太平生活时唱的歌，据说源于中国——译者注）庆祝国泰民安

最后以"鹤·处容·莲花台合设"的大团圆结束。处容、鹤、莲花台舞均以《乐学轨范》和《呈才笏记》的舞谱为基准。

演出结果超乎想象，大受欢迎，舞蹈界和新闻界均有好评。有评论说，一个舞剧里，同时融进宫中舞，佛教仪式舞和巫女舞，以及刀舞、弓舞等民俗舞蹈，而且安排得恰到好处。对音乐的评论是，金琪洙是以传统国乐为基

调的同时，加入了新的元素，给人一种新鲜感。特别是序曲，乐曲气势宏伟，烘托出统一后的新罗的盛世景象。在悠扬细腻的主题音乐中，间或有木鱼、铃铛、云锣、编钟等打击乐器声音出现，别具韵味。

这次演出的节目单是艺术院会员金中显先生给题的字，崔英浩负责美术，赵川山负责照明，音乐由国立国乐院承担，我衷心感谢他们。负责舞台设计的崔延浩一次跟我说：士兵们跳的刀舞和弓舞，真想再看一遍。我又何尝没有产生过这念头，可是力已不从心。

3. 庆花甲演出之后

庆花甲演出获意想不到的巨大成功。本来以为可以轻松一下了，没想到遭遇了住房的风波，险些露宿街头，夏威夷的裴先生刚好来汉城，得益于他的帮助，才勉强渡过难关。

天无绝人之路，我的舞剧《万波息笛》被授予大韩民国艺术院奖。当年7月17日在汉城大学礼堂举行受奖仪式。奖金多少记不清了，但是对当时的我的处境，却起了大作用。我还了裴先生的钱，还解决了一些演出后的遗留问题。直到这时，我才感到找回了自己。

房子的风波，搞得我精疲力竭，做梦都想不到，我又获如此大奖，人生就是这样起起伏伏。

4. 被指定为文化财的"处容舞"和"鹤舞"

我被指定为第39号处容舞无形文化财是1971年2月8日。其实关于处容舞的调查工作我是直接参加者之一，另一位是金基树。1969年7月10日到8月10日，用了一个月时间。当时我是文化财委员之一，对前后过程都了解。我们11月写完调查结果，上交文化财委员会。文化财委员会在讨论过程中，一位委员提出，在《乐学轨范》中记载，处容舞和鹤舞是同时出演的，其出演顺序都有记载，因此，对鹤舞也应进行调查，两个舞蹈应同时被指定。他的提议被全体委员通过。我和崔贤为责任调查人。我当时心里本来暗暗地希望着能被指定处容舞文化财，怕这样一来会落空，有点扫兴，可也没办法。另外调查鹤舞和调查处容舞不同，处容是我直接学来的，制作舞谱没有困难，鹤舞是宫中舞蹈，宫中怎么跳的没看见过，只是1937年韩成俊翁发布会上看见韩翁跳过一次，留下印象有限。因此只能依靠查资料，重点放在《乐学轨范》鹤舞笏记上（和国乐院抄写的笏记相同），以其为依据，参照韩成俊翁舞蹈动作、表演方法、构成形式、制成舞谱。

当时推荐从小开始学跳鹤舞，现已作古的韩淑英为鹤舞技能保有者。

第 五 部

1969年12月在鹤舞和处容舞同时作为文化财的讨论会上，任晳宰委员长又提建议，在《乐学轨范》时用乡乐呈才条上，鹤、处容，莲花台舞合设出演，不如借此机会，对莲花台舞也做调查，三项一起考虑。委员全体通过，保留处容和鹤舞原来已通过的决议，莲花台舞的调查，仍然是我和崔贤。

会议通过后，还要等下公文，批经费，所以1970年8月我们才着手调查，用了2周时间调查结束。

莲花台舞是1940年代，艺伎们跳的。但是听说过，没有亲眼看到过。只能以《高丽史乐志》和《乐学轨范时用乡乐呈才笏记》为依据，再现其舞蹈原型之后，教国乐院女演奏员们跳，最后再编制成舞谱。在写调查报告时，对其由来和发展，就只能依据文字记载了。1970年末，文化财委员会经数次讨论后，于1971年2月8日，正式指定处容舞为39号，鹤舞为40号。

关于鹤舞还有一点应当说清楚，在着手调查时，调查的方向，是把它认定为宫中舞系列，从对它的由来，传承过程，出演时期和出演场所的有关记载来分析，我认定它是属宫中系列。但是舞蹈核心是动作，而对于其动作我们却出于一片茫然状态。

1937年在韩成俊翁的发布会上，看过一次，以后再没有这样的机会。即或是又看到过，对于那个时候的我，一个对舞蹈还没有什么见识的人来说，看过了也就过去了，不会留下什么记忆。我去找了韩英淑，她说，她小时候跟爷爷学过这个舞蹈，但跳的次数不多，只能摸索着想，不一定全都想得起来。

韩翁跳的鹤舞已无法回忆准确，而仅凭呈才笏记复原的舞蹈，去申报文化财，又觉得不十分妥当。认真考虑后，决定以呈才笏记为准，参照韩英淑的动作，同时随时与韩氏探讨，经过反复琢磨后制成舞谱，这也就是今天的鹤舞。

历史上原本是在宫中表演，后由我国民俗舞蹈的先驱韩成俊翁演绎的鹤舞的根本和精神，及舞蹈的艺术性，可以说，现在我们依据韩英淑记忆恢复的舞谱基本都体现出来了。

推荐韩英淑为技能保有者，是因为在宫中跳过这个舞的人已经没有了，韩从小学了这个舞蹈，后来又跳过。还有一点说明，由于我的原因，舞蹈伴奏记录为谷格里节奏（民俗舞蹈伴奏曲之一），曲子用打令曲演奏。

二、赴欧洲演出和大乐会成立

1. 赴欧洲演出

1973年秋，国立国乐院接到巴黎东洋艺术调查委员会邀请，到法、德、伊朗、瑞士4国演出，我也是演出团成员之一。团长是金基树乐师长，翻译是当年随我们去美国演出的美国人海曼。共23名团员，男14名，女9名。18个节目，3个备用节目。我们是国立国乐院雅乐演奏团，所以节目内容，音乐部分以宫中和正乐系列为主，舞蹈部分以宫中舞居多，民俗音乐和舞蹈少量。男团员主要担当音乐部分，女团员担任舞蹈部分和鸟打令弹唱。邀请方负责有关演出一切事宜，并负担我们的往返旅费和食宿费用。我们无任何负担，只需带着乐曲前去演出就行了。演出为3个月零10天，也就是100天。韩国演出团海外演出还从来没有过这么长的时间。

1973年8月29日上午，我们从金浦机场出发，在日本东京住一夜，30日飞离东京，经香港、曼谷、西贡，到达伊朗的设拉子，休息一晚，9月1日正好参加"第七届设拉子国际艺术节"，我们参加了演出。艺术节共有16个国家参加，为期2天，丰富多彩，给我留下很好的印象。3日是观光日，印象深刻的是2500年前帕莱斯王的别墅，100年前发现的地下石墓，马的保护神，狮子以及古建筑。

他们的房屋很有特色，剧场是露天的，舞台在中央，观众可以从四面八方任何一个角度观看。这是过去伊朗历代王朝娱乐的场所，现在每年在这里举办艺术节，已成惯例。没有活动的时候这里被用作市场。

9月4日离开设拉子。5日在德黑兰演出。6日离德黑兰去法国巴黎。在伊朗演出3场逗留7天时间，经历最困难的两件事，一是这里是热带气候，第一次体验这么热的天气，很不适应；二是吃的东西不习惯，肥腻，味道怪怪的。6日经巴黎到贝桑松，7日参加了"第26届贝桑松音乐节"，演出完成得很顺利。11日去瑞士，参加在洛桑举办的"第25届洛桑音乐节"演出也很成功。

在这次的音乐节上，遇到了前来参加的金世炯、曹祥铉、金慈璟、李承载，异国相逢，都非常高兴。

21日前，有10天时间没有演出，所有的演出节目要TV录像，音乐要录音，一切完成后，22日午后，我们乘巴士，行李用卡车，出发去柏林。走了十几个小时，晚上12时左右，到了东德国境哨所，领队前去交涉，结果是不让通过，只好就近找旅馆先住下，第二天再说。第二天下午又开车到了出入境哨卡，等了很长时间终于允许通过。24日清晨到达柏林，虽很累，但提着的心总算放下来了。按预定计划，在这里利用5天时间拍电影。我们和驻柏林领事馆取得联系，领事和有关官员立刻赶过来看我们。当说起我们是乘巴士通过东德时，他们很吃惊，说："多亏没出什么事，我们和东德没有建交，一旦出了事，我们一点办法也没有。"嘱咐我们回去时千万不能再坐巴士。经过和主办方交涉，讲清利害关系，他们也只好同意，29日我们乘飞机回到了柏林。

2. 国民勋章牡丹章

10月1日，我们做健康检查，全体团员均正常。我们常到国外演出从未有过此种要求，只有法国明文规定外国游客必须持健康证明。10月8日，离巴黎去西德霍拉依伯格（音译）演出，再乘飞机到柏林。在柏林意外见到现在是汉城艺专的赵在善，他当时在柏林学作曲，还有一位吴在璟氏，在此相逢，都非常高兴。

我们在西德的演出从10月8日开始30日结束，在各地巡回演出共30场，还做了录音，拍了电影。这次演出有尹伊桑氏做现场解说，效果非常好。

31日再次回到巴黎，在有名的爱丽舍宫剧场，从11月1日到18日共演出了18场，期间有3天休息，而这期间有3个星期天，星期天各演2场。

这在国乐院演出的历史上，还从来没有过。根据我以前的演出经验，我甚至有些担心，连续18天，在一个剧场演出，经济上划得来吗？

第一天领事馆举行了招待会，剧场满员，2～3天约500名观众，这之后维持在200～300名的程度，周日昼夜2场500名左右，晚场比日场人多。我有长期组织演出经验，观众一少，就着急得不行，可是在这里我不用操这个心，心中平和地参加每一场的演出。记得是演出的第5天，观众很少，心里很不是滋味，正在这时一个人找到后台，自我介绍是汉阳大学教授，作为研究学者来巴黎，今天偶然路过这里，看见了外边的广告牌，这才进来的。我问他，在这里对演出一般采取什么样的方式宣传时，他说只有一个月发行一本的小册子，新闻和电视上都不做宣传。我还是老经验，以为到国外演出当地侨胞都最早知道并积极行动起来，都会来看演出，可是我们在这里演出了18场，还没有一个韩国人来找过我们。听了他的话，我才明白了原因。

在巴黎的18场演出结束后，我们又到另一地方演出了12场，12月11日结束了最后的一场演出，12月14日回国，15日东京停留，16日到汉城。

回到汉城，正有一个惊人的消息等着我，是我做梦也没有想到的，我竟然获政府颁发的大奖——国民勋章牡丹章。回到家里见到家人和朋友们，他们自然都为我高兴。送走客人，我却久久不能入睡，我不过做着自己该做的一切，却获得如此大奖，心中很不平静。

第二天上班才知道，我之所以能受此殊荣，是因为国乐院积极地为我争取的结果，我心存感激。这不光是我的，也是我们家族的荣誉，我将永远珍惜。

欧洲巡演期间，各地演出均有新闻报道及评论文章，我国驻外记者及时传回国内，并在国内报纸上转载，报导从各个方面对演出做出评价。

对9月7日贝桑松演出评价：韩国音乐和舞蹈震惊了贝桑松艺术节。神秘的远东艺术再一次令欧洲人折服，当大筝那如泣如诉的声音，在耳边响起，那悠扬的旋律并没有让欧洲人感到陌生。

对11月3日爱舍丽宫演出的评价：韩国的宫中音乐和舞蹈在远东各国中历史最悠久，音乐的节奏缓慢而悠长，舞蹈的风格严肃而有气魄，充满贵族气息。西方人的耳朵对于东方音乐，虽然难免有些生涩，但他们仍然会被眼前这高雅的艺术所倾倒。

对11月4日爱舍丽宫演出的评价：长发上插着金簪，面带蒙娜丽莎般神秘的微笑，古典而华丽的衣裳，在我们眼前闪动着的，正是在爱舍丽宫台上跳着的韩国宫中舞蹈。

5世纪前的音乐，旋律是那么清晰准确，演奏者的一举一动，无不蕴含着一种内在的精神之美。不啻为一次至诚的升华的艺术盛宴。像这么纯粹的艺术，在远东，没有谁可与之相比。

一位远东音乐专家，法国国立音乐院从事比较音乐研究的负责人特兰邦斯看完演出后说："我对韩国音乐一直非常关心，看过一些书籍，听过唱片和录音。而这一次，是我第一次近距离接触，它使我看到了东方艺术的纯粹与极致，它远远超过了中国和日本的音乐。所以如此，缘于他们对东方古典艺术的尊重，为保护它，而付出了艰苦的努力，直到20世纪的今天，他们依然如此。不能说传统音乐过时了，通过演出使我们看到了它巨大的生命力。演奏团由年轻的艺术人组成，看他们演出时的神态，我确信传统绝不单是老年人的趣味。由此，我对韩国古典艺术的未来寄予无限期望。"

令欧洲人兴奋的是，在东方古老的音乐中，他们发现了最现代的元素，这就是韩国古典音乐中，无意间流露出的即兴的音符。

说一说我们在欧洲的饮食。

知道在欧洲的3个月，我们最受折磨的是什么吗？这就是面包。吃德国面包，法国面包，实在咽不下去了，就到中国餐馆吃一次米饭，或者买一罐米饭和菜混合的罐头，回旅馆后把罐头放在装有热水的脸盆里，热一热吃。不过德国的面包稍放了点盐，虽有点硬，味道还勉强可以接受，现在有时还买回来，边吃边想着当年的情景。

3. 创立大乐会

大乐会是宗庙祭礼乐被指定为重要无形文化财整整10年后的1973年5月成立的。当时被指定为重要无形文化财的集体项目，均成立了社团法人组织，在文化新闻部和文化财管理局的监督管理下，各自在为本门类艺术的传承发展做着努力。而那些被指定为无形文化财的个人项目，尽管传承事业也十分必要，但还没有行动起来。

当时，国立国乐院系统被指定为文化财的项目有4个：宗庙祭礼乐、大筝正乐、大吹打、处容舞。除大吹打崔仁瑞翁外，其他项目的人，每天都在国乐院相逢，大家一致认为，我们这4个项目如果联合起来成立一个组织，共同探讨携手合作，对传承事业的发展将更有力。大乐会成立之初的人员情况是：

第1号文庙祭礼乐有张寅湜、成庆麟、金永胤、朴永福、李奭载、奉海龙、金星振、金琪洙、金泰燮、金钟熙、李康德、金千兴。

第20号大筝正乐有金星振。

第39号处容舞有奉海龙、金琪洙、金泰燮、金龙、金千兴。

第46号大吹打有崔仁瑞（非国乐院人士）。

大乐会条款第3条大乐会的构成中明确其组成为，"被指定为无形文化财的有宗庙祭礼、大筝正乐、大吹打、处容舞。大乐会的成立，旨在对上述门类艺术的保护、传承、普及、研究和发展"。以上13名技能保有者和各所属门类的专修奖学生，参加了成立大会。会上选出了执委会，我当选为代表理事。理事有张寅湜、崔仁瑞、朴永福、金钟熙、另有2名监理。

这是成立之初的情况，到了1975年，无形文化财又增新项目，它们是僧舞（韩英淑，27号），西道唱（金正渊、吴福女，29号），京畿民谣（墨桂月、李银珠、安翡翠，57号）。随着新项目的增加，大乐会的条款做了大幅修改，不仅吸收了上述几个项目，后来干脆门户彻底开放，被指定为文化财的任何一个项目，都可以入会。这样到大乐会创立20周年时，项目已扩大到15种，即：

宗庙祭礼乐（第1号）　　玄鹤琴散调（第16号）
大筝正乐（第20号）　　伽倻琴散调（第23号）
伽倻琴弹唱（第23号）　　僧舞（第27号）
西道唱（第29号）　　蓓蓓招魂（第28号）

歌曲（第30号）　　　　　处容舞（第39号）

鹤舞（第40号）　　　　　大吹打（第46号）

京畿民谣（第57号）　　　太平舞（第92号）

煞儿铺里（第97号）

我写这些文字的时候是1992年2月，上述项目中的技能保有者已有12位辞世。大乐会现有技能保有者是：

宗庙祭礼乐——成庆麟、奉海龙、金星振、金钟熙、李康德、金千兴

玄鹤琴散调——元光浩

伽倻琴散调并弹唱——郑达英、李英姬

男唱歌曲——全孝俊、洪元基

女唱歌曲——金月河

西道唱——吴福女

京畿民谣——墨桂月、李银珠、安翡翠

蓓蓓招魂——李恩冠

太平舞——姜善泳

大笒正乐——金星振（兼宗庙乐）

处容舞——金龙、奉海龙（兼宗庙乐）、金千兴（兼宗庙乐）

鹤莲花台合设——李兴九

大吹打——郑在国

各部门的准保有者14名，受业生125名，专修奖学生75名。

过去20年，文化财管理局每年都举行发布会及受业生考核评议发布会。大乐会自己也举办发布会，1974年到1991年举行过8届专修奖学生发布会，这对促进学习的积极性，艺术技能的提高，非常有益。

在我写下这些文字的时候，一阵悔恨的心情在刺痛着我，我们大乐会有15个无形文化财项目，19名技能保有者，14名准技能保有者，125名受业生。20年的时间里，我们本来可以大有所为，但是由于我的思想没有跟上，能力也不足，致使现在回想起来，留有太多遗憾。要知道我们所要传承下去的是国家的财富，是文化的瑰宝，想到这些不能不感到愧疚。

最后介绍一下15个门类文化财准保有者情况：

第1号　宗庙祭礼乐

　　　　准保有者——崔忠雄、具润国

　　　　助手——李熙明、赵运朝、朴贞洙、金英淑、受业生38名

第16号　玄鹤琴散调

　　　　准保有者——金英才，受业生20名

第20号　大笒正乐
　　　　准保有者—金应瑞
　　　　助手——李相奎，受业生11名

第23号　伽倻琴弹唱
　　　　准保有者——安淑善、姜贞淑，受业生5名
　　　　伽倻琴散调
　　　　准保有者——杨承熙、元汉基
　　　　助手——尹美容、文在淑，受业生5名

第27号　僧舞
　　　　准保有者——李爱珠
　　　　助手——郑在晚、任奎兴，受业生26名

第29号　西道唱
　　　　助手——李春木、金光淑，受业生16名

第30号　男唱歌曲
　　　　准保有者——李东奎、金京培
　　　　助手——金永基、李五奎，受业生20名

第39号　处容舞
　　　　准保有者——金钟燮，受业生16名

第40号　鹤舞
　　　　受业生11名

第46号　大吹打
　　　　助手——史在星，受业生7名

第57号　京畿民谣
　　　　准保有者——李春姬、任正兰、金今淑、金蕙兰，受业生27名

第92号　太平舞
　　　　准保有者——李贤子
　　　　助手——李明子，受业生17名

第97号　煞儿铺里
　　　　准保有者——郑明淑
　　　　助手——金贞女、金云仙、杨吉顺，受业生9名

三、海外文化使者（一）

1. 接受夏威夷大学邀请暑期讲学

在大乐会成立后，我应夏威夷大学邀请去讲学，时间是 2 个月。6 月 27 日离开汉城，到那里才知道，这是夏威夷大学音乐科利用暑假期间，举办的讲习会，7 月 1 日到 8 月 15 日，共一个半月时间，讲课地点就利用学校的教室。

讲习会被邀请的除我国外，还有菲律宾、日本、冲绳、欧洲、美国共十几个地区和国家，讲习会结束后还将举行汇报演出。

十几个地区和国家，带来了他们各具特色的传统的音乐，舞蹈和民间艺术，因此最后的演出将是各民族艺术的大会演，是夏威夷以它特有的地理条件，举办的艺术庆典。

参加讲习会的是大学教授，讲师，中、高等学校的教师和一般学科的大学生，据了解，参加学习的教师们，最后的学习成绩将和他们的升迁和薪金挂钩。

韩国部分，由我和夏威夷大学的李秉元负责，他教授笙篁、大笒、短箫、唢呐；我教授洋琴、伽倻琴、奚琴、雅筝、杖鼓和舞蹈。和其他国家比，我们在乐器方面只缺玄鹤琴，其他乐器基本都有了，所以我们教授的器乐种类是比较多的。虽然是那么多国家和地区的讲习班，但指导老师只请了三个国家的。

参加的人员，器乐 20 多名，舞蹈 20 名。我深感责任重大，特别是因为语言不通，我选择教授的乐曲是"灵山相会"中的"上灵山"、"打令"、"千年万岁"和民谣"阿里郎"，及另外 6 个曲子；舞蹈是"佳人剪牡丹"、"三鼓舞"、"鹤舞"、"煞儿铺里"、"哼啰舞"、"春莺啭"、"响钹舞"、"假面舞"、"农乐"；声乐是"平时调"。

演出预定 3 场，夏威夷大学肯尼迪剧场 2 场，是 7 月 26 日和 7 月 27 日。居住火奴鲁鲁的池瑛凞、裴汉挐、夏威夷大学李秉元也参加了演出。

节目是：第一部分

音乐——灵山会相之上灵山

舞蹈——三鼓舞

声乐——平时调

舞蹈——鹤舞

大筝独奏——平调会相之中灵山
舞蹈——煞儿铺里
舞蹈——哼啰舞
第二部分
音乐——灵山会相之打令
舞蹈——诺多尔江边
舞蹈——春莺啭
舞蹈——响钹舞
舞蹈——假面舞
器乐——伽倻琴散调
舞蹈——农乐
共14种

池瑛凞、成锦鸢、李秉元、裴汉拏几位的加入，使演出大为增色。8月14日的第三场演出依然在肯尼迪剧场进行，演出获得好评，我终于松了一口气，圆满完成了任务，很欣慰。

1963年，我在裴先生研究所组织演出，1964年参加三千里歌舞团，1972年随国立国乐院演奏家活动时又到过一次火奴鲁鲁，在宣传我们自己文化艺术的同时，我也欣赏到了其他很多国家的演出，受益匪浅。

2. 参加日本亚细亚民俗艺术节

1975年是国立国乐院海外演出最繁忙的一年。9月，参加了庆祝光复30周年，旅日桥民团举办的慰问演出活动；10月，接受韩国参战勇士会邀请，参加韩国参战25周年纪念活动，20余天，各地巡演10余场；10月21日，接受日本文化省邀请，参加"亚细亚民族艺能祭"，其全称是艺术祭30周年纪念暨广播启动50周年纪念"亚细亚民族艺能祭"，在NHK服务中心举行，后援是日本外务省。有泰国、印度尼西亚、菲律宾、印度、马来西亚、日本、韩国等国家参加。

我们10月23日到11月8日期间，共演出6天，每日2场。演出的节目是：

1. 表正万方之曲　　　　　　2. 舞鼓
3. 煞儿铺里　　　　　　　　4. 哼啰舞
5. 伽倻琴散调和弹唱（鸟打令）6. 凤山假面舞
7. 僧舞　　　　　　　　　　8. 大筝独奏 庆丰年
9. 农乐

这次是金琪洙院长任团长，男女团员共25人。

3. 釜山光复30周年纪念演出

"亚细亚民族艺能祭"结束后，我回到国内，立刻投入釜山"光复30周年纪念——金千兴传统舞蹈演出"的准备工作。这次演出主办方是釜山艺能民俗研究会，主要运筹人是郑大允氏。

20世纪60年代中期，为考查无形文化财项目，我多次去过庆尚南道一些地方，郑氏作为那个地区出身的人，我们有过多次接触。1964年我在考查"固城—统营五广大"时，到过东莱，见过朴得业氏及其他老人，对"野游"情况做过调查，获取了无形文化财所需的基础资料。1965年"东莱野游"被指定为无形文化财第18号。1966年为调查"晋州剑舞"，1967年为调查"统营胜战舞"我多次到过这些地区。郑氏家乡水营就在东莱旁边，我们多次见面。

后来"水营野游"参加了"全国民俗艺术竞演大会"，并获大奖。1970年"水营野游"被指定为无形文化财第43号，可是郑大允只被登录为表演者，而非保有者。之后，又在水营地区，挖掘出"左水营渔坊戏"，1973年他们参加了第14届"全国民俗艺术竞演大会"，获荣誉大总统奖。

当时，只要是"全国民俗艺术竞演大会"上获大总统奖的项目，都会被指定为无形文化财。1974年，张师勋教授负责该项目的调查，郑氏被登录为该项目总指挥。

以上水营地区被指定为文化财的项目，在挖掘、调查、整理的过程中，郑氏一直积极协助，做了很多工作。

我在釜山的演出，也是在郑氏积极努力下得以实现的。下面介绍一下演出的情况：

名称：光复30周年纪念——金千兴传统舞蹈大型演出
时间：1975年11月5日，日场3时，晚场7时
场所：釜山市民会馆
主办：金千兴传统舞蹈研究所、釜山民俗艺术研究会
后援：韩国文化艺术振兴会
节目：

第一部分
（1）佳人剪牡丹　　　　　　　　（2）假面（釜山8墨僧假面之一）
（3）狮子舞（取自凤山假面舞）　（4）煞儿铺里
（5）響钹舞　　　　　　　　　　（6）老丈和小巫（取自扬州山台戏）

(7) 宝相舞

第二部分

(1) 僧舞　　　　　　　　　　(2) 哼啰舞

(3) 老丈和小巫（取自凤山假面舞）　(4) 春莺啭

(5) 鹤舞　　　　　　　　　　(6) 莲花台舞

(7) 处容舞

共 14 个节目

"心舞会" 16 名会员出演。

节目中有宫中系列，民俗系列，假面系列，重点放在传统舞蹈上。这 14 个节目中第一部分的 2、4、6，第二部分的 1、3 这 5 个节目，由我自己出演，自 1972 年"我的舞乐生活 50 年"纪念演出时跳过后，这是第二次。

我能在釜山演出，郑氏功不可没，我铭记在心，心中也一直记挂着郑氏无形文化财技能保有者指定的事。

后来在"鱼坊戏"文化财指定问题的讨论中，郑氏再一次被否定，认为他实力不足，不能成为该项目的技能保有者。由于在保有者问题上有了分歧，文化财委员会方面在该项目保有者的指定问题上，以暂做保留处理。后来在"水营野游渔坊"保有者问题上，进一步复杂化，郑氏最后撒手不再过问，但心情郁闷，借酒消愁，以致得了肝硬化去世。他一生渴望未能实现，使我非常伤心。

4. 韩国民俗艺术团赴美演出

1976 年美国独立 200 周年举办大型庆祝活动，世界很多国家派出文化使节前往祝贺。我国新闻部派遣韩国民俗艺术团前去参加。艺术团以舞蹈为主，此外有盘索里、雅乐，我参加雅乐演奏。

团长是当时艺总会长李奉来，新闻部尹秉基、金三峰参加。舞蹈演员有金白峰、金文淑、宋范、韩顺玉等男女演员共 30 名，盘索里演员有金素姬，国乐院演奏员 8 人。另有演职人员共 50 人。

6 月 21 日从汉城出发，8 月 9 日回国，在美国巡演 50 天，11 个地区。以哈里斯堡为起点，接下来是费城、华盛顿、纽约、波士顿、亚特兰大、芝加哥、西雅图、旧金山、洛杉矶。有当地侨民帮助安排日程及各项准备，巡演非常顺利。演出反映非常好，各地均受到极大欢迎。

7 月 4 日独立纪念日当天，举行有 66 个国家艺术团参加的大游行，并有露天演出。500 万人口的纽约，起码有 100 万人观看了大游行。

我们艺术团在队伍中十分醒目，有大吹打演奏，有农乐即兴表演，引来两旁观众的欢呼。

我们准备的节目是扇舞、花冠舞、农乐、僧舞、杖鼓舞、鼓舞、盘索里、大吹打、雅乐等，节目会根据演出场地的不同进行灵活调整。

我们一行是6月21日离开汉城，22日到费城，开始两天是参加欢迎会，参观等活动，25日到哈里斯堡举行了第一场演出，26日再次回到费城进行晚场演出。

费城演出那天晚上，我由于一直处于紧张状态，休息不好，也没吃好，演出前吃了几个香蕉后，腹部开始疼痛，而且越来越厉害，结果去了医院，演出都未能参加。检查结果是胆囊炎。我多次出国演出，这种情况从来没有过，我意识到年纪大了，身体也不如从前了。好在服药后，很快就好了。

5. 迪斯尼乐园

8月初，在旧金山连续演出三天，演出全部结束，就等着回家了。不知是谁提议去见识一下迪斯尼乐园，立刻得到全体呼应。我们玩了一个游戏场又一个游戏场，够紧张，够刺激，但是经历了最惊险的高空旋转之后，我意识到玩这些，我年龄确实是大了。

在演出中，多次遇到舞台太小，有的舞蹈节目无法演出的情况，意识到再有出国演出，准备节目时要有多手准备，准备些可以随机应变的小节目。关于这次活动，汉城新闻8月10日文化栏，以《一份有价值的礼物》为标题做了报导：为祝贺美国独立200周年，我们派出韩国民俗艺术团，50天在11个地区巡回演出20场。所到之处，均受到热烈欢迎。平均每场3000名观众，20场有6万名观众观看了演出。7月4日纽约有一百万人云集街头观看大游行，我国艺术团以其古典艳丽的服装和独具魅力的舞蹈，受到观众的青睐。这大大增长了当地我国侨胞的士气。

7月30日在旧金山的演出，有7500名观众观看了演出，演出盛况空前。旧金山市长把那一天比作"韩美日"，说："这是献给美国独立200周年的一份最有价值的、最富诚意的礼物"。

四、海外文化使者（二）

1. 正农乐会和"灵山会相"

"正农乐会"创立于1976年，是大学国乐科教授们的创意，考虑到雅乐部出身的人，已经没剩下几位了，如果能有一个组织作为纽带，一方面可以让他们多发挥作用，在培养学生上多出力，又可多组织一些演出等活动，以此来促进正乐事业的发展。当时雅乐部出身的就只剩下奉海龙、李奭载、金星振、金泰燮、金千兴这么几位了，他们的建议一提出来，立刻得到我们的赞同，可以说是不谋而合。当时还吸收几位年轻会员，金贞子（汉大音乐学院助教）、金善韩（梨花女大音乐学院讲师）、徐汉范（汉大音乐学院讲师）、杨渊燮（梨花女大音乐学院讲师）。

首先考虑的是举行"正农乐会"创立纪念发布会。计划一旦确立，立刻投入准备工作。由于成立"正农乐会"的创意好，目的明确，全体成员齐心协力，工作进展得十分顺利。

演出曲目定为灵山会相（重光之曲）。写到这里不免回忆起当时情景，我筹办过很多次演出，没有哪一次像这次这样，人人都这么认真，这么挚诚，说明这种热情是发自内心的。尽管排练很艰苦，但心齐力量大，5月24日在国立剧场小剧场，创立纪念演出拉开序幕。

在出演前的致辞中阐述了我们创立"正农乐会"的宗旨，我记得是这样的：我们国家正统的传统艺术正处在岌岌可危的地步，为正乐事业奋斗一生的老艺术家们只留下不多的几位了。现在，摆在我们年轻的国乐人面前最紧迫的任务是，如何把班接好，把我们宝贵的传统艺术准确无误地传下去……

我们本来还有些担心，但事实证明我们的担心是多余的，不仅观众很多，而且演出反应热烈，可以说演出非常成功。

演出的结果增强了我们的信心，当年的9月，我们又组织了第二次"别曲"演奏会。在那之后"正农乐会"每年都要举办1~2次演出活动，不仅在国内演，还到国外演出过，这些活动对传统音乐的研究和发展都有积极作用。

"正农乐会"成立于1976年到1993年，这16年间，在国内举办大、小型演出共22次。正乐系统音乐部分，全部演出过了，歌乐部分，男女唱歌曲演出6次，歌词演出1次。

在国外也有过几次演出，1982年到法国巴黎，参加在那里举办的英国（德勒姆）音乐节；1990年参加在日本举办的亚细亚艺术节；同年去中国吉林省延吉市，为海外侨胞做实技现场讲习，同时演出；1991年去蒙古举行演出；1993年，应邀去德国柏林演出。

为了保存资料，1981年12月，录制出版唱片"灵山会相（灵山会相、平调会相、管乐灵山会相别曲）"；1982年3月，录制LP盘4张唱片"灵山会相"全曲；同年7月到9月录制唱片奚琴独奏和合奏；1990年6月股份公司成音社又为"灵山会相"做了Video录音。

1982年，"正农乐会"还荣获KBS每年颁发的国乐大奖演出奖。

1977年"正农乐会"第一次发布会时,会员不过10名,奉海龙、李奭载、金星振、金泰燮、金琪洙、金千兴和年轻会员金贞子,金善韩、徐汉范、杨渊燮。后来,随着演出活动的增加,演出乐曲范围的扩大,种目的多样化,会员也大大增加。到1993年,16年间和"正农乐会"结下因缘,参加演出的人达31名之多。其中6名出身于李王职雅乐部;23名出身于国立国乐院附属国乐社养成所和后来改为国立国乐高等学校毕业后进入大学国乐科的学士、硕士生,现在他们已成为大学教授,国立国乐院、KBS国乐团、市立国乐团等一些单位的骨干。汉大出身的金贞子和李志英总是一起参加活动。演出活动使国乐人的实力不断增强,队伍不断扩大,形成了一个阶梯式传承体系。从朝鲜时期的音乐机构雅乐部,到由其引申而来的国立国乐院、国乐社养成所、国立国乐高等学校,我想这就是我们这个正乐组织的家族谱。

这期间几位老年会员李奭载、金琪洙、金泰燮相继过世,只有奉海龙,金星振我们三个人了,而我们也都老了,力不从心了,演出活动是做不成了,但是我的心一直在跟着他们转动,关注着他们的活动,为他们的每一天进展而兴奋。

我把到现在为止的"正农乐会"会员情况列表如下:

李王职雅乐部(院)养成所出身的有,

第二期	金千兴	男	奚琴	国立国乐院元老团员 无形文化财第1号,第39号 技能保有者
第三期	奉海龙	男	大笒	无形文化财第1号,第39号 技能保有者
第三期	李奭载	男	筚篥	无形文化财第1号,第39号 技能保有者
第四期	金星振	男	大笒	国立国乐院元老团员 无形文化财第20号技能保有者
第四期	金琪洙	男	大笒	原国立国乐院院长 无形文化财第1号,第39号 技能保有者
第五期	金泰燮	男	大笒	无形文化财第1号,第39号 技能保有者

国乐社养成所,国立国乐高等学校出身的有,

第一期	金京培	男	玄鹤琴,正歌	庆北大学国乐科教授
第二期	金善韩	男	玄鹤琴	梨花女大国乐科教授

第二期	郑在国	男	筚篥	国立国乐院乐长
第三期	姜士俊	男	奚琴	汉大国乐科教授
第四期	徐汉范	男	筚篥	檀国大学国乐科教授
第四期	赵运朝	男	奚琴	梨花女大国乐科教授
第四期	李东圭	男	玄鹤琴，正歌	国立国乐院指导委员
第六期	史在成	男	筚篥	忠南国乐管弦乐团副指挥
第七期	朴仁基	男	筚篥	梨花女大国乐科教授
第七期	金宗植	男	奚琴	KBS国乐管弦乐团首席
第八期	杨渊燮	男	伽倻琴	汉阳大学国乐科教授
第八期	李东福	男	大笒	庆北大国乐科教授
第八期	洪宗振	男	大笒	梨花女大国乐科教授
第八期	黄圭日	男	大笒	国立国乐院大笒首席
第九期	朴文奎	男	筚篥	国乐高校主任
第十期	金宽熙	男	筚篥	国立国乐院首席
第十期	李五奎	男	玄鹤琴	龙仁大音乐学院教授
第十期	申勇文	男	大笒	全州牛石大国乐科教授
第十三期	郭泰奎	男	筚篥	国立国乐院
第十三期	任在寻	女	伽倻琴	国立国乐院
第十四期	任振玉	男	大笒	国立国乐院
第十五期	洪善淑	女	玄鹤琴	国立国乐院
第十九期	李斗元	男	筚篥，正歌	釜山教大音乐学院教授

汉城大学有，

　　　　金贞子　女　伽倻琴　　汉城大国乐科教授
　　　　李志英　女　伽倻琴　　宣化艺高讲师

他们都为正乐事业的发展做出了贡献。我个人举办发布会29次，录制音盘3次、海外公演5次，Vdeo录音1次。

2. 香港亚细亚艺术节

香港亚洲艺术节由香港市文化厅主办，是一项国际性活动。1976年举办第一次，韩国是被邀请国家之一，我们派出了30名演员组成的演出团参加，那一次我没有参加。1977年举办第二届亚洲艺术节时，我们国立国乐院再次接受邀请，我们派出了37名演员组成的演出团，我是其中之一。这次参加的国家有日本、菲律宾、泰国、马来西亚、印度尼西亚、尼泊尔、印度、斯里兰卡。

国立国乐院的演出安排在 10 月 14、15 日 2 次，14 日在剧场演出，是售票的，票价分为 20 元、10 元，5 元三种；15 日是露天演出，不收费，在九龙摩士公园露天剧场举行。

演出的节目是：

第一部分

管弦乐——万波停息　　　　　　呈才——四仙舞

细乐——呈祥之曲　　　　　　　伽倻琴弹唱

玄琴独奏　　　　　　　　　　　呈才——处容舞

唱乐——春香歌　　　　　　　　大吹打——武宁之曲

第二部分

祭乐——凝安之乐　　　　　　　舞蹈——哱啰舞

男唱歌曲——言乐·编乐　　　　舞蹈——老丈舞

器乐合奏——嘻呐吁（乡俗乐）　呈才——佳人剪牡丹

大笒独奏——柳初新　　　　　　歌乐——洛阳春

演出团团长是成庆麟，副团长是金龙，总务金吉顺，舞台监督金敬洙，照明朴承焕，演奏员有崔忠雄、赵运朝、崔性云、黄得珠、黄圭日、郑昌永、金千兴、金晶洙、金重夑、金宽熙、金泰夑、金灵昱、李东圭、李世焕、李相奎、李礼根、李瑛雨、朴贞洙、尹赞求；舞蹈演员有河瑠美、任在寻、朱然禧、康元实、金垠利、金淑伊、白惠淑、朴仁子、朴淑子、林显璇；弹唱演员姜贞子；盘索里演员成又香。

艺术节有 10 个国家参加，演出团的演出各具特色，丰富多彩，是一个名副其实的艺术节。我们 15 日演出结束，17 日回国。

3. 应琴丽会邀请赴日本演出

我 10 月 17 日从香港回来，立刻投入到去日本演出的准备工作中。日本人宫城镇三是琴乐研究专家，他组织了一个专门对琴进行研究的团体"琴丽会"。1974 年，他曾邀请国立国乐院崔忠雄和郭祯兰前去演出；1977 年又举办了第二次东亚琴发布会，崔忠雄，金英基和我参加。

我们演出的节目是：

伽倻琴散调——（伽倻琴——崔忠雄，杖鼓——金千兴）

寿延长之曲——（玄琴——金英基，杖鼓——崔忠雄）

千年万岁——（奚琴——金千兴，杖鼓——崔忠雄）

沈香舞——（崔忠雄，杖鼓——金英基）

女唱歌曲 编数大叶——（唱——金英基，伽倻琴——崔忠雄，杖鼓——

金千兴）

女唱歌曲 半叶——（唱——金英基，伽倻琴——崔忠雄，杖鼓——金千兴）

玄琴 散调——（玄琴——金英基，杖鼓——崔忠雄）

下弦 军乐——（奚琴——金千兴，伽倻琴——崔忠雄，玄琴——金英基）

演出在山叶大厅，演出2场。为崔忠雄的伽倻琴散调击杖鼓，是我平生第一次也是最后一次，我紧张得直冒冷汗。宫城镇三是日本琴乐界活跃人物，有相当的影响力，他认为演出反映非常好，很有价值。宫城后来多次来我国，和国乐院关系很好，他致力于传统音乐研究，不仅和我国，和台湾以及东亚各国都有学术交流，而且频频举办演奏会等活动。他自己也作曲，是一位多项才能的艺术家。

1981年他又举办了第三次东亚艺术节，邀请崔忠雄和郭祯兰参加，他们演奏了伽倻琴独奏和《春莺啭》；1985年第四次东亚演奏会邀请了"律吕乐会"。宫城20世纪70年代初开始与我国音乐界交往，致力于韩国和日本的传统音乐的比较研究，倾注了所有精力。他不幸于前几年去世，我们虽国籍不同，但是音乐把我们连接在一起，写到这里，很是怀念他。

4. 第三届香港亚洲艺术节

1977年第二届艺术节时，国立国乐院单独组成演出团，1978年香港举办第三届艺术节时，则是国立舞蹈团，国立国乐院以及一些成名舞蹈家共同组团，名为韩国民俗舞蹈团。舞蹈节目部分由国立舞蹈团和舞蹈家们负责；音乐节目由国乐院负责，同时负责国乐乐器的展览。

这次参加的国家和地区有，主办方香港、韩国、日本、菲律宾、台湾、斯里兰卡、印度尼西亚、孟加拉。除演出外，还有展览和报告会，为各个国家提供充分自我展示的机会。

我们共演出4次，2次是露天剧场，1次在大音乐堂，1次是报告会上的小型演出。露天演出不收费，音乐堂演出的票价是20元、15元、10元、5元。

演出节目是：

1. 合乐——寿齐天，2. 花冠舞，3. 煞儿铺里，4. 强羌水越来，5. 盘索里——爱之歌，6. 杖鼓舞，7. 僧舞，8. 扇舞，9. 凤山假面之老丈和小巫，10. 巫堂舞，11. 合奏——千年万岁，12. 大笒独奏，13. 农乐舞。

团长宋范，舞蹈演员有韩顺玉、宋寿男、李熟香、崔贤等23人，国乐院有金千兴、金龙、朴一勋、尹炳哲、金重燮、金宽熙、李承烈、黄得珠、金载运、赵成来、金敬洙、尹赞求12人，演职人员5人，团员共41人。

写下这些文字的时候，我知道还有几位仍在这个岗位上活动着，如果你们能看到这段文字，愿它也能勾起你们的那段美好回忆。

5. 为海外宣传拍电影

1970年下半年，国立电影制片所让我去拍片，我去了几次，还为电影做了几次音乐录音。我原来对电影一无所知，这次让我去拍电影，我也没多问，让去就去了。过后再没有过问，也没把它放在心上。1990年初，偶然的机会，认识了赵诚出氏，说起当年是他为电影写的解说词，才又勾起那段回忆。想起对着画面配录音时，还真出了不少汗。可是电影完成后，放给我们看时，发现，由于编辑上的原因，一些舞蹈动作与音乐有些脱节，感到有点失望。

后来知道这是一部片名为"传承"的宣传片，向海外介绍我们国家固有的传统舞蹈，尽管有一些不尽如人意的地方令人遗憾，但是这究竟是一件大好事。

出品：国立电影制片所

题目：金千兴和他的艺术

监制：金成仁

摄影：池顺得、郑衡俊

出演：金千兴、金姬淑、河瑠美、朴淑子、朴仁子、李东圭、黄圭日及伴奏乐师

内容：（1）僧舞——金千兴、朴淑子

（2）剑舞——金姬淑、河瑠美、朴淑子、朴仁子

（3）处容舞——金千兴、李东圭、黄圭日等

（4）哼啰舞——金千兴、金姬淑、河瑠美、朴淑子、朴仁子

（5）春莺啭——朴仁子

（6）舞鼓——国乐院舞蹈团

（7）煞儿铺里——河瑠美

（8）鹤舞——金千兴

（9）凤山假面舞（老丈和小巫）——老丈 金千兴，小巫 河瑠美，醉八里 朴淑子

（10）文庙祭礼乐——执事 金千兴，国立国乐院金星振等

（11）金千兴即兴舞，短箫独奏，雅筝演奏

写到这里，深有感触，我把一生奉献给了传统艺术事业，如今70年的艺术人生路，用电影把它记录了下来，不仅介绍到国外，还留下珍贵资料，这是多么难得的事啊！

五、再现宫中舞

1. 再现宫中舞（呈才）

1978年，我关闭了经营二十多年的舞蹈研究所，全身心投入国立国乐院工作。我一直有个愿望，就是把呈才笏记中记录的舞蹈，一个个挖掘整理出来。1977年以后曾经有几个舞蹈，挖掘整理后，搬上了舞台。《高丽史乐志》、《乐学轨范》、《呈才笏记》上收录的舞蹈，有40种之多，我下定决心，要在有生之年把这些舞蹈整理出来，让它们重现风姿。按照我的预定计划，要在1980年完成，于是勤奋地投入工作。但是真正着手操作时，首先遇到的是经费问题，如服装和道具，请舞蹈演员和伴奏乐师，演出场地等等，都是需要钱的。想来想去只能去找国乐院，没想到，我一提出，立刻得到支持，一切由院方帮助解决，我可以一心投入到舞蹈整理工作中去。

除此外，还有一些工作我也是必须去做的，1973年成立的"大乐会"的一些工作；作为文庙祭礼乐和处容舞的技能保有者，对专修奖学生的培养和指导工作；每年一次例行的无形文化财发布会，也是大乐会不可忽视的一项重要工作；1977年成立的"正农乐会"的活动和演出也是我当时要兼顾的工作之一；还有每周1次的汉城女大、汉城艺专舞蹈科、汉阳大国乐科的讲课，以及临时的一些教学任务。可以说我每天都是在紧张繁忙中度过的。

1980年6月，国立国乐院支持的传统舞蹈发布会上，表演了从笏记中整理出的舞蹈，"五羊仙"、"梦金尺"、"贺圣明"、"响钹舞"。

1981年，加快了挖掘整理的速度，在春、秋、冬举办了3次发布会。5月份举办的发布会，演出2天，第一天演出了"佳人剪牡丹"、"荷皇恩"、"帝寿昌"、"无碍舞"、"四仙舞"。第2天节目是，"春莺啭"、"贺圣明"、"五羊仙"、"处容舞"、"四仙舞"；10月演出，"扑蝶舞"、"圣泽"、"催花舞"、"献仙桃"、"受宝籙"、"文德曲"、"六花队"；11月演出，"扑蝶舞"、"凤来仪"、"高句丽舞"、"宝相舞"、"叠胜舞"、"莲花台舞"、"舞山香"、"万寿舞"、"寿延长"、"庆丰图"。

11月的演出，是由我的弟子心舞会会员和国乐院舞蹈团团员演出的，地点在文化会馆大礼堂。

俗话说开始是成功的一半，仅3年时间里，我挖掘整理出31种舞蹈，并把它们搬上了舞台，1983年挖掘再现的舞蹈，除31种外，再加上我在雅乐部时学的12种，加起来就有43种之多。这些舞蹈，后来在国乐院举办的传统舞蹈发布会上演出过，也出国演出过，10多年来在传统舞蹈领域，稳稳地站住了脚。我想它们对今后舞蹈研究工作说不定会发挥作用。

这些舞蹈的名称抄录如下：

1922年雅乐部学过的舞蹈：

"春莺啭"、"抛球乐"、"舞鼓"、"宝相舞"、"佳人剪牡丹"、"长生宝宴之舞"、"寿延长"、"演百福之舞"。

1920年末学的舞蹈是：

"处容舞"、"凤来仪"、"万寿舞"、"响铃舞"。

4年期间从《呈才笏记》上整理出来的31种，

"觐天庭"、"尖袖舞"、"五羊仙"、"梦金尺"、"响钹舞"、"贺圣明"、"荷皇恩"、"帝寿昌"、"无碍舞"、"四仙舞"、"圣泽"、"催花舞"、"献仙桃"、"受宝箓"、"文德曲"、"六花台"、"叠胜舞"、"扑蝶舞"、"初舞"、"高句丽舞"、"莲花台舞"、"鹤舞"、"舞山香"、"庆丰图"、"牙拍舞"、"受明命"、"曲破"、"献天花"、"船游乐"、"沈香春"、"鹤莲花台处容舞合设"。

我教过很多学生，我教学的原则是不分亲疏厚薄，一视同仁，但是和心舞会的会员们却有着不可割舍的亲情。从1956年我创办舞蹈所开始，他们每天来研究所学习，举办发布会时我们同甘共苦，一起紧张地准备，一起登台演出。后来他们各自有了自己的艺术发展空间，当了团长、院长、教授，我们的联系从未中断。1972年庆祝我舞乐生活五十周年时一起演出过，9年之后的1981年，在文艺会馆大剧场，又以心舞会名义举办了一次演出，演出的10个节目，全部是《呈才笏记》上整理出来的舞蹈，演出效果很好，舆论反映也不错，我认为这是很有意义的演出，心里很满足。

2. 韩美建交100周年纪念

接到在美国达拉斯的第三个女儿贞实的来信说，那里的韩国人希望我们能去为韩国侨民慰问演出。我觉得带心舞团去演出，是个很好的机会。和会员们商量，他们也同意。当时正值韩美建交100周年，演出时间在8月15日前后，于是就把这次演出冠名为"纪念韩美建交100周年暨庆祝8·15光复"。其实我们演出团不过10个人，却起了这么庞大的名字，现在想来，很是可笑。

我们计划演出3场，在得克萨斯的达拉斯和俄克拉何马，以及夏威夷的火奴鲁鲁各演出1场。主办方承担演出的一切费用及我们在美期间食宿费，往返旅费由我们自理。正在积极做准备时，会员中开始一两个人表示不想去了。和对方已经联系好的事，突然有了变化，把我搞得很是狼狈。正着急的时候，很偶然地碰到舞蹈科的金振玉教授。他很痛快地答应帮忙。最后选了6

个人给我。经过一番紧张的排练,终于准备就绪。10 名团员是:金千兴、金振玉、郑玉姬(志英)、郭在顺(贞兰)、白顺英、崔贞子、黄仁玉、任仁京、权五淑、柳惠真。11 个节目是,"高句丽舞"、"春莺啭(郭贞兰)"、"四仙舞"、"老人舞(金振玉)"、"鹤舞(郑志英)"、"莲花台舞"、"煞儿铺里(金千兴)"、"八墨僧舞"、"僧舞"、"蝶舞"、"哼啰舞"。

在演出中给我留下深刻印象的是,一些侨胞找到后台,和我们热情拥抱的场面。他们对我们的演出感到亲切,虽身居美国,但无时不在思念着故乡。

8 月 28 日韩国日报夏威夷分社韩国周刊上,登载了文章及 6 幅照片,有我的照片和"煞儿铺里"剧照。文章中说:人间文化财第一号金千兴翁率弟子 9 人来夏威夷,他 14 岁开始学习宫中舞,从他娴熟灵动的舞姿中,你绝对看不出这是一位 70 岁的老人。他们表演的宫中舞和民俗舞赢得众多热爱古典舞蹈的人们热烈的掌声。

团员们演出结束就回国了。我在夏威夷居住的孩子们的挽留下,在那里停留了一段时间,9 月下旬回国。

写到这里,我仍然在为 1982 年去夏威夷演出时,心舞会的会员没能与我同去而感到遗憾。

3. 无形文化财艺术团

1964 年末,开始了无形文化财的认证调查工作,随着工作的深入,被指定为文化财的项目不断增加,这时如何将这些宝贵的文化艺术保存发展,并传承下去,就成为迫切需要解决的问题。但是一直到 20 世纪 80 年代初,没有专门的艺能传授的场所,更没有举办演出的地方。

为解决这些问题,文化财管理局会同文化财所在的市、道、郡当局,开始积极筹划修建学习会馆。这一措施很快有了成效,不久就有一些文化财学习会馆建成了。

1973 年汉城在城北石串洞建了无形文化财会馆,但是规模太小,而以汉城地区为中心的文化财项目比较多,根本容纳不下。汉城北部的几种,如凤山假面、北青狮子、江陵假面,又都是属于野外活动的项目。后来,于 1981 年在江南区三成洞宣陵又建了一所漂亮的会馆,是一座很气派的楼房,地下一层是练习室和仓库,地上一层是各个团体的办公室,上边的一层是礼堂和练习室、艺能传授的地方,这样,训练以及举办演出的地方就全有了。我们多少年来盼望着的这一切终于实现了。

首先入住的有,"大乐会"、"男寺党戏"、"盘索里保存会"、"北青狮子戏"、"凤山假面舞"、"江陵假面舞"、"银六儿(音译)假面保存会"7 个单位。

其他，隶属大乐会的团体项目"宗庙祭礼乐"和"大吹打"在国乐院，"立唱山打令"在李昌培经营的青丘研究院，"松坡山台戏"在松坡洞原地，"梵呗"在寺刹，"走索子"在李东安研究所。大乐会下属的个人项目，个别传授学习。有了自己的会馆，士气都特别高涨，有了办公室、学习的教室、还有了演出的场地，可以放开手脚大干一场了。

1982年11月是学习会馆开馆一周年之际，举办了纪念演出。演出以入驻的单位为主，也包括了散在的一些项目。分日场和晚场，属于室外演出的项目，白天在楼前广场上演出；舞台节目晚上在剧场内演出。演出搞得红红火火，非常成功。

看到这些，我开始琢磨应该充分利用给我们提供的这些良好的条件，多举办一些演出。于是想到是否可以组织一个无形文化财艺术团，提出来和大家一商量，竟得到一致的同意。事情像我预想的那样，进展非常顺利。首先组成一个组团筹备委员会，委员长金千兴（大乐会），委员有：全光勇（北青狮子）、金琪洙（凤山假面）、朴东信（江陵假面）、朴桂顺（木偶戏）、曹祥铉（盘索里）。筹委会讨论制定了艺术团的章程，实施细则，运营方针，活动计划，同时讨论了创团纪念演出等具体事项。确定以管理委员会的方式实施管理。

艺术团的宗旨是，团员以入驻无形文化财学习会馆的7个文化财项目的技能保有者为主，吸收各项目受业人员参加。通过持续的演出活动，提高技能水平，以促进无形文化财的保存和传承。

艺术团团长为金千兴，常务委员金琪洙，委员是，朴桂顺、曹祥铉、全光勇、朴东信，顾问是文化财管理局局长朴宗国。

1983年3月在创建艺术团同时，举行了创团纪念演出，3月24、25日，演出2天，在学习会馆礼堂举行。共演出6个团体的13个节目，如下：

大吹打	郑在国等6人	大乐会
僧舞	郑在晚	大乐会
盘索里（选自《春香传》）	申正熙、鼓手李俊植	盘索里保存会
凤山假面舞（过场四）	金东烨等	凤山假面保存会
玄琴散调	黄得柱	大乐会
伽倻琴散调	杨承熙	大乐会
西道唱（愁心歌）	金光淑	大乐会
大笒独奏（平调'灵山会相之上灵山'）	金应瑞	大乐会
江陵假面舞		江陵假面舞保存会

第 五 部

伽倻琴弹唱（选自《水宫歌》）	安淑善、江贞淑、金圣女	大乐会
盘索里（选自《兴夫传》）	韩农先、鼓手李俊植	盘索里保存会
北青狮子戏	东石等	北青狮子戏保存会
京畿民谣（调子、阳山道、鸾凤歌）	金惠兰、李春姬	大乐会
木偶戏（男寺党 农乐）	朴桂顺等12人	男寺党

两天的演出成就辉煌，艺术团成员信心倍增，计划今后每月演出一次。但是要演出，就要有经费。创团演出是文化财管理局和无形文化财保护协会支援的，今后每月一次的演出所需就要自行筹措了，实际上是各单位分摊。

管理委员会一致认为，哪怕有再大的困难，这件事也不能放弃。大家想了很多办法，硬是把每月一次发布会坚持了下来。从建团起到1988年末，5年期间，我们一直是这么做的。艺术团的成员们把演出当做使命，投入极大热情，认真对待每一次的演出活动。

我们每月一次的演出，具体说是从1983年9月开始，到1988年末，每当回顾起这5年期间的演出，心中都久久不能平静。首先想到的是，那时的演出，不要说演出费，就是往返车费也要自己掏腰包，演出前，挤公交车来，演出后，不管多晚，家有多远，也要自己乘车回去。我们的会馆建在马路边上，是个车来车往的较繁华地段，演出时常受噪音干扰，严重影响演出效果，由此而来的，观众所听到音乐，已是大打折扣，而演员又得不到来自观众的共鸣，美好的艺术得不到切实的享受，这是最痛心的事。

一年的夏天，正值闷热的三伏天，一位团员来找我说：天这么热，歇一段时间，秋凉时再演吧！我半开玩笑说：天热你就不吃饭了吗？

我固执地坚守着这个信念，我们的演员们也一直无怨无悔，从不抱怨，条件再艰苦，对演出，也从不敢有丝毫的懈怠。我们就是这么顽强地坚持着走过来的。

每年3月和11月，一次是艺术团建团纪念，一次是会馆开馆纪念，这两次演出，文化财管理局和文化财保护协会提供补助金，其他每月一次的惯例演出，都是各团集资，大乐会的那一份都是我来拿的。

后来我们会馆前，交通越来越繁华，噪音越来越厉害，严重地干扰了演出。为此，我们几次开会，讨论是停还是坚持。最后听取了来自总务管理方面意见，每月一次的惯例演出暂时停止，只保留每年5月和11月的2次演出。当时我们哪怕有一点经费，也不至于把演出停掉。这时我们一共演出了62次。

这样一来，政府方面也认识到了演出场所的重要性，决定建新馆。因为旧馆建筑要拆除，1992年艺术团临时搬到大治洞，维持着每年2次演出，这时我们一共演出达82次。

这些演出大大提高了各传统项目专修人员的技能水平，促进了传承事业，正像我们的建团宗旨中说的那样，会馆是传统艺术修炼的道场，是无形文化财艺术的殿堂。我翘首盼望新会馆的落成。我年事已高，团长之位，该有年轻人来接替了，要适才适所，于是，我于1993年辞去团长职务。

现任团长李兴九一定会做得更好，在即将落成的艺术大厦里，把传统艺术的传承事业继续下去。

我在位的10年期间里，无形文化艺术团于1983年3月建团起，到1992年11月，共演出83场，演出的节目达560种，参加演出的为5000人次。

六、舞乐生活七十年

1. 舞乐生活七十年纪念演出

写到这里，我又翻看了手边黑皮笔记本，发现20世纪80年代初，我还真是忙碌。在外我在几个大学讲课；在内我正忙于宫中舞蹈整理再现工作；同时又兼管着大乐会和正农乐会的演出；还兼顾着无形文化财会馆的开馆演出等活动。

国立国乐院、大乐会、无形文化财艺术团、正农乐会，还有几个学校的讲课任务，现在回想起来，自己都感到吃惊，以我这样一个纤弱之身，怎么应付得了这么多的事情！

我这样忙碌到了1989年才好了一些，一是宫中舞再现的工作基本完成，另外大学讲课任务没有了，这样我的工作量减轻了许多。1989年8月，河瑠美又介绍了几个要跟我学舞的学生，我就每周六下午到国乐院舞蹈室去教授舞蹈。到了1990年要跟我学舞的人多起来，这时就分了两个班。

这些学生都是大学舞蹈科毕业的，都在从事演出或教学工作，有的是国立国乐院舞蹈团的，个别的还有我教过的学生。都是为了精益求精，纠正不足，进一步提高。

1992年是我献身国乐事业70周年，学生们早早就提出应当举办舞蹈发布会。她们说，50周年60周年都举办了活动，这次更要好好庆祝一次。我觉得她们说得有道理，就同意了。就这样，这项活动于1991年春就开始筹划了。

50周年和60周年纪念时，都只演出了舞蹈，这一次我想把我的另一面，音乐方面取得的成就也展示一下，提出来后，学生们一致赞成，于是就决定

第 五 部

纪念演出分两天进行,一天演出音乐,一天演出舞蹈。音乐部分和正农乐会商量,决定委托汉城大学姜士俊教授组织的奚琴研究会协助演出。

计划确定后,除了节目要排练,还有服装、道具、舞台背景设计等一系列事情要做,这时,我想起心舞会,就与郑志英等5名会员联系,她们都表示愿意参加,我心里非常高兴。可是,当演出的节目确定并将投入排练时,又接到郑志英电话,这次演出她们不参加了。我十分困惑,不知问题出自哪里,也不想去追究了。她们过后能来看我,我依然非常高兴。

演出的第一天是"舞蹈之夜",分仪式舞蹈、宫中舞蹈、民俗舞蹈、乡土舞蹈四个系列,共9个节目,其中,5个是群舞,4个是独舞。4个独舞,3个由我跳。在我70年的舞蹈生涯中,亲自登台表演,这是第二次,第一次是1972年,我舞乐生活50周年纪念演出时。我一贯是让弟子们有尽可能多的表演机会,但这一次我自己要亲自跳,一是因为这是为我举办的70周年纪念演出,二是这种舞台的场面今后怕是不会有了。

"舞蹈之夜"的音乐伴奏由国立国乐院我的同僚们承担,我心中永远记住他们。

第二天是"音乐之夜",节目有:管乐合奏——"咸宁之曲"、歌曲——"献上一杯金樽美酒"、奚琴弹唱——"千年万岁"、细乐合奏——"别曲"。我在"千年万岁"中,演奏了奚琴,"别曲"中,演奏了洋琴。参加演出的有国立国乐院、正农乐会、律吕乐会、奚琴研究会的会员们,我由衷地感谢他们。特别要感谢的是汉城大学李成千教授,为祝贺我舞乐生活70周年,在音乐会上演奏了他创作的歌曲'献上一杯金樽美酒'。他的一杯金樽美酒,烘托了晚会的气氛,令我感动至深。成庆麟先生晚会上的祝词,过高地夸赞了我,深感受之有愧,在这里我再次向两位致意。

这次的纪念演出,内容上没有什么新奇之处,但是在服装、道具上,我做了一些尝试。我根据《呈才笏记》上的记载,做了考证后,对服装、舞蹈道具、狮子的毛、鹤的羽毛、尽量符合原貌。服装、道具、鹤的羽毛是传统服装研究专家许荣负责制作;狮子毛、处容舞面具,是凤山假面舞保存会的朴相昱负责制作的。这次演出的费用全部都是我的弟子们承担的。在我的舞蹈演出史上从来是演出一次负债一次,演出之后,为收拾残局,伤透脑筋,像这次演出这样轻松,还是第一次。

正像我致辞中说的那样,演出是回顾我70年走过的艺术之路,也是我们师生情谊的展示。感谢这期间给予积极支持的国立国乐院和文化财管理局,也感谢韩国国乐协会和韩国舞蹈协会以及给予协助的各个单位。

2. 演出后的招待会

在我的舞乐生涯70年中，以我的名义举办的音乐会只有1992年70周年庆这一次，而舞蹈发布会，从1956年起到1992年，就举办过20多次，仅在1972年庆祝我舞乐生涯50周年演出会后，举办过一次招待会。因为那是一次有纪念意义的演出，难得的一次，招待宴带有祝贺的意思。那个时候和现在不一样，并没有演出后一定要有招待会的概念。

1992年纪念演出后，弟子们提议要设宴庆祝一下，这样我的演出生涯中一共有了举办三次招待会的经历。

现在有一股风气，演出会后，一定备盛宴，答谢前来祝贺的客人，这样的理由，有谁能反对呢，但是，我就有自己的看法。

作为从事艺术事业的人，为了把成果展示出来，他要付出的努力是常人难以想象的，不仅是精神上的，体力上的，还有经济上的困惑。为举办发布会，他们已经身心疲惫，还要让他们为演出后的答谢会去花费精力，伤脑筋，实在不可取，这种风气应尽快废除。

3. 赴洛杉矶和达拉斯演出

说到洛杉矶和达拉斯演出，有这样一段经历要先说一下，1991年春，在夏威夷的女儿来信说，1993年1月夏威夷为庆祝韩国移民90周年，将举办纪念活动。1982年韩美建交100周年时，我曾去夏威夷和达拉斯演出过，在那之前的1963年是我第一次去夏威夷，到现在竟过了30个年头了，想起这些时，就又动了再去演出一次的念头。就请夏威夷大学朱迪教授和裴汉挈先生帮助联系。很快有了答复，同意我们1993年1月去火奴鲁鲁演出。

正是因为有了火奴鲁鲁演出的约定，才有了利用这一机会到洛杉矶和达拉斯演出的想法。我三女儿家在达拉斯，就把事情委托她去办。我们一边准备着去夏威夷的演出，一边等着达拉斯的消息。没想到9月2日接到了夏威夷州政府委托韩国移民90周年筹委会李德熙氏给我写了一封信，信中说，由于主办方预算上的问题，原来预定的演出取消，只邀请我和助手两人前去表演"春莺啭"，节目不超过10分钟。我以已有其他演出安排为由拒绝了，同时加紧了和达拉斯方面联系。

1992年9月29、30日庆祝我舞乐生活70周年演出之后，紧接着迎来的是繁忙的10月。10月是文化之月，历来文化活动多，又是舞蹈之年，活动一个连着一个，没有喘息之机。接下来是为录音工作，奚琴、洋琴、宫中舞蹈中的唱词都要一一录音，这是国立国乐院保存资料必须的工作。还有放送局

第五部

（电台）的演出和参加学术讲演会，总之这一个月是在极度紧张之中度过的。在百忙之中也没有停止洛杉矶和达拉斯之行的筹划工作。

最后两个地方都联系成功，达拉斯是为侨民演出，主办方是东亚日报社，承办方是传统文化妇女会；洛杉矶是为艺总文化会馆筹备建设基金而举办的第二次文艺会演。只是夏威夷演出取消了，感到很遗憾。

我这次去还有一个计划，要顺便把妻子和孙女带上，夏威夷、洛杉矶和达拉斯有我的子女们，还有姑妈、表兄弟等亲戚，让妻子去看看孩子和孙子们，以解亲人间的思念之情。

我们一切准备就绪之后，于2月5日离开汉城，到火奴鲁鲁后，在那里停留3天观光游览，9日离开夏威夷去洛杉矶。在洛杉矶有很多相识的舞蹈人，大家相见非常高兴。

演出的主办方为美洲艺总，承办方为韩国舞蹈保存会，是'93艺术会演第二次演出，标题为"心韶金千兴先生舞乐生活70周年纪念美洲演出"。11日，在韩国文化院礼堂举行。演出既是为了筹划文化会馆建设基金，也是为了宣扬我国传统艺术。

演出圆满结束，12日到达拉斯，13日洛宾（音泽）艺术中心为侨民演出，题为"韩国舞蹈之夜"。1982年曾带心舞会员们来演出过。这次是在这里的我的三女儿联系的。东亚日报社的记者姜信英正巧是我二儿子好友的儿子，给予很多帮助。演出反应强烈，我们也非常高兴，觉得达拉斯这次的演出真是来对了。可能因为达拉斯离洛杉矶距离远，很少能遇上这样的演出机会，又远离祖国，见到来自祖国的人感到格外亲切。

演出结束后，我们途径洛杉矶，再次回到夏威夷。多亏了我的弟子们的努力和诚意，我舞乐生活70周年纪念活动从国内演到美洲，这是我终身难忘的事。

'93艺术会演朝鲜舞部分节目如下：
(1) 李梅芳传统舞蹈研讨会（2月10日）
(2) 金千兴舞乐生活70周年纪念演出及研讨会（2月11日）
(3) 韩英淑传统舞蹈研讨会（2月16日）
(4) 金淑子传统舞蹈煞儿铺里研讨会（2月22～26日）
(5) 李正凡（舌杖鼓）和金基树凤山假面舞研讨会（3月5日）
(6) 金白峰韩国舞蹈研讨会（3月12日）
(7) 陆完顺韩国舞蹈30周年纪念演出（3月18日）
(8) 格雷塔·李韩国传统服装表演和晚宴

人间文化财第 1 号宗庙祭礼乐 39 号处容舞
金千兴先生舞乐生活 70 周年纪念演出
 （1）春莺啭   金千兴
 （2）剑舞   李爱京、河顺仙、河瑠美、郑恩惠
 （3）煞儿铺里   李青子
 （4）佾舞   金英淑、李爱京、李顺玉、崔淑姬
 （5）僧舞   金贞女
 （6）处容舞   任男顺、金英淑、朴淑子、李顺妊、金善爱

达拉斯演出节目
第一部分
 （1）春莺啭   金千兴
 （2）鹤舞   河瑠美、李顺玉
 （3）剑舞   李爱京、崔淑姬、任男顺、郑恩惠
 （4）狮子舞   河顺仙、朴淑子、李顺妊、李顺玉
第二部分
 （1）佾舞   李爱京、金英淑、河顺仙、朴淑子、任男顺、李顺妊、金善爱、崔淑姬
 （2）煞儿铺里   李青子
 （3）处容舞   金英淑、朴淑子、任男顺、李顺妊、金善爱
 （4）僧舞   金贞女
 （5）凤山假面舞 全体

4. 传统舞蹈赴日演出

洛杉矶和达拉斯演出后回到火奴鲁鲁和亲人团聚，2 月底回国。回国后继续出国前未完成的录音工作。

一次录音中，和负责录音的文先生谈起歌曲大家河圭一先生。说起现在直接跟河先生学过歌曲的人，已没有几位了，我曾跟他学过男女唱歌曲、歌词、时调，跟林基俊先生学过歌词、时调、12 杂歌，只可惜嗓子不好，没有唱出来，但是辨别力很强，能听出唱得好坏。我当时还唱了一首羽调初手"南薰传－月光明亮的夜晚"。文对此很感兴趣，跟我商量要录下来。就这样我又开始了录音男唱歌曲。我想，如果河先生地下有知，一定会大发雷霆，我的同期生斗峰李炳星听到了，也一定会抚掌大笑的。

这时我又被邀请一周一次教授舞蹈，同时在写回忆录。1993 年我又有了

一次去日本演出的机会,是驻日韩国文化院院长金光植氏帮助联系的。于是10月21日我们出发,23日在日本学习院东西文化研究所主办的"亚细亚稻作民民俗艺能"讲演会上,演出了"佾舞"和"春莺啭"。29日是正式演出,在"青山素月"大厅,标题为"金千兴韩国古典传统舞蹈演出",主办方是"影像蓝天",后援是韩国文化院。

演出节目是:
(1) 仪式舞蹈——佾舞
(2) 宫中舞蹈——春莺啭
(3) 宫中舞蹈——剑舞
(4) 宫中舞蹈——鹤舞
(5) 民俗舞蹈——僧舞
(6) 宫中舞蹈——舞山香
(7) 宫中音乐——千年万岁
(8) 民俗舞蹈——煞儿铺里
(9) 宫中舞蹈——处容舞

演员共9名

"影像蓝天"的社长是侨胞李义则氏,我对他的影像制品非常欣赏,还买了一些回来送给国立国乐院、文化财管理局和文艺振兴会的资料室。

七、我的家

1. 说说我的家族

下面想说的是,我走过来的这84年间的一些事。

先说说我们家,我们夫妻膝下有三男三女,大儿子正云今年61岁,小女儿贞实40岁。6个儿女中,在我们身边的,只有二儿子正完,他现在和我们一起生活,其他5兄妹都移居去了美国。虽说少了一些天伦之乐,多了一些想念,但是知道他们生活得都很好,身体都健康,心里也就踏实了。6个儿女都有了自己的家,也都有了自己的儿女,我常为他们祈祷,祝愿他们幸福安康。可是,我们夫妻为养育6个子女,所付出的辛苦,没有养育过子女的人是难以体会的。

大儿子正云由于赶上"6·25"战乱,只念了高等学校(高中);二儿子正完,高丽大学商科毕业;二女儿贞元,梨花女大数学科毕业;三儿子正民,实业高校(职高)毕业;三女儿贞实,在国内读完高中,到美国读了大学。

我们培养孩子上学的那个时代,与现在不同,现在的学生可以靠自己打工挣学费,那个时候不行,全靠家里供给。我一直奔波在舞蹈和音乐战线上,所以为了一家人的生活,并培养孩子们上学,妻子不得不做点针线活来补贴家用。

大儿子没能上大学,是因为错过了时机,没有办法,其他的孩子我们是绝不放弃的。我对二儿子说:"你要明白,能不能上大学,全看你自己,只要你考上了,我拼死拼活也会供你。"我同时告诉孩子们:"你们也都清楚,以家里的情况,是没有能力为你们交钱上大学的。想上大学,就凭实力去考。"

我的三儿子正民一次没考上,又考第二次,结果又没考上。之后就彻底放弃了。他对我们说:"上大学并不是唯一的出路,你们尽可放心,我会干得更好的。"说得我们都笑了。这其中,只是亏了我的大女儿贞顺,她国民学校(小学)毕业,为帮助家里,连中学都没上,后来就帮母亲做针线活,为家里出了不少力。有时她也会埋怨我们,为什么只有她不能上学时,我们夫妻无言以对,心里是很难过的。

我们现在每个月和他们轮流通电话,知道他们都很好,就很安心。我的5个儿女移居海外,起因是我1963年应裴汉拏先生邀请到夏威夷,为裴先生韩国舞蹈研究所的学生教授韩国舞,我的二女儿原来在我的舞蹈所帮助料理一应事务,1965年到裴先生舞蹈所工作去了。1970年下半年,她把大哥一家5口,姐姐一家5口,正民一家4口,加上妹妹贞实全搬到美国去了,分散在夏威夷、达拉斯、旧金山、洛杉矶和阿拉斯加各地。这都是托了裴先生的福,我从心底感谢他。

2. 住宅和舞蹈研究所不停地搬家

小时候常听老人们说:"人生最悲哀的事,是没有房子住,最痛苦的事,是搬家,搬一次家等于过一次鬼门关。"在我小的时候,我们家就总是搬家,看来我命运如此。我父亲是盖房子的大木匠,他每天背着一个大兜子出门,兜子里装的是锯子、刨子、凿子、尺等木工用工具,等我大一些的时候,我明白了我们为什么总要搬家了。父亲总是找大一些间数多的老房子,廉价买下,然后修理改建,甚至增建一些,再高价卖出去。然后再搬家,再改建,再卖,以此作为赚钱养家的一种手段。

1922年,我还在雅乐部当雅乐生的时候,父亲过世了。乙丑年(1925年)遭遇连阴雨,房子损坏,我们开始租房子住。到1983年,60年内我们或月租或包租,搬来搬去少说也有40次之多,平均2年就要搬1次。老话说:要问搬家有多难,如同过道鬼门关。我经历了40次搬家,岂不是已经过了40

次鬼门关了，真是不堪回首啊！我自己都要为能够勇敢闯过40道鬼门关而自豪。

我为搬家受了很多苦，我的舞蹈研究所也不停地搬家。1955年我创办了舞蹈研究所，到1978年停办，20多年里搬了10次家，依然是平均2年搬1次。研究所搬家困难更多，房子的位置、房间的大小、周围的环境都要考虑；房间内部构造也要考虑，要有练舞的大厅、办公室、更衣室、化妆室；办理手续也是非常麻烦的事，要有周围邻居2人以上的书面同意、纳税后证明，还要等有关负责人亲自到现场验证后才能批准。一系列手续办下来，少说也要1~2个月时间。接下来房间还要装修。办手续要花钱，装修更是一大笔钱。

搬家实在是出于无奈，契约快到期时，房主就要百般刁难，或要求腾房子，或要涨房租，为了房子我真是吃尽苦头。

我活到今天八十多岁，住家和舞蹈研究所搬家达五十多次，真不知是否还有没有和我同样经历的人，如果为这样的人颁奖的话，那我准拿头奖。想想看，如果说搬一次家如同过一道鬼门关，我可是经受五十多次鬼门关的考验了，余下来的日子更要愉愉快快、心地平和地度过。

结 束 语

　　我本来没有读过多少书，懂得的事情有限，写东西就更吃力，因此从没动过写回忆录的念头。

　　偶尔和朋友见面，常会谈到过去的一些事，谈到我童年在雅乐部时的情景，经历过第二次战争时的一些事，光复后的大韩国乐院、国立国乐院以及舞蹈界的一些事情。说的时候不过是想到哪说到哪，没想到听的人却很感兴趣，于是怂恿我把它们写出来。他们说："这就是我国艺术史的脉络，光你自己知道怎么行，应该写成回忆录，把它留下来。"于是，20世纪80年代起，我开始一点点回忆，回忆一点，写一点。可是写出来的东西，总不满意，就写了涂，涂了再写，又感到太浪费纸了，就用废信封或废纸的背面来写，结果成了习惯，现在我抄稿的时候，也舍不得用好纸。

　　开始的时候，是请河瑠美帮助，把我写出的东西一点一点地整理出来。20世纪80年代末，赵东华找我商量，想把我的回忆录，通过文一枝在《舞蹈》杂志上连载。赵是多年老朋友，我立刻同意，这样我文稿的整理工作，就转由文一枝全部承担了。从1990年初开始，到1993年2月止，共刊登了36期。所以停止了刊载，是我的意见，第一，我怕自己写的这些东西，别人不感兴趣，价值不高，白白浪费了《舞蹈》这可贵的版面；第二，按原来计划，想配合我的舞乐生涯70周年纪念演出，出版我的回忆录。可是到演出时发现，出版回忆录根本来不及了。事已如此，索性就把出版时间推后，正好可以把内容再充实一下，把20世纪80年代到20世纪90年代初的这段时期的情况补充进去；把有些不够翔实的资料，再整理一下，充实一些。

　　我对这期间记录下来的东西，也不十分满意，不过是把记忆中的和头脑中闪现出的一些事情，一件一件地写出来，有的甚至出现前后不一致的现象。令我最不安的是，由于我的能力有限，未能把国乐界和舞蹈界当时发生的一些事情，完整无误地表达出来。

　　感到一些安慰的是，有过亲身经历的，一同走过来的一些老人们，看到《舞蹈》杂志上的文章后，见到我时，称赞我的记忆力好，说回忆录很珍贵。

结 束 语

后来在文一枝和赵东华两位的努力下，把我的回忆录出了单行本，我由衷地感谢他们。

我杂乱无章地把我的过去，一些不会令人感兴趣的，没有什么价值的往事全部说完了。

回首我的一生，从一个什么都不懂的孩子时起，学习了宫中乐和宫中舞，从此就在这个领域里，走过了 70 年。我没念过多少书，天赋也不高，头脑既不灵敏更不出众，在我投身 70 年的舞乐生涯中，也没做出特别耀眼的成绩。我常为自己的无才而叹息，甚至一生都感到遗憾。但是，从我走进乐舞天地那天起，就将其视为天职，没有想过离开，尽管也经历过重重困难，我都默默挺了过来。也正是因为我深知自己的素质和才干不足，在这漫长的岁月中，从未动过换一个工作的念头，没有贪心，不为名誉和地位所诱惑，抱着一颗平常心，走到现在。

俗话说得好，爬不上去的树，就不要再张望；要想挖井，就可着一口井去挖。我这 70 年，路并不顺畅，有困难也有曲折，但是我勇敢地走过来了。也正为此，我现在被指定为重要无形文化财保有者；被推荐为大韩民国艺术院终身会员；86 岁高龄仍享受国立国乐院在职的俸禄，过着安详的晚年。

这都是国家赐予我的恩典，是上天给予我的恩宠，让我幸福地度过余生，我怀着一颗感恩的心，一定继续做好我没有做完的事。

后　记

　　2005年冬天，中国艺术研究院舞蹈研究所董锡玖老师赴韩国参加国际会议期间，专程去看望因病住院的金千兴先生。金先生在韩国是德高望重的国宝级舞乐大师，当他在病床上得知中韩乐舞的交流已经展开相关的专题研究之时，非常兴奋，当即亲笔写下授权书，委托董老师将其已在韩国出版的《心韶金千兴舞乐70年》一书在中国出版。

　　董老师回国后，特别邀请精通韩语的中国艺术研究院原外事处处长奚治茹老师翻译此书。在董老师的授意下，奚治茹老师将原著中与专业无关的部分内容省略。两人在整个翻译的过程中不断沟通，一遍又一遍地进行校对和修改，经过一个漫长的夏天，才终于完成。董老师无暇休息片刻，又到处联系出版事宜。2009年，她的身体已抱恙，对此书的出版仍旧念念不忘。在董老师因病住院期间，我去医院探望，刚刚做完手术的她拉住我的手，声音微弱，但语气坚定地说："苏娅，这本书对于从事中韩乐舞交流的专业研究人员和青年学生，都有着非常重要的价值，希望能够在舞蹈学院将它出版。"董老师的性格坚强、乐观，一直没有放弃和病魔的斗争，我也在心里盼望着她能够亲自研究这本舞乐大师的著作。但是天不遂人愿，她还是在2011年离开了我们，出版此书竟成为老师的遗愿。

　　时光飞逝，但金千兴、董锡玖两位老师的嘱托与愿望我却时刻无法忘怀。在舞蹈学院李续院长、邓佑玲副院长的全力支持下此书得以顺利出版。如今，在经过奚治茹老师的反复校对下，并在韩国国立国乐院沈淑庆女士的大力协助下，于中央民族大学出版社正式出版，我也终于履行了对老师的承诺。

　　谨以此书，献给舞乐大师金千兴先生和我尊敬的老师董锡玖先生。

苏　娅
2013年4月